suhrkamp taschenbuch
wissenschaft 36

Reinhart Koselleck, geboren 1923 in Görlitz, war bisher Ordinarius für Geschichte in Heidelberg. Seit dem Sommersemester 1973 hat er an der Universität Bielefeld den Lehrstuhl für Theorie der Geschichte.

Die Frage nach dem Zusammenhang von Kritik und Krise ist geschichtlich und aktuell zugleich. Die Untersuchung umspannt den Zeitraum von den religiösen Bürgerkriegen bis zur Französischen Revolution. Die hypokritischen Züge der Aufklärung werden begriffsgeschichtlich und ideologiekritisch herausgearbeitet. Dabei stoßen wir auf die politischen Grenzen der Aufklärung, die ihre Ziele verfehlt, sobald sie zur reinen Utopie gerinnt. Das Verhältnis des absolutistischen Staates zur Aufklärung untersucht Koselleck unter anderem an Hobbes, Locke und den Freimaurern. Den kritischen Prozeß der Gelehrtenrepublik bezieht er in die Untersuchung ebenso ein wie Diderot und die Encyclopédie, Rousseau und die Entstehung der Geschichtsphilosophie im Zusammenhang mit der politischen Krise.

Reinhart Koselleck

Kritik und Krise

Eine Studie zur Pathogenese der bürgerlichen Welt

Suhrkamp

suhrkamp taschenbuch wissenschaft 36
Erste Auflage 1973
 Druck: Nomos, Baden-Baden. Printed in Germany. Umschlag nach Entwürfen von Willy Fleckhaus und Rolf Staudt

INHALT

VORWORT ZUR TASCHENBUCHAUSGABE

Für die Neuauflage wurden nur geringfügige Berichtigungen vorgenommen, da der methodische Ansatz auf einen geschlossenen Zusammenhang zielt, der wohl neue Fragen aufgibt, aber in sich selbst schwer zu verändern ist. Es hieße den Rahmen der Arbeit sprengen, wenn sie zwanzig Jahre nach ihrer Abfassung neu geschrieben werden sollte.

Es gab manche Mißverständnisse im Hinblick darauf, was mit dieser Arbeit eigentlich intendiert sei. Ihr die Gegenwartsbezogenheit vorzuwerfen, ist vordergründig, da es sich grundsätzlich gleich bleibt, an welchem Punkt man in den hermeneutischen Zirkel einer historischen Untersuchung einsteigt. Die methodisch entscheidende Frage ist, ob sich die eingebrachten Prämissen durch den historischen Quellenbefund verifizieren lassen. Ist das der Fall, kann die Aktualität einer geschichtlichen Frage dem Ergebnis nur zugute kommen. Damit ist nicht gesagt, daß die folgenden Analysen einer naiven Beispielhaftigkeit der Historie, wie sie bis in das achtzehnte Jahrhundert hinein üblich war, erneut zum Leben verhelfen wollen. Geschichtliche Lehren lassen sich heute nicht mehr unmittelbar aus der Historie ableiten, sondern nur über eine Theorie möglicher Geschichten vermitteln. So bewegt sich die Arbeit auf einem bestimmten Niveau der Abstraktion; sie beabsichtigt, langfristige Vorgänge der »Frühen Neuzeit« herauszuarbeiten.

Sobald es gelungen ist, Strukturen einer geschichtlichen Epoche in ihrer anthropologischen Verfaßtheit aufzuzeigen, die sich aus den konkreten Einzelfällen ableiten läßt, können die Ergebnisse exemplarische Befunde sichtbar machen, die auch auf unsere Gegenwart beziehbar sind. Denn unerachtet ihrer Einmaligkeit kann eine vergangene Epoche – auf ihre Struktur hin befragt – Momente der Dauer enthalten, die noch in unsere Gegenwart hineinreichen.

Die folgende Untersuchung richtet sich auf solche Strukturen, besonders auf den ihnen immanenten zeitlichen Ablauf, der von den Religionskriegen bis zur französischen Revolution verfolgt wird.

Vor allem wird gefragt nach der Problematik der modernen Aufklärung und der aus ihr folgenden Emanzipation. Deren Problematik besteht darin, an eine Grenze zu kommen, die als politische Grenze erkannt sein will, wenn sie sinnvoll überschritten werden soll. Wo die Grenze als politische verkannt wird, gerinnt die Aufklärung zu einer Utopie, die, indem sie scheinbar beflügelt, Gegenbewegungen provoziert, welche sich der Verfügung der Aufklärung entziehen, sobald sie sich der Einsicht in die Heterogonie der Zwecke begeben hat. Die Heterogonie der Zwecke ist nämlich eine zeitliche Bestimmung des Politischen, die von keiner Utopie überholt werden kann. Vielmehr werden die Zielsetzungen einer Aufklärung gerade dann verfehlt, wenn sie die Dialektik eines politischen Prozesses nicht prognostisch einfangen kann. Die Dialektik der Aufklärung entspringt – mit anderen Worten – nicht nur ihr selbst, sondern mehr noch der geschichtlichen Situation, in der sie sich entfaltet. Jede Aufklärung gerät früher oder später in Konfliktlagen, die rational aufzuschlüsseln eine Umsetzung der bloßen Kritik in politische Verhaltensweisen erfordert.

Die außenpolitische Lage auf unserem Globus hat sich durch den Aufstieg Chinas und die Emanzipation der dritten Welt im letzten Jahrzehnt verschoben. Dadurch hat sich die Ausgangsfrage der vorliegenden Untersuchung insofern nicht verändert, als sie von vornherein hinter die antithetischen Zwänge zurückfragen wollte. Freilich hat sich die Einmaligkeit unserer Lage immer mehr verdeutlicht. Während zur Zeit der absolutistischen und nationalstaatlichen Politik der Krieg immer noch als Entlastungsvorgang für drohende Bürgerkriege verstanden und auch bemüht werden mochte, stehen wir heute vor einer fatalen Umkehr dieses Vorgangs. Unter der Drohung gegenseitiger atomarer Vernichtung haben die Weltmächte Randzonen ihrer Interessengebiete herausgeschnitten, innerhalb deren die Bürgerkriege – mit dem Schein gegenseitiger Entlastung – umgrenzt werden und so legitimiert werden sollen. Ein ständig sich verschiebender Ring von Elend, Blut und Schrecken hat sich um den Globus gelegt. Nicht mehr der alte Staat ist die Gegenposition zu diesem Bürgerkrieg, sondern zunächst der ganze Globus, dessen neue Geschichten sich erst in der Zukunft abzeichnen.

Daß der Untertitel einer Pathogenese unserer Moderne seine Evidenz nicht aus der biologischen Metarphorik bezieht, sondern aus dem Leiden, das zu diagnostizieren neue Kategorien fordert, bedarf keiner weiteren Erläuterung.

Den Herausgebern des *Orbis Academicus* sei für den Erstdruck gedankt und dem Alber Verlag für die Überlassung der Rechte zugunsten der Taschenbuchausgabe.

Wie die erste und zweite Auflage sei dieser Neudruck meinen Eltern gewidmet.

Heidelberg – Bielefeld, im Oktober 1973 *R. K.*

VORWORT ZUR ERSTEN AUFLAGE

Die vorliegende Arbeit ist aus einer Dissertation hervorgegangen, die 1954 von der Philosophischen Fakultät der Universität Heidelberg angenommen wurde. Für die Förderung und Anregung, die er mir hat zukommen lassen, bin ich Herrn Professor Dr. Johannes Kühn zu tiefem Dank verpflichtet. Darüber hinaus möchte ich meinen Dank aussprechen Herrn Professor Dr. Carl Schmitt, der mir in Gesprächen Fragen stellen und Antworten suchen half. Für die zahlreichen Hinweise und Hilfen, die der Arbeit zugute gekommen sind, danke ich schließlich meinem Vater und meinen Freunden, vor allem Dr. Gerhard Hergt, Dr. Hanno Kesting und Dr. Nicolaus Sombart.

Heidelberg, im März 1959 *Reinhart Koselleck*

EINLEITUNG

„Dans le feu d'une révolution, quand les haines sont en présence, et le souverain divisé, il est difficile d'écrire l'histoire."

Rivarol

Die gegenwärtige Weltkrise, bestimmt durch die polare Spannung der Weltmächte Amerika und Rußland, ist — historisch gesehen — Ergebnis der europäischen Geschichte. Die europäische Geschichte hat sich zur Weltgeschichte ausgeweitet und vollendet sich in ihr, indem sie die ganze Welt in den Zustand einer permanenten Krise hat geraten lassen. Wie schon die erstmalige Erfassung des gesamten Erdballs durch die bürgerliche Gesellschaft, so steht auch die gegenwärtige Krise im Horizont eines geschichtsphilosophischen, vorwiegend utopischen Selbstverständnisses. Utopisch ist dieses Selbstverständnis deshalb, weil es dem modernen Menschen bestimmt ist, überall und nirgends zu Hause zu sein. Die Geschichte ist über die Ufer der Tradition getreten und hat alle Grenzen überflutet. Die Omnipräsenz aller Gewalten unterwirft durch die technische Kommunikation auf der unendlichen Oberfläche des Globus alles unter jedes und jedes unter alles. Zugleich wird jenseits der geschichtlichen Räume und Zeiten der planetarische Raum erschlossen, und sei es auch nur, um die Menschheit in dem Prozeß, den sie gegen sich selber angestrengt hat, mit in die Luft zu jagen.

Beide Phänomene sind eine einheitliche geschichtliche Erscheinung: die politische Krise, die, wenn es sich um eine solche handelt, auf eine Entscheidung zutreibt, und die dieser Krise korrespondierenden Geschichtsphilosophien, in deren Namen man diese Entscheidung vorwegzunehmen, sie zu beeinflussen, zu steuern oder — als Katastrophe — zu verhindern sucht. Ihre gemeinsame Wurzel liegt im achtzehnten Jahrhundert. Damit ist die aus der gegenwärtigen Situation bestimmte Fragerichtung angegeben.

Im achtzehnten Jahrhundert entfaltete sich die bürgerliche Gesellschaft, die sich als die neue Welt verstand, indem sie die ganze Welt geistig beanspruchte und im gleichen Zuge die alte Welt negierte. Sie wuchs aus dem europäischen Staatenraum heraus und entwickelte in der Ablösung von ihm eine diesem Vorgang entsprechende Philosophie des Fortschritts. Deren Subjekt war die gesamte Menschheit, die von dem europäischen Zentrum aus geeint und friedlich einer besseren Zukunft entgegengeführt werden sollte. Ihr Aktionsfeld war die eine Welt des Globus, die heute im Namen analoger Geschichtsphilosophien, aber nunmehr von zwei Mächten zugleich beansprucht wird. Die geschichtsphilosophisch konzipierte Einheit der Welt erweist sich heute — und darin tritt ihr fiktiver Charakter zutage — als eine politisch gespaltene Einheit. Die eine Hälfte, auf den Fortschritt ebenso eingeschworen wie die andere, lebt von der eingebildeten Rückschrittlichkeit der jeweils anderen Hälfte. Sie stehen sich gegenseitig im Weg, doch gerade darin liegt paradoxerweise ihre Evidenz. Sie sondern sich voneinander ab, um eine Einheit vorzutäuschen, die nicht vorhanden ist. Ihre Evidenz ist daher die der Angst und des Terrors. Die utopische Einheit der Welt reproduziert ihre eigene Spaltung.

Auch im achtzehnten Jahrhundert hatte die utopische Zukunftsplanung bereits eine spezifisch zeitgeschichtliche Funktion. Im gleichen Maße, als das europäische Bürgertum nach außen die ganze Welt erfaßte und sich dabei auf die eine Menschheit berief, sprengte es im Namen derselben Argumentation von innen her das absolutistische Ordnungsgefüge. Die Geschichtsphilosophie stellte die Begriffe bereit, die den Aufstieg und die Rolle des damaligen Bürgertums rechtfertigten. Das achtzehnte Jahrhundert ist der Vorraum des gegenwärtigen Zeitabschnitts, dessen Spannung sich seit der Französischen Revolution zunehmend verschärft hat, indem der revolutionäre Prozeß extensiv die ganze Welt und intensiv alle Menschen ergriff. In diesen Vorraum leuchtet die vorliegende Arbeit hinein. Der Zusammenhang zwischen der Entstehung der modernen Geschichtsphilosophie und dem Beginn der Krise, die seit 1789 — zunächst in Europa — das politische Geschehen bestimmt, wird dabei in den Blick gerückt.

Die Fragestellung wurde auf folgende Weise eingeengt und historisch präzisiert: Nicht der Inhalt der damaligen Geschichtsphilosophien, nicht ihre utopischen Ziele werden befragt, auch nicht ihre ideologische Struktur gemessen etwa an dem wirtschaftlichen Aufstieg des damaligen Bürgertums, sondern das geschichtsphilosophische Bewußtsein wird, um seinen ursprünglichen Zusammenhang mit dem Beginn der politischen Krise aufzuhellen, aus der politischen Situation des Bürgertums innerhalb des absolutistischen Staates heraus verstanden. Die Geschichtsphilosophien selber werden also — bis auf exemplarische Ausnahmen — ausgeklammert; dafür wird die politische Funktion untersucht, die das bürgerliche Denken und Trachten im Rahmen des absolutistischen Staates gehabt hat. Um die politische Bedeutung der Aufklärung herauszuarbeiten, muß nach der Struktur des absolutistischen Staates gefragt werden: denn dieser Staat war das erste Opfer der großen Revolution, durch dessen Fortfall die utopische Moderne sich entfalten konnte. Für das Vorverständnis des Absolutismus bedarf es eines Rückgriffs in das siebzehnte Jahrhundert, in dem der souveräne Fürstenstaat seine vollendete Ausprägung gefunden hat. Dieser Rückgriff soll keine Kausalketten konstruieren, unter deren Suggestion man rettungslos zurücktreibt bis in die Vorgeschichte und in die Problematik allen Ursprungs, kurz in die Fragen der Geschichtsphilosophie, die jenseits der Ideologie im Rekurs auf die geschichtliche Wirklichkeit für die historische Wissenschaft einen Raum freilegt, der die Scheinerklärungen eines regressus in infinitum gerade ausschließt. Denn ein solcher historischer Regressus wäre nichts anderes als ein rückwärts gewandter Fortschritt, den es gerade in Frage zu stellen gilt.

Die Analysen konzentrieren sich auf die vergangene Gegenwart, nicht auf deren Vergangenheit. Die Vorvergangenheit wird nur soweit berücksichtigt, als in ihr die Bedingungen liegen, die für unsere Fragestellung an das achtzehnte Jahrhundert bedeutsam sind. Die Genese der Utopie aus einem historisch bestimmten Funktionszusammenhang, dem des achtzehnten Jahrhunderts, ist das Thema. Auf die politische Geschichte wird daher soweit zurückgegriffen, als es nötig ist, um den Stellenwert des bürgerlichen Bewußtseins im absolutistischen System zu ermitteln. Damit rückt zugleich die andere Seite der Fragestellung, die heraufziehende politische Krise, in den Blick. Erst als Antwort auf die absolutistische Politik erhält — ob gewollt oder nicht — das geschichtsphilosophische Selbstbewußtsein der Aufklärer seinen politischen Sinn. Der Staat, wie er war, forderte eine Antwort heraus, wie sie dann gefunden wurde. Es wird also bewußt auch auf geistesgeschichtliche Ableitungen verzichtet. Das ererbte Ideengut, das fast vollständig schon den Aufklärern zur Verfügung stand, wurde erst in einer bestimmten Situation übernommen, und in dieser, was das spezifisch Neue dabei war, geschichtsphilosophisch ausgelegt. Durch die Einengung der Untersuchung auf geschichtliche Situationen soll freilich den damaligen Menschen keine moralische Rechnung präsentiert werden, die ihnen Schuld oder weniger Schuld zumißt. Das verbietet sich von selbst, denn der Mensch als geschichtliches Wesen ist immer verantwortlich, für das Gewollte so sehr wie für das Ungewollte, und für das letztere vielleicht öfters und mehr als für das erstere.

Die angewandte Methode verknüpft also geistesgeschichtliche Analysen mit soziologischen Bedingungsanalysen. Es werden Gedankenbewegungen nachvollzogen, aber nur so weit, um ihren politischen Akzent sichtbar werden zu lassen; und es werden die Situationen geklärt, in denen die Gedanken konzipiert wurden und auf die sie zurückgewirkt haben, aber nur so weit, um die politische Sinnfälligkeit der Ideen herauszupräparieren. Nicht also, daß der politische Ablauf als solcher dargestellt würde oder die Abwandlung der Ideen als bloßer Ideen. Die allgemeinen Bedingungen, denen die Aufklärung entsprungen ist und auf die sie reagiert hat, haben sich im Laufe des achtzehnten Jahrhunderts nicht gewandelt. Nur die einzelnen Umstände haben sich geändert, freilich in einer Weise, daß die prinzipiellen Schwierigkeiten des absolutistischen Systems um so schärfer hervortraten. Vor allem der französische Staat verlor Macht und Ansehen, er verstrickte sich bei wachsendem bürgerlichem Wohlstand tiefer und tiefer in Schulden, sichtbare Erfolge blieben aus, Kriege und Kolonien gingen verloren, und schließlich wurden die Vertreter des Staates von der Aufklärung selber erfaßt. Die Aufklärung wurde „bündnisfähig". Was aber die politischen Bedingungen als solche betrifft, so kann kein Zweifel darüber herrschen, daß sich die Struktur des Staates selbst nicht gewandelt hat. Der Monarch behielt die souveräne Entscheidung in seinen Händen, er befand über Krieg und Frieden, er schickte nach Belieben das Parlament in die Verbannung, wahrte seine Hofhaltung unbeschadet der Verschuldung, und schließlich insistierte Ludwig XVI. auf seiner Souveränität, je weniger er sich zu wirksamen Entscheidungen durchringen konnte. Der Staat hatte sich gewandelt; er wurde korrupt: aber nur, weil er absolutistisch blieb. Das absolutistische System, die Ausgangssituation der bürgerlichen Aufklärung, blieb erhalten bis zum Ausbruch der Revolution: es bildet die eine Konstante unserer Untersuchung. An ihr wird sukzessiv und in verschiedenen Beispielen die politische Entfaltung der Aufklärung gemessen. Die Aufklärung entwickelte ein Eigengefälle, das schließlich zu den politischen Bedingungen selber gehörte. Der Absolutismus bedingt die Genese der Aufklärung; die Aufklärung bedingt die Genese der Französischen Revolution. Zwischen diesen beiden Sätzen bewegt sich, grob gesprochen, die vorliegende Arbeit.

Quellen werden nur aus der Zeit vor 1789 herangezogen. Kein Zeugnis wird verwandt, um über den Autor persönlich eine Aussage zu machen. Obwohl also immer auf singuläre Ereignisse und einzelne Schriften zurückgegriffen wird, geht es nie um diese selbst. Das Thema bleibt die Geschehenseinheit der Aufklärung im absolutistischen Staat. Jeder Denkakt und jede Tat soll uns auf dieses Ereignis verweisen. Alle Autoren bleiben für unsere Fragestellung stellvertretend. Unschwer ließen sich alle Zitate und Vorkommnisse durch andere ersetzen, ohne den Gang der Untersuchung zu stören. Die Anmerkungen bergen oft Parallelstellen, obwohl die These selber durch eine Häufung der Belege nicht gewinnt. Große Denker und anonyme Flugblätter kommen in gleicher Weise zu Wort; gerade ihre Gemeinsamkeit verweist auf die Geschehenseinheit der Aufklärung, in der Anonymität und politische Bedeutung meistens zusammenfallen. Nur wenige Belege tragen so sehr den Stempel des Persönlichen, daß sie — etwa bei Hobbes oder Diderot — im Gesamtgeschehen einmalig bleiben. Aber auch deren Einmaligkeit läßt gleichsam im Brennpunkt das Typische sichtbar werden.

Der heuristische Zugriff, um den Zusammenhang zwischen der utopischen Geschichtsphilosophie und der seit 1789 entfesselten Revolution zu klären, liegt in dem vorausgesetzten Zusammenhang zwischen der Kritik und der Krise. Dieser Zugriff wird sich bewähren. Gerade daß dem achtzehnten Jahrhundert der Zusammenhang zwischen der ausgeübten Kritik und der heraufkommenden Krise entging — ein wörtliches Zeugnis für das Bewußtsein des Zusammenhanges ließ sich nicht finden —, führte zu der vorliegenden These: der kritische Prozeß der Aufklärung hat die Krise im gleichen Maße heraufbeschworen, wie ihr der politische Sinn dieser Krise verdeckt blieb. Die Krise wird so sehr verschärft, wie sie geschichtsphilosophisch verdunkelt wird; sie wird nie politisch erfaßt, sondern bleibt verborgen in geschichtsphilosophischen Zukunftsbildern, vor denen das Tagesgeschehen verblaßt: um so ungehemmter konnte dieses auf eine unerwartete Entscheidung zusteuern. Diese Dialektik gründet in der spezifischen Art der Kritik, die das achtzehnte Jahrhundert getrieben und von der es seinen Namen erhalten hat. Die Rolle des aufsteigenden Bürgertums wurde bestimmt von der Kritik, die die bürgerliche Intelligenz ausgeübt und die die neue Welt zusammengeführt hat.

Der ganze behandelte Zeitraum bietet das Bild eines einzigen und gewaltigen Prozesses. Ohne sich dessen bewußt zu werden, verwandelte die bürgerliche Geistigkeit im achtzehnten Jahrhundert die Geschichte in einen Prozeß. Dieses Geschehnis, das die Neuzeit inauguriert, ist identisch mit der Genese der Geschichtsphilosophie. „In der Kritik wird die Geschichte von selbst zur Philosophie der Geschichte" (Ferd. Christ. Baur). Der hohe Gerichtshof der Vernunft, zu dessen natürlichen Beisitzern sich die aufsteigende Elite selbstbewußt zählte, verwickelte in verschiedenen Etappen alle Bereiche des Lebens in seine Prozeßführung. Die Theologie, die Kunst, die Geschichte, das Recht, der Staat und die Politik, schließlich die Vernunft selber, werden früher oder später vor seine Schranken zitiert und haben sich zu verantworten. Die bürgerliche Geistigkeit fungierte in diesem Rechtshandel als Ankläger, als oberste Urteilsinstanz und — was für die Geschichtsphilosophie von entscheidender Bedeutung werden sollte — als Partei zugleich. Der Fortschritt war immer schon auf seiten der bürgerlichen Richter. Niemand und nichts konnte der neuen Gerichtsbarkeit entrinnen, und was jeweils im Urteil der bürgerlichen Kritiker nicht standhielt, wurde der moralischen Zensur überantwortet, die das ihrige tat, den Verurteilten zu diskriminieren und so den Urteilsspruch zu vollstrecken. „Wer dieses nicht erkennen kann / den seh' man mit Verachtung an."

In dem rigorosen Prozeß der Kritik — es war zugleich ein Prozeß sozialer Gärung — entstand die Geschichtsphilosophie: alle Bereiche, die von der Kritik erfaßt wurden, leisteten ihren Beitrag, um die Heraufkunft der bürgerlichen Geschichtsphilosophie zu fördern. Durch die Kunst- und Literaturkritik wurde zunächst innerhalb der Gelehrtenrepublik der Gegensatz zwischen Alten und Modernen artikuliert und damit ein Zeitverständnis herausgebildet, das

Zukunft und Vergangenheit auseinanderreißt. — Ein zentrales Angriffsgebiet der Kritik, die christliche Religion, stellte in ihrer mannigfaltigen Aufsplitterung das heilsgeschichtliche Erbe bereit, das auf die verschiedenste Weise in die zukunftgerichtete Weltsicht übernommen wurde. Bekannt ist der Vorgang der Säkularisierung, durch den die Eschatologie in eine fortschrittliche Geschichte transponiert wurde. Aber ebenso werden — und das wird unsere Untersuchung zeigen — die Elemente des göttlichen Gerichts und des Jüngsten Tages, vor allem in der sich verschärfenden kritischen Situation, bewußt und absichtlich auf die Geschichte selbst angewandt. Das Ferment der Kritik verändert damit den Charakter des politischen Geschehens. Die subjektive Selbstgerechtigkeit rechnet nicht mehr mit gegebenen Größen, sondern verwandelt alles geschichtlich Gegebene, die Geschichte selber in einen Prozeß, dessen Ausgang freilich so lange offensteht, als die privaten Urteilskategorien nie die Ereignisse einholen können, die sie auslösen halfen. Um sie dennoch zu ereilen, wird schließlich der göttliche, bis dahin undurchsichtige Heilsplan selber verwandelt: auch er wird aufgeklärt. Er wird zur moralisch gerechten und vernunftgemäßen Zukunftsplanung der neuen Elite. Da es der rationalen Kritik eigentümlich ist, die Eigenständigkeit der von ihr kritisierten Bereiche zu verkennen, in der Religion so gut wie in der Politik, mußte sie nach einer Rückendeckung Ausschau halten, die sie auf ein Morgen verweist, in dessen Namen sie das Heute guten Gewissens verkommen lassen konnte. Die Kritik des achtzehnten Jahrhunderts mußte, um sich überhaupt ins Recht setzen zu können, utopisch werden. — Endlich trug das letzte Objekt der Kritik, der absolutistische Staat, auf seine Art dazu bei, das utopische Geschichtsbild des Bürgertums zu etablieren.

Auf diese, die politische Seite des Prozesses konzentriert sich die Untersuchung. Um ihren Zusammenhang mit der langsam heraufziehenden Krise sichtbar zu machen, d. h. um die Einheit der doppelten Fragestellung zu wahren, werden die geschichtlichen Einsatzpunkte aufgezeigt, an denen sich einerseits der politische Sinn der bürgerlichen Geschichtsphilosophie nachweisen läßt, an denen sich aber zugleich die latente politische Krise ablesen läßt, in die der absolutistische Staat zuerst geraten und der er als erster erlegen ist.

Durch die politische Ordnung, die der Staat herstellte, indem er den durch die religiösen Bürgerkriege verwüsteten Raum pazifizierte, schuf er die Voraussetzung für die Entfaltung der moralischen Welt. Aber im Maße als die politisch machtlosen Individuen der religiösen Bindung entwachsen, geraten sie in Widerspruch zu dem Staat, der sie zwar moralisch freisetzt, aber gleichwohl ihnen die Verantwortung vorenthält, indem er sie auf einen Privatraum reduziert. Die Bürger geraten zwangsläufig in Gegensatz zu einem Staat, der durch die Unterordnung der Moral unter die Politik das Politische auf formale Art versteht und so die Rechnung ohne das Eigengefälle der Emanzipation seiner Untertanen macht. Ihr Ziel wird es nämlich sein, sich moralisch so weit zu vervollkommnen, daß sie tatsächlich selber wissen, und zwar jeder für sich, was gut ist und was böse. Auf diese Weise wird jeder zum Richter, der sich auf Grund seiner Aufgeklärtheit autorisiert weiß, allem den Prozeß zu machen, was an heteronomen Bestimmungen seiner moralischen Autonomie widerstreitet. Die einmal vom Staat vollzogene Trennung von Moral und Politik wendet sich damit gegen ihn selbst, indem er sich den moralischen Prozeß machen lassen muß für die Leistung, die darin bestand, einen Raum zu konstituieren, in dem sich überleben ließ.

Im Zug der Entfaltung des Cogito ergo sum des Descartes als der Selbstgarantie des aus der religiösen Bindung herausgefallenen Menschen schlägt die Eschatologie in die Utopie um. Die Geschichte zu planen wird genauso wichtig wie die Natur in den Griff zu bekommen. Daß die Geschichte planbar sei, diesem Mißverständnis leistet der technizistische Staat Vorschub, weil er sich als politische Größe dem Untertan nicht verständlich machen kann. Der Bürger, als Untertan des souveränen Herrn politisch machtlos, verstand sich als moralisch, empfand die bestehende Herrschaft als übermächtig und verurteilte sie proportional dazu als unmoralisch, indem er das, was im Horizont menschlicher Endlichkeit Evidenz hat, nicht mehr wahrnehmen konnte. Durch die Spaltung von Moral und Politik muß sich die Moral zwangsläufig der politischen Wirklichkeit entfremden. Das äußert sich darin, daß sie die Aporie des Politischen überspringt. Die Moral, die die Politik nicht integrieren kann, muß, weil im Leeren stehend, aus der Not eine Tugend machen. Wirklichkeitsfremd, erblickt sie in dem Bereich des Politischen eine heteronome Bestimmung, die ihrer Autonomie nur im Wege steht. Infolgedessen meint diese Moral, daß sie im Maß, als sie auf die Höhe ihrer Bestimmung kommt, die Aporie des Politischen vollends aus der Welt schaffen könne. Daß die Politik das Schicksal ist, und zwar gerade nicht im Sinne einer blinden Fatalität, das wird von den Aufklärern nicht verstanden. Ihr Versuch, durch die Geschichtsphilosophie die geschichtliche Faktizität zu negieren, das Politische zu „verdrängen", hat ursprungsgemäß utopischen Charakter. Die Krise, die durch den Prozeß in Gang kommt, den die Moral gegen die Geschichte anstrengt, bleibt permanent, solange als die Geschichte geschichtsphilosophisch verfremdet wird.

Die gegenseitige Abhängigkeit und Verflochtenheit der Krise und der Geschichtsphilosophie, ja man muß schließlich so weit gehen und sagen: ihre Identität, müssen, wenn die Untersuchung zum Ziel geführt hat, an einigen Ansatzpunkten im achtzehnten Jahrhundert sichtbar geworden sein. Der Utopismus entsprang einem geschichtlich bedingten, dann aber geschichtsphilosophisch festgelegten Mißverhältnis zur Politik. Im Kreuzfeuer der Kritik wurde nicht nur die damals aktuelle Politik zermürbt, sondern im gleichen Prozeß löste sich auch die Politik selbst als ständige Aufgabe des menschlichen Daseins in utopische Zukunftskonstruktionen auf. Die politische Struktur des absolutistischen Staates und die Entfaltung des Utopismus sind ein komplexer Vorgang, mit dem die politische Krise der Gegenwart anhebt.

ERSTES KAPITEL

I

Zwei epochale Ereignisse stehen am Anfang und am Ende des klassischen Absolutismus. Seine Ausgangssituation war der religiöse Bürgerkrieg. In mühseligen Kämpfen hatte sich der moderne Staat aus den Religionswirren erhoben, erst durch deren Überwindung gelangte er zu seiner vollen Form und Ausprägung. Ein anderer Bürgerkrieg bereitete dem absolutistischen Staat sein jähes Ende: die Französische Revolution.

Der Wirkungszusammenhang beider Ereignisketten erfaßte ganz Europa; die Sonderstellung Englands wird darin deutlich, daß auf der Insel beide Geschehnisse gleichsam zusammenfallen. Hier wurde der entstehende absolutistische Staat bereits im religiösen Bürgerkrieg zugrunde gerichtet, die Glaubenskämpfe bedeuteten schon die bürgerliche Revolution. Auf dem Kontinent dagegen blieb der absolutistische Staat, soweit sich seine Entwicklung auch zurückverfolgen läßt[1], das zeitgebundene Ergebnis der nachreformatorischen Wirren. Durch räumlich verschiedene Lösungen der konfessionellen Streitigkeiten und in zeitlich verschiedenen Phasen etablierte sich die moderne Staatsgewalt. Ihre Politik war das Thema des siebzehnten Jahrhunderts, ihre Wege zeichnen die Geschichte des Absolutismus. Der folgende Zeitabschnitt, obzwar von derselben Staatsform geprägt, hat einen anderen Namen erhalten, den der Aufklärung. Diese entwickelte sich aus dem Absolutismus heraus, zunächst als dessen innere Konsequenz, um dann als dialektischer Widerpart und Feind dem absolutistischen Staat seinen Untergang zu bereiten.

Wie die politische Ausgangssituation der Aufklärung im absolutistischen System lag, so die des Absolutismus in den religiösen Glaubenskriegen. Ausformung und Ende des Absolutismus stehen in einem inneren Zusammenhang. Dieser Zusammenhang wird ersichtlich an der Rolle, die die Aufklärung im Raum des absolutistischen Staates spielen konnte. Die Aufklärung kam gerade in dem

Lande auf die Höhe, das als erstes und am entschiedensten die inneren Religionskriege durch das absolutistische System überwunden hatte, in Frankreich[2]. Der Mißbrauch der Macht durch Ludwig XIV. beschleunigte die Bewegung der Aufklärung, in der sich der Untertan als Bürger entdeckt[3]. Dieser Bürger wird dereinst in Frankreich die Bastionen der Gewaltherrschaft stürmen. Die politische Struktur des absolutistischen Staates, zunächst eine Antwort auf den religiösen Bürgerkrieg, wird von der nachfolgenden Aufklärung als eine solche nicht mehr verstanden.

Erste Aufgabe der Untersuchung ist es, diesen Zusammenhang in den Blick rücken. Die Ausgangssituation des modernen Staates soll also soweit geklärt werden, als es nötig ist, um den politischen Einsatzpunkt der nachfolgenden Aufklärung in eben diesem Staate sichtbar zu machen. Die damit gegebene methodische Begrenzung auf die Analyse der politischen Struktur des Absolutismus — jenseits von sozialen oder ökonomischen Fragen — trägt eine sachgebundene Berechtigung in sich. Der Fürstenstaat bildet, auf Beamtentum und Militär gestützt, einen überreligiösen, rationalen Handlungsbereich heraus, der im Gegensatz zu seinen sonstigen Gegebenheiten staatlich-politisch bestimmt wurde. Sozial blieben die Monarchien noch völlig gebunden an die herkömmliche Ständeschichtung, so sehr, daß sie meist danach trachteten, diese zu erhalten. Politisch aber suchten die Monarchen alle eigenständigen Institutionen auszuschalten oder zu neutralisieren. — Auch der Merkantilismus steht als wirtschaftliches System unter dem Gebot politischer Planung und staatlicher Führung. — Ebenfalls wurden die Fragen der Religion und der Kirche im Hinblick auf ihren Staatsnutzen behandelt, sei es im Rahmen einer Staatskirche oder einer zweckgebundenen Toleranz. Der Eigenbereich eines ganz Europa umfassenden politischen Systems bildete die Ausgangskonstellation für die Aufklärung.

Dieser Eigenbereich fand in der Lehre von der Staatsraison seinen theoretischen Ausdruck[4]. Ungebunden von moralischen Gesetzlichkeiten wurde ein Raum freigelegt, in dem sich die Politik moralfrei entfalten konnte. „Dans les monarchies la politique fait faire les grandes choses avec le moins de vertu qu'elle peut.“ [5] Wenn Montesquieu mit diesem Satz 1748 die damalige Politik charakterisierte, so benutzte er eine Formel, die — von ihrem polemischen Gehalt abgesehen — den Aufklärern schon nicht mehr verständlich war, die aber ihre historische Evidenz aus dem Zeitalter der religiösen Bürgerkriege bezog. Die herkömmliche Ordnung war im 16. Jahrhundert zerfallen. Als Folge der Aufspaltung der Kircheneinheit geriet die gesamte Gesellschaftsordnung aus den Fugen. Alte Bindungen und Loyalitäten wurden aufgelöst. Hochverrat und Kampf für das Gemeinwohl wurden je nach den wechselnden Lagern und je nach den Menschen, die ihre Lager wechselten, austauschbare Begriffe[6]. Die allgemeine Anarchie führte zu Duellen, Gewalttat und Mord, und die Pluralisierung der Ecclesia Sancta war ein Ferment der Depravation für alles sonst noch Geeinte: Familien, Stände, Länder und Völker. Damit wurde von der zweiten Hälfte des 16. Jahrhunderts an ein Problem virulent, das mit den Mitteln der überkommenen Ordnung nicht mehr zu bewältigen war: es war der Zwang der Epoche, inmitten der sich bitter bekämpfenden und einander grausam verfolgenden intoleranten Kirchen oder religiös gebundenen Standesfraktionen eine Lösung zu finden. Eine Lösung, die den Streit umging, schlichtete oder erstickte[7]. Wie war der Friede zu gewinnen? Auf diese epochale Frage fand auf dem größten Teil des Kontinents der absolutistische Staat die geschichtliche Antwort. Und zwar konstituierte sich der Staat als das, was er war, erst durch die spezifische Antwort, die er auf den religiösen Bürgerkrieg gefunden hatte[8]. Wie lautete diese Antwort? Was besagte sie für den Monarchen? Und was für den Untertan?

Während die religiösen Parteien ihre Energie aus Quellen bezogen, die außerhalb der fürstlichen Machtbereiche lagen, konnten sich die Fürsten nur gegen sie durchsetzen, wenn sie das Primat des Religiösen brachen. Nur so gelang es ihnen, die verschiedenen Parteiungen der staatlichen Autoritäten zu unterwerfen. „Cuius regio, eius religio" ist bereits eine Folge der Tatsache, daß die Fürsten, auch wenn sie als Anhänger einer Religion Partei waren, sich als Fürsten über die Religionsparteien stellten. Der absolute Fürst erkannte keine Instanz über sich an als Gott, dessen Attribute er im politischen und geschichtlichen Raum selbst übernahm: „Majestas vero nec a majore potestate nec legibus ullis nec tempore definitur."[9]

In seinem Schlüsselroman, der „Argenis", lieferte *Barclay* 1621 eine damals weitverbreitete und in fast alle europäischen Sprachen übersetzte Rechtfertigung der absoluten Monarchie. Der Autor, ein juristisch gebildeter Humanist, teilte das Schicksal vieler seiner Zeitgenossen; er war der Sohn einer Flüchtlingsfamilie, dessen Jugendeindrücke von den Kämpfen der Liga und dem Schock der Pulververschwörung bestimmt waren[10]. Auf derartige Ereignisse anspielend, stellte er den Monarchen vor eine herausfordernde Alternative: „Entweder schenke dem Volk seine Freiheit wieder oder sorge für den inneren Frieden, um dessentwillen das Volk seine Freiheit geopfert hat.“ [11] In solchen Passagen wird der historische Auftrag sichtbar, unter dem das damalige Königtum stand und den die große Mehrzahl der Generation von Richelieu — gegen Ligisten, Frondeure oder Monarchomachen — als berechtigt proklamierte[12]. Noch die Lehre vom Herrschaftsvertrag nutzend, zielte Barclay auf den absolutistischen Staat, indem er die Kampfparteien ihrer Rechte beraubte, um sie — und damit alle Verantwortlichkeit — einzig dem Souverän zu übertragen. Die „Argenis“ gehörte zur ständigen Lektüre Richelieus, ihre Gedankengänge, damalige topoi, finden sich wieder in seinem Testament[13]. Milde walten lassen sei gefährlicher als Strenge, als Grausamkeit, denn die Folgen jeder Nachsicht seien blutiger und verheerender als die momentaner Härte. Dulde der Monarch Opposition, so wälze er zwar Verantwortung von sich ab, lade aber die Schuld auf sich für alle Unruhen, die aus der Toleranz entspringen[14]. Das postulierte Monopol der Friedensstiftung durch den Monarchen erzwingt seine absolute Verantwortlichkeit, die in der Wendung zur alleinigen Verantwortung vor Gott ihren zeitgebundenen Ausdruck fand.

Barclay wies in seinem Roman auch die Richtung auf, die der König einzuschlagen habe, um das Land zu befrieden. Entweder müsse er alle niederbeugen oder niemand werde unterworfen[15]. Die absolute Verantwortlichkeit des Souveräns erfordert die absolute Beherrschung aller Subjekte und setzt sie voraus. Nur wenn alle Untertanen in gleicher Weise dem Herrscher unterworfen sind, kann dieser die Verantwortung für Frieden und Ordnung allein übernehmen. Damit geschieht ein tiefer Einbruch in die Stellung der Untertanen, die bisher ihren Platz hatten in einem mannigfachen, wenn auch aufgelockerten Verantwortungsgefüge: als Glied einer der Kirchen, in Abhängigkeit von Vasallen, im Rahmen eigener politischer Institutionen oder der Ständeordnung. Je mehr sich der Sinn dieser pluralistischen Welt in den Unsinn des Bürgerkriegs verkehrte, desto mehr sahen sich die Untertanen vor eine ähnlich zwingende Alternative gestellt wie der König selbst: „Wißt, daß fast alle Menschen auf diesen Punkt reduziert worden sind: entweder sich mit ihrem Gewissen zu überwerfen oder mit den Ereignissen des Jahrhunderts."[16] In dem Hin und Her der Verfolger und der Verfolgten, die ihre Rollen ständig tauschten, der Opfer und der Henker, blieb nicht der übrig, der seinem Glauben treu blieb, sondern der, der den Frieden suchte um des Friedens willen. Diese Feststellungen legte *d'Aubigné,* lebenslänglicher Frondeur, verfemter und rigoroser Glaubensstreiter, seinem abtrünnigen Mitkämpfer, dem Politiker de Sancy, in den Mund[17]. Das Gewissen und die Erfordernisse der Situation lassen sich nicht mehr vereinen. Man müsse deshalb, so läßt d'Aubigné seinen Politiker fortfahren, säuberlich scheiden zwischen Innen und Außen. Der Kluge ziehe sich in die Geheimkammern seines Herzens zurück, dort bleibe er sein eigener Richter, die äußeren Taten seien dem Urteil und Gericht des Herrschers zu unterwerfen. Nie dürfe die Stimme des Gewissens nach außen dringen; eher sei sie einzuschläfern. Nur wer konvertiert, überlebt. „Der Sinn dessen ist leicht ersichtlich: die tot sind, wollten ihr Gewissen leben lassen, und es war ihr Gewissen, das sie getötet hat."[18] Durch eine ironische Inversion wurde das Gewissen zum Schuldigen am eigenen Untergang. Die Grenzen zwischen Totschlag, Hinrichtung und Mord waren noch fließend und unbestimmt[19]; für den Politiker aber kam jeder gewaltsame Tod im religiösen Bürgerkrieg einem Selbstmord gleich. Wer sich dem Souverän unterwirft, lebt durch den Souverän: wer sich ihm nicht unterwirft, wird vernichtet, aber die Schuld trifft den Vernichteten selbst. Der Untertan muß, um überhaupt zu überleben, sein Gewissen verstecken.

Die das Gewissen konstituierende Beziehung zwischen Schuld und Verantwortung wurde aufgesprengt. Beide fanden in den Personen von Herrscher und Untertan eine neuartige Zuordnung. Der Souverän wurde vor dem Forum seiner Untertanen jeder Schuld enthoben, aber er akkumulierte alle Verantwortung. Der Untertan wurde von jeder politischen Verantwortung entbunden, dafür aber von einer doppelten Schuld bedroht: äußerlich dann, wenn er sich gegen die Interessen seines Souveräns verging, worüber zu entscheiden der Souverän allein befugt war; und innerlich von der

Schuld, die den heimsucht, der in die Anonymität emigriert. Durch diese Aufspaltung wurde im Horizont des religiösen Bürgerkrieges ein Bereich freigelegt, in dem die „Unschuld der Macht“ verortet ist. Der Souverän allein war es, dem sie zukam. Die Unschuld seiner Macht aber konnte der Fürst nur wahren, wenn er sich der erhöhten Verantwortlichkeit bewußt blieb, die aus ihr folgt. Nur dann besaß er die Autorität, die seine Macht gewährleistete. Der Fürst geriet unter einen Handlungszwang, der ständig neue Entscheidungen — auch zur Gewaltanwendung — heraufbeschwor. Die Unterlassung von Handlungen konnte so schwerwiegende Folgen zeitigen wie ihr Gegenteil: eine Strapazierung der Macht. Die eine Gefahr war so groß wie die andere auch. Sie forderten sich gegenseitig heraus. Gerade die Gefahr, von einem Extrem ins andere zu fallen, war es, was der souveränen Entscheidung Evidenz verlieh.

Um seiner allumfassenden Verantwortung nachzukommen, war der Fürst gezwungen, die Maßgabe seiner Taten in dem absehbaren Effekt zu suchen, den seine Aktionen für die Allgemeinheit zeitigten. Damit provozierte der Handlungszwang auch einen Zwang zu erhöhter Voraussicht. Das rationale Kalkül aller möglichen Folgen wurde zum ersten Gebot der Politik[20]. Um aber die Folgen seiner Handlungen, die — einmal begangen — sich dem menschlichen Zugriff entziehen, möglichst lange in der Kontrolle zu halten, wurde der Fürst wiederum zu einer Steigerung seiner Macht getrieben. Damit erhöhten sich wieder die Gefahrenquellen, die einmal versammelte Macht nicht zu nutzen oder zu mißbrauchen, d. h., sich der Unschuld der Macht zu begeben. Es ist die Logik der absoluten Verantwortlichkeit, der Ludwig XIV. erliegen sollte, deren Gesetze einzuhalten aber zur Kunst der Politik wurde. Der Spielraum der Unschuld der Macht blieb aufs engste umgrenzt durch die Richtsätze einer verschärften Aktionsmoral. Diese bildeten die Regeln der Politik, die dem machtlosen Untertan wesenhaft fremd bleiben mußten.

Beide, die Politiker wie die Lehrer einer weltlichen Moral, wußten sich darin einig[21]. Sie, die erst im achtzehnten Jahrhundert in zwei feindliche Lager auseinandertreten sollten, hatten im siebzehnten Jahrhundert noch einen gemeinsamen Gegner: die Theologen. Nur die Theologen glauben, so versicherte noch Spinoza, daß auch die Staatsmänner an die Frömmigkeitsregeln der Privatleute gebunden seien[22]. Die Ausklammerung der „Moral" aus der Politik richtete sich nicht gegen eine weltliche Moral, sondern gegen eine religiöse mit politischem Anspruch.

Die Lehre von der Staatsräson war dabei so sehr situationsbezogen auf die konfessionellen Streitigkeiten, daß sie nicht einmal beschränkt blieb auf den monarchischen Absolutismus. Auf dem Kontinent floß die Lehre ein in die Tradition des erstarkenden Königtums, aber sie gewann ebenso Boden in den Ländern mit ständischer bzw. republikanischer Verfassung. Jede Macht, die sich damals mit Autorität und allgemeiner Verbindlichkeit ausstatten wollte, bedurfte dieser Ausklammerung des privaten Gewissens, in dem die religiösen Bindungen oder ständischen Loyalitätsbande verankert waren. So ergriff auch das englische Parlament, als es 1640 Karl I. seiner Prärogative berauben wollte, eilig das Argument, jedes Gewissen, auch das des Königs, habe sich dem Staatsinteresse zu fügen. Das Parlament erhob in dem Maße Anspruch auf die volle Souveränität, als es den König zwang, gegen sein besseres Gewissen zu handeln[23]. — Auch Spinoza, in Holland weit davon entfernt, einem monarchischen Absolutismus das Wort zu reden, hielt es für völlig vernünftig, in jeder guten Tat eine Sünde zu erblicken, wenn sie dem Staate schade, wie umgekehrt eine Sünde zum frommen Werk werde, vorausgesetzt, sie diene dem Gemeinwohl[24].

Paradigmatisch für die Genese der modernen Staatstheorie aus der Situation der religiösen Bürgerkriege ist Hobbes, auf den sich Spinoza berufen hat.

Für die Darstellung dieser Genese eignet sich Hobbes ausgezeichnet, weil er bereits auf alle traditionellen Argumente wie die Gott-König-Analogie verzichtet hat, vielmehr im Gegenzug gegen diese am Leitfaden einer wissenschaftlichen Methode, wie Dilthey sagt[25], die Phänomene in ihrer nackten Wirklichkeit in den Blick rücken wollte. Zudem enthält seine konsequent absolutistische Staatstheorie in nuce bereits den bürgerlichen Rechtsstaatsgedanken, so daß sich der Blick aus der Glaubenskriegssituation auf das achtzehnte Jahrhundert von selbst ergibt.

II

Hobbes hat in eindeutiger Weise aus der geschichtlichen Situation des Bürgerkrieges heraus seine Staatslehre entwickelt. Für Hobbes, der die Ausformung des absolutistischen Staates in Frankreich miterlebte, der in diesem Lande war, als Heinrich IV. ermordet wurde und wiederum, als La Rochelle vor den Truppen Richelieus kapitulierte, für Hobbes gab es kein anderes Ziel, als den Bürgerkrieg, den er in England herannahen sah, zu verhüten oder ihn, nachdem er ausgebrochen war, zu beenden[26]. Und noch in seinem Alterswerk stellte er fest, daß es nichts Belehrenderes gäbe in bezug auf Loyalität und Gerechtigkeit als die Erinnerung an den vergangenen Bürgerkrieg[27]. — Inmitten der revolutionären Wirren sucht Hobbes ein Fundament, auf dem sich ein Staat bauen läßt, der Ruhe und Sicherheit gewährleistet. Während Descartes in dem bereits konstituierten Staat davor zurückschreckt, solche Fragen grundsätzlich zu stellen, werden sie für Hobbes aus der Situation heraus geradezu zentral[28]. Alle Theologen, Moralphilosophen und Staatsrechtler hätten ihre Aufgabe verfehlt, da ihre Lehren das Recht bestimmter Parteien stützten, also gerade den Bürgerkrieg schürten, anstatt „non partium, sed pacis studio“ [29] ein Recht zu lehren, das über den Parteien steht. Um ein solches Recht finden zu können, fragt Hobbes nach der Ursache des Bürgerkrieges. Dabei läßt er sich von dem Gedanken leiten, daß man zunächst die Pläne und Interessen der verschiedenen Menschen, Parteien und Kirchen entlarven muß, um den allen gemeinsamen Grund zu erblicken, der den Bürgerkrieg verursacht. Denn die von ihren Wünschen und Hoffnungen verblendeten Menschen seien verständlicherweise, aber ganz gegen die Vernunft, selber außerstande, die Ursache allen Übels zu erkennen. „Causa igitur belli civilis est, quod bellorum ac pacis causae ignorantur.“ [30] Am Leitfaden der causa belli civilis entwickelt Hobbes sein rationales Naturrecht, das somit gleichkommt einer Lehre der Ursachen von Krieg und Frieden.

Um dem Bürgerkrieg auf den Grund zu kommen, entwickelt Hobbes jenseits von pro und contra der wechselnden Fronten eine individualistische Anthropologie, wie sie einem Menschsein entspricht, dem seine sozialen, politischen und religiösen Bindungen problematisch geworden sind. Ihre Grundbegriffe heißen appetitus et fuga oder desire and fear[31] und bilden, geschichtlich betrachtet, die Elemente einer Lehre vom Bürgerkrieg. Das ganze System von Hobbes ist aber zugleich so angelegt, daß das Ergebnis, der Staat, in den Prämissen des Bürgerkrieges bereits enthalten ist. Die Individuen werden von vornherein im Hinblick auf ihr Dasein als Subjekte, d. h. als Untertanen des Souveräns, beschrieben. Ohne ständische Mittelinstanz werden sie in die staatliche Ordnung derart eingefügt, daß sie sich als Individuen frei entfalten können. Der Individualismus von Hobbes ist als die Voraussetzung eines geordneten Staates gleichzeitig auch die Bedingung für die freie Entfaltung des Individuums[32].

Zunächst einmal wird die Menschheit beherrscht von einer Leidenschaft, dem ununterbrochenen Streben nach Macht und wieder Macht, dem nur der Tod ein Ende setzt[33]. Streit, Krieg und Bürgerkrieg, das bellum omnium contra omnes sind die Folgen davon. Die ständige Angst vor einem gewaltsamen Tod hält diese Menschheit in Atem[34]. Daher ist der Wunsch nach Frieden gleichursprünglich mit dem Willen zur Macht[35]. Im steten Hin und Her zwischen Machtbegierde und Friedenssehnsucht vegetiert der Mensch dahin. Diesem Hin und Her kann er als Mensch nicht entrinnen, und solange er sich in ihm befindet, herrscht Krieg. „Hunc statum facile omnes, dum in eo (bello) sunt, agnoscunt esse malum et per consequens pacem esse bonum.“[36] Der Kriegszustand ist der Natur des Menschen zugeordnet, während der Friede nur als Hoffnung und Wunsch besteht.

Diese Differenz, daß der Friede zwar als höchstes Gut herbeigewünscht wird, aber als Wunsch allein nicht ausreicht, einen dauerhaften Frieden zu verbürgen, ist für Hobbes das eigentlich moralphilosophische Problem[37].

Hobbes hat durch diese Problemstellung die damals übliche Art des Fragens überholt. Er tut das, was die englischen Gemüter beunruhigte, etwa das Verhältnis der Sekten zur Staatskirche, des Parlaments zum König, der Grundgesetze zum Protektor, als vordergründig ab. Die Lösung, die Hobbes gefunden hat, ist für uns in zweierlei Hinsicht interessant. Einmal weist er das Gewissen und dessen Rolle in den konfessionellen Glaubenskämpfen als eine ideologische Größe auf. Dadurch nimmt er ihm seine Sprengwirkung. Die für die Lehre der Staatsräson bezeichnende Unterordnung der

Moral unter die Politik, das sei vorweggenommen, ist für Hobbes thematisch ohne Bedeutung. Die Vernunft hebt jede Differenz zwischen beiden Bereichen auf[38]. Die Notwendigkeit der Staatsgründung verwandelt die moralische Alternative von Gut und Böse in die politische von Frieden und Krieg.

Zum zweiten aber bleibt die Unterscheidung gleichwohl relevant. Es soll deshalb gezeigt werden, wie diese Unterscheidung beinahe gegen den Willen von Hobbes in einer das absolutistische Staatsrecht kennzeichnenden Weise aufgetreten ist. Darin erweist sich die diesem geschichtlichen Vorgang inhärente Logik. Das Problem, das bisher in der christlichen Moralphilosophie aufgehoben war, wiederholt sich unter anderen Vorzeichen im außertheologischen Bereich. Das ganze achtzehnte Jahrhundert wird von dieser Problematik beherrscht.

Hobbes stimmt, äußerlich betrachtet, mit den christlichen Moralphilosophen seiner Zeit darin überein, daß der Mensch in eine ewige und unveränderliche Gesetzlichkeit eingebunden ist[39]. Die moralischen Gesetze haben eine allgemeine Verbindlichkeit und zwingen den Menschen, seine Handlungen vor dem Gewissen (in foro interno) nicht nach dem Effekt, sondern nach dem Vorsatz zu beurteilen[40]. Aber, so fährt Hobbes fort, die Gesetze, die nur das Wollen, und zwar das Wollen in seiner Aufrichtigkeit und Beständigkeit verpflichten, sind leicht zu erfüllen. „(They) are easy to be observed. For in that they require nothing but endeavour; he that endeavoureth their performance, fulfilleth them; and he that fulfilleth the Law, is Just." Mit einem reinen Willen ist es ein leichtes, gerecht zu sein. Der verhaltene Sarkasmus, mit dem Hobbes als ein zweifacher Emigrant der inneren sowohl wie der äußeren Emigration auf die jeweiligen Gerechtigkeiten der Bürgerkriegsparteien reagiert hat, ist bezeichnend für einen Denker, der die fatale Dialektik von Gewissen und Tat am eigenen Leibe erfahren hat. Die Diskrepanz von innerer Haltung und äußerer Handlung war in der Tat derart verschärft worden, daß es zur völligen Austauschbarkeit dessen kam, was nun eigentlich gerecht sei[41]. Die Gesinnung oder die Tat, beides zugleich oder nur eins von beiden? Was eher, die Gesinnung oder die Handlung? In Erkenntnis der zwischen beiden Bereichen waltenden Dialektik untersucht Hobbes ihre gegenseitige Beziehung von Grund auf neu. Er stößt dabei auf dasselbe Phänomen, das auch Shakespeare meint, wenn er sagt: „For that same word, Rebellion, did divide the action of their bodies from their souls." [42]

Hobbes bemüht sich zunächst, und darin wird seine Intention bereits deutlich, auf die damals übliche Anwendung des Wortes „Gewissen" zu verzichten. Er nimmt ihm seinen schwankenden Kurswert, indem er an die Stelle des Gewissens den jeder religiösen Bedeutung baren Begriff der Meinung setzt [43]. Das Gewissen sei weiter nichts als subjektive Gesinnung, private Ansicht.

Die Berufung der Presbyterianer und der Independenten auf religiöse Begnadung, wodurch sie sich theologisch zu rechtfertigen suchten, ist für ihn bloß Ausdruck ihrer Leidenschaft. So erarbeitet sich Hobbes eine außerreligiöse Begrifflichkeit und damit eine überparteiliche Position, von der aus er wiederum alle Parteien zusammen, als Parteien einer Geschehenseinheit, analysieren konnte [44].

Illusionslos erkennt Hobbes das Mißverhältnis zwischen den moraltheologisch geleiteten Absichten der Parteien und den Praktiken, mittels derer sie ihre Ziele zu verwirklichen suchten. Mochte auch über die gute Absicht des Friedenswillens bei den verschiedenen Parteien kein Zweifel herrschen, über die Mittel und Wege, die zur Erlangung des Friedens angebracht oder unangemessen wären, darüber herrschte offensichtlich keine Einigkeit [45]. Darüber hinaus versicherte die Gesinnung, die im Effekt, an den Handlungen gemessen, in den verschiedenen Parteien verschieden war, diesen Parteien ihren Anspruch auf allgemeine Verbindlichkeit [46]. Daraus folgt, daß nicht nur Aktion gegen Aktion stand, sondern Gesinnung gegen Gesinnung. Und die Gesinnungen trieben zu immer radikaleren Aktionen mit dem Ziel, den Feind nicht nur äußerlich, sondern auch innerlich zu vernichten [47]. Es herrscht ein Kampf der Gesinnungen, den Hobbes in seiner den Beteiligten verborgenen Struktur aufgezeigt hat.

„Etenim non modo contra contendere, sed etiam hoc ipsum, non consentire, odiosum est. Nam non consentire alicui in re aliqua, est eum erroris in ea re tacite accusare ... quod ex eo apparere potest, quod nulla acrius gerentur bella quam inter ejusdem religionis sectas et ejusdem reipublicae factiones ..." (De cive I, 5.)

Der Bürgerkrieg, wie ihn Rousseau hundert Jahre später am Leitfaden des hobbesschen Denkens wieder beschrieben hat, ist sein

Thema: „... ils deviennent tous ennemis; alternativement persécutés et persécuteurs, chacun sur tous et tous sur chacun; l'intolérant est l'homme de Hobbes, l'intolérance est la guerre de l'humanité." [48] Diesem Bürgerkrieg kann der Mensch auch dann nicht entrinnen, wenn er in seiner Sehnsucht nach dem Frieden einen moralisch allgemeingültigen Grundsatz erkennt [49]. Denn gerade die subjektive Reinheit des Friedenswillens führe, solange sie den alleinigen Rechtstitel für die Taten liefere, zu einem verschärften Totalitätsanspruch derer, die sich auf ihr Gewissen beriefen, d. h. also, da es sich tatsächlich um verschiedene Parteien handele, nicht zum Frieden, sondern zu seinem exakten Gegenteil, zum bellum omnium contra omnes. Wer sich auf das Gewissen beruft, sagt Hobbes, der will etwas. In der Gesinnung, auf die Hobbes alle religiösen Gehalte reduzierte, gründet der Ausschließlichkeitsanspruch der feindlichen Parteien; der Gemeinsamkeit dieser Haltung entspringt der Bürgerkrieg. Ein Bürgerkrieg rühre her vom Gift aufrührerischer Doktrinen, deren eine laute, daß jedermann Richter ist über gute und schlechte Taten, und deren andere laute, daß Sünde ist, was immer jemand gegen sein Gewissen tut [50].

Die reformatorische Bewegung und die ihr folgende Aufsplitterung der religiösen Instanzen hatte den Menschen auf sein Gewissen zurückgeworfen. Das Gewissen, das des Außenhalts entbehrt, entartet zum Idol der Selbstgerechtigkeit. Was Wunder, daß gerade dieses Gewissen den Kampfparteien Mut und Energien zum Weiterkämpfen gab. Das bloße Gewissen, das sich anmaßt, wie Hobbes sagt [51], den Thron zu besteigen, ist nicht Richter über Gut und Böse, sondern die Quelle des Bösen selbst. Nicht nur der Wille zur Macht war es, der den Bürgerkrieg schürte, sondern ebenso, und darin liegt der entscheidende Schritt, den Hobbes getan hat, die Berufung auf ein Gewissen ohne Außenhalt. Die Gewissensinstanz, anstatt eine causa pacis zu sein, ist in ihrer subjektiven Pluralität eine ausgesprochene causa belli civilis.

Die moralphilosophischen Überlegungen, die Hobbes anstellt, um die Voraussetzungen eines dauerhaften Friedens zu ergründen, führen ihn über den traditionellen Bereich hinaus. Hobbes übernahm zwar die Trennung von Gewissen und Tat, aber nur um beide neu aufeinander abzustimmen [52]. Entgegen seinen Zeitgenossen argumentierte er nicht von innen nach außen, sondern in umgekehrter Richtung, von außen nach innen. Was gut und was böse ist, läßt sich im Bürgerkrieg eindeutig gar nicht mehr sagen, und der Friedenswunsch als solcher genügt nicht, um den Willen zur Macht zu ermüden. Wie läßt sich daher aus der ursprünglichen Bürgerkriegssituation heraus, in der ein Recht aller auf alles herrscht, eine Gesetzlichkeit entwickeln, die den Wunsch zur Wirklichkeit werden läßt? Das Naturgesetz bedarf, bevor es wirklich Gesetz ist, einer Garantie, die seine Erfüllung gewährleistet[53]. Das im Naturgesetz verankerte Gebot, einen Frieden herbeizuführen, muß in ein Gesetz verwandelt werden, das im konkreten Vollzug auch erfüllt werden kann. Eine solche Gesetzmäßigkeit auszuarbeiten ist die eigentliche Aufgabe der Moralphilosophie, ihr sachgerechtes Thema ist die Politik. Das Ergebnis ist die Legitimation des absolutistischen Staates seiner politischen Struktur nach. Das System selber ist bekannt.

Hobbes führt den Staat als die Größe ein, in der privaten Gesinnungen ihre politische Auswirkung genommen ist. Die privaten Gesinnungen finden im Staatsrecht von Hobbes keine Anwendung auf die Gesetze[54], die Gesetze finden keine Anwendung auf den Souverän[55]. Das öffentliche Staatsinteresse, worüber zu entscheiden der Souverän allein befugt ist, fällt nicht mehr länger in die Kompetenz des Gewissens. Im Staat wird das Gewissen, dem sich der Staat entfremdet, zur privaten Moral. „Auctoritas, non veritas facit legem.“ Der Fürst steht über dem Recht und ist zugleich dessen Quelle, er entscheidet, was recht ist und was unrecht, er ist Gesetzgeber und Richter zugleich[56]. Dieses Recht ist als Staatsrecht nicht mehr inhaltlich an soziale Intessen und religiöse Hoffnungen gebunden, sondern markiert jenseits aller Kirchen, Stände und Parteien einen formalen Bereich politischer Entscheidungen. Dieser Bereich kann von dieser oder jener Macht besetzt werden, so sie nur die erforderliche Autorität besitzt, die verschiedenen Menschen unabhängig von ihren Interessen und Erwartungen zu beschützen[57]. Die politische Entscheidung des Fürsten ist kraft seiner Entscheidung rechtskräftig[58].

Der Bestand einer staatlichen Ordnung — soweit von oben her gesichert — ist möglich nur, wenn sich auch die Pluralität der Parteien und Individuen in einer Moral findet, die die absolute politische Souveränität des Fürsten als eine moralische Notwendigkeit akzeptiert. Diese Moral ist die Vernunftmoral von Hobbes. Den herkömmlichen Morallehren stellt er eine Morallehre gegenüber, die die politische Vernunft zum Thema hat. Die Gesetze dieser Moral erfüllen sich in der Errichtung des Staates. Als Vernunftschlüsse sind sie gleichzeitig auch Erfahrung, die aus der grausamen Realität des Bürgerkrieges — damnosum experientia — gewonnen werden [59]. Im bellum omnium contra omnes geht einer auf die Vernichtung des anderen aus. Darum hat jeder in diesem Kriege nicht um dieses oder jenes, noch für diesen oder jenen Augenblick Angst gehabt, sondern um sein ganzes Wesen, denn er hat die Furcht des Todes, des absoluten Herrn empfunden [60]. Die Todesangst aber veranlaßt den Menschen, sich in den Staat zu flüchten [61]. Schutz zu gewähren ist darum die oberste moralische Verpflichtung dieses Staates. Dieser Verpflichtung kann indessen der Staat nur genügen, wenn alle Menschen einzeln ihre Rechte dem Souverän übertragen, der sie gemeinsam repräsentiert [62]. Aber erst dann, und darin liegt die politische Rückversicherung dieser Morallehre, erst dann, wenn der Staat die Erfüllung dieses Vernunftgebotes garantiert, ist die Vernunftmoral gesetzlich. Der subjektive Friedenswunsch allein reicht nicht aus. Er bedarf der staatlichen Sanktion, bevor er „moralisch" wird. Die Vernunft verlangt nach dem Staat, aber erst dann, wenn der Staat da ist, ist diese Vernunft ebenso politisch wie sie auch moralisch ist. Hobbes, der zunächst davon ausging, den Staat aus einem zeitlich gleichsam vorgeordneten Vertrag entspringen zu lassen, setzt den Staat ein, um diesen Vertrag zu ermöglichen [63]. Das logisch Paradoxe liegt darin, daß dieser Staat zwar einem Vertrag seine Existenz verdankt, dann aber als autonome Größe existiert. Erst der Leviathan ist als Staat Wirkung und Ursache der Staatsgründung zugleich. Damit hat Hobbes mit der vermeintlichen Priorität innerer Entschlüsse der Individuen aufgeräumt, um die gleichursprüngliche Bedingtheit jeder erfüllbaren Moral durch die staatliche Ordnung sichtbar zu machen. Die konsequente absolutistische Beseitigung jeder Dualität zwischen Ständen und Herrscher, zwischen Volk und Souverän verbot, wenn sie sinnvoll sein sollte, auch eine Unterscheidung zwischen Moralgesetz und politischer Gesetzlichkeit [64]. Der Bürgerkrieg, der als tödliche Bedrohung erlebt wird, kommt im Staat zur Ruhe. Dieser Staat ist als ein irdischer Staat der sterbliche Gott [65]. Als ein sterblicher

Gott sichert und verlängert er das Leben der Menschen, aber zugleich bleibt er sterblich, denn er ist ein menschliches Werk und kann stets zurücksinken in den Naturzustand seiner Herkunft, den Bürgerkrieg.

Um dies zu verhindern, muß der Staat nach den gleichen Regeln der Vernunft, die seine Entstehung bedingen, auch konstruiert werden. Der nach der Vernunft konstruierte Staat ist kein reiner „Staat der Vernunft", wie ihn sich das folgende Jahrhundert erhofft, sondern ein Staat für Menschen, die so oft gegen die Vernunft handeln, wie die Vernunft gegen sie spricht [66]. Nicht die Vernunft selber beendet den Bürgerkrieg — Hobbes war kein Utopist —, aber sie weist die „societatis sive pacis humanae conditiones" auf [67], durch die der Staat zum vernünftigen „Richter" der unvernünftigen Menschen werden kann. Der Friede ist nur gewährleistet, wenn die politische Moral, die die Menschen veranlaßt, ihre Rechte auf den sie repräsentierenden Souverän zu übertragen, sich im Akt der Staatsbildung umwandelt in eine Gehorsamspflicht. Das entscheidende Gebot der Moral ist im Staat, wenn und damit der erforderliche Schutz geleistet werden kann, die Gehorsamspflicht. Das, was den Staat zum Staate macht, ist nicht allein die absolute Macht des Fürsten, sondern die Relation von Schutz und Gehorsam [68]. Nur in dem zwischen Schutz und Gehorsam entstandenen Verhältnis kann sich ein neutraler status herausbilden, in dem die Gesetze — wiewohl inhaltlich verschieden — allein durch ihre Gesetzmäßigkeit für Ruhe, Sicherheit und „contentment" sorgen [69]. Die Vernunft schafft damit einen neutralen Raum der Staatstechnik, in dem des Fürsten Wille einziges Gesetz ist. Vernünftig ist in solchem Staat nur die formale Gesetzmäßigkeit der Gesetze, nicht ihr Inhalt, vernünftig ist das formale Gebot der politischen Moral, den Gesetzen unabhängig von ihrem Inhalt zu gehorchen [70]. Der Staat ist nicht nur ein sterblicher Gott, er wird auch zum automaton, zur großen Maschine, und die Gesetze sind die Hebel, die der absolute Wille des Souveräns betätigt, um die Staatsmaschinerie in Gang zu halten. In den von der Vernunft aufgewiesenen Bahnen verwirklicht sich der Staat nur, indem er den Bürgerkrieg beendet und nach seiner Beendigung ständig und dauernd niederhält. Damit entspricht der Staat, wie die politische Moral der Individuen, ebenfalls der Vernunft.

Für die Vernunft, die unter der geschichtlichen Alternative steht: Bürgerkrieg oder staatliche Ordnung, fallen also „Moral“ und „Politik“ zusammen. Nur im Hinblick auf den Bürgerkrieg und auf das ihm entsprungene oberste Vernunftgebot, den Bürgerkrieg zu beenden, erhält das System von Hobbes seine logische Geschlossenheit: die Moral gebietet, sich dem Herrscher zu unterwerfen; der Herrscher beendet den Bürgerkrieg; er erfüllt also das oberste Gebot der Moral. Die moralische Qualifikation des Souveräns besteht in seiner politischen Funktion, Ordnung zu stiften und Ordnung zu halten.

In dieser Ableitung der unantastbaren Souveränität des Fürsten aus der Mannigfaltigkeit der sich moraltheologisch und religiös legitimierenden Bürgerkriegsparteien liegt die Antwort von Hobbes auf seine geschichtliche Situation beschlossen. Wie der Staat auf dem Kontinent die Glaubenskriege überwunden hat und daraus seine absolutistische Form gewann, so leistete staatsrechtlich und moralphilosophisch diese Aufgabe die Vernunft, die sich bei Hobbes ebenso erhaben wußte über jenem wirren Streit der unvernünftigen, abergläubischen und triebhaften Menschen, wie der absolute Fürst über den Untertanen[71]. Die Vernunft ist für Hobbes das Ende des Bürgerkrieges; ein Satz, den man in seiner geschichtlichen Bedeutung auch umdrehen kann: das Ende der religiösen Bürgerkriege ist die „Vernunft“. Die noch situationsgebundene Gemeinsamkeit zwischen Absolutismus und rationalistischer Philosophie wird hier manifest. Die Vernunft, die sich aus den Wirren des religiösen Bürgerkrieges erhebt, verbleibt zunächst im Bann dieses Krieges und begründet den Staat. So ist es zu verstehen, daß Hobbes nicht gesehen hat, daß die Vernunft sich aufklärerisch emanzipieren kann. Hobbes weiß nicht um das Eigengefälle der Vernunft.

Die aus der Vernunft abgeleitete Bestimmung des Menschen zu einem nach Maßgabe der Vernunft sich emanzipierenden Menschen kann für Hobbes schon deshalb nicht die Bestimmung der Geschichte sein, weil er die Geschichte als die Geschichte der Bürgerkriege erlebt hat. Nicht der Fortschritt erheischt den Staat, sondern die Notwendigkeit, den Bürgerkrieg zu beenden. Erst wenn die religiösen Gegensätze neutralisiert sind, indem sie vom Staat niedergehalten werden, kann sich in dem derart ausgesparten Raum die Vernunft als eine fortschreitende entfalten. Die Geschichte ist für Hobbes ein ständiges Wechselverhältnis zwischen Bürgerkrieg und Staat und zwischen Staat und Bürgerkrieg. Homo homini lupus, homo homini Deus[72]. Und erst, wenn man diese drohende und zugleich verheißungsvolle Ambivalenz außer acht läßt, d. h., erst wenn man die geschichtliche Ausgangsfrage von Hobbes ignoriert und sein System aus dem geschichtlich bestimmten Zusammenhang herauslöst, erst dann können die oft abgehandelten formallogischen Schwierigkeiten des Systems in den Blick rücken[73].

Im Hinblick auf die Friedensgewinnung und seine Sicherung durch den Souverän ist jeder Befehl des Souveräns zugleich ein moralisches Gebot. Für die vom Bürgerkrieg bedrohten Menschen gibt es keine Differenz zwischen Gewissen und Politik. Was aber geschieht, wenn der Friede einmal gesichert ist, die Todesgefahr gebannt und der Bürger sich frei entfaltet? Ist auch dann noch jede Anordnung, jeder Befehl des Monarchen ein vernünftiges Gesetz oder gar ein moralisches Gebot? Diese Frage, die die einmal etablierte Ordnung bald beunruhigte, veranlaßt uns, das Verhältnis von Moral und Politik, wie es den absolutistischen Staat kennzeichnete, schärfer in den Blick zu rücken. Und zwar zeigt uns die Lösung, die Hobbes versuchte, daß sein Staatsbegriff in veränderter Form an demselben Zwiespalt krankt, den er durch seinen Staat aus der Welt zu schaffen trachtet. Hobbes, der bewußt vom Inhalt der religiösen oder politischen Parteiprogramme absah, fragte nicht nach der Struktur eines bestimmten Staates, er fragte nach dem, was einen Staat zum Staate macht, nach der Staatlichkeit des Staates. Er fragte nicht nach den „legibus speciatim", sondern „quid sint leges"?[74] Nicht der Inhalt der Gesetze interessierte ihn, sondern ihre Funktion, den Frieden zu garantieren. Die Gesetzlichkeit dieser Gesetze lag nicht in ihrer inhaltlichen Qualifikation, sondern allein in ihrer Herkunft, nämlich Willensäußerung der souveränen Macht zu sein. Um aber deren Gesetzmäßigkeit in einer überparteilichen, neutralen und in religiösem Sinn indifferenten Weise zu ermöglichen, hat sich Hobbes gerade auf die einmal aus der geschichtlichen Wirklichkeit abgeleitete Differenz zwischen innerer Gesinnung und äußerer Tat immer wieder berufen; er benutzte nur diese Diskrepanz, die seiner Analyse nach den Bürgerkrieg schürt, um sie seinerseits in den Dienst der staatlichen Ordnung zu stellen. Die von Hobbes bereits völlig durchgedachte Formalisierung des souveränen Gesetzesbegriffes beruht, wenn auch in konstruktiver Neuauswertung, weiterhin auf der Scheidung zwischen innerem Gewissen und äußerer Tat. Denn nur diese Differenzierung erlaubt es, den Gehalt einer Handlung von der Handlung selbst zu trennen, die notwendige Voraussetzung eines formalen Gesetzesbegriffes. Nur so vermag man ein Gesetz unabhängig von seinem religiösen und moralischen Gehalt für gesetzmäßig zu erklären, aber zugleich auch ein solches Gesetz zu erfüllen. Der Gehorsam gegenüber „souveränen" Gesetzen war nur möglich, wenn der Untertan Gesinnung und Tat, die im Bürgerkrieg bereits einander widersprachen, auch weiterhin trennen konnte, um in Harmonie mit sich selbst leben zu können, ohne Rücksicht auf den Inhalt der zu befolgenden Gesetze. So wurde die geschichtliche Voraussetzung des Bürgerkrieges zur denknotwendigen Voraussetzung für Hobbes, um seinen absoluten Souveränitätsbegriff ableiten zu können.

Hobbes' Denkleistung bestand darin, den Riß zwischen Gewissen und Politik, soweit er bei den religiös orientierten, d. h. unvernünftigen Menschen unvermeidbar war, in einen Bereich zu verlegen, der außerhalb der Staatsmaschine lag. Er tritt auf an zwei Stellen: im Souverän, der über dem Staat steht, und im Individuum durch die Aufspaltung des Menschen in den „Menschen" und den „Staatsbürger" [75]. „It is true that they that have soveraigne power, may commit Iniquite; but not Injustice ..." [76] Gewiß könne ein absoluter Herr Unrecht begehen, aber nie rechtlich, sondern nur im moralischen Sinne oder indem er gegen das Prinzip der Nützlichkeit verstößt. Wolle man ihn daran hindern, so hebe man die Voraussetzung des Friedens, die absolute Souveränität, auf und öffne damit Tür und Tor dem Elend neuer und ungerechterer Aktionen. Es handele sich hier also nicht um ein Übel, das für die Monarchie bestimmend wäre, sondern das im Wesen des Menschen selber liege [77]. Die politische Moral befreit den Fürsten von allen Bindungen; daß er dennoch eine — gleichsam nicht erforderliche, sondern zusätzliche — aequitas walten lasse, kann man hoffen, sie ist aber nicht nötig, um den Staat als Regulator der unvernünftigen Menschen wirken zu lassen [78].

Ebensowenig ist es erforderlich, daß der Untertan als Mensch, um den Staat in seiner Funktion als Friedenswahrer aufrechtzuerhalten, sich mit den politischen Gesetzen gesinnungsmäßig identifizieren muß[79]. Dagegen ist für den Menschen als Staatsbürger die prima causa der moralischen Gesetze nicht mehr bei Gott zu suchen, sondern bei einer zeitlichen Größe, nämlich bei der Macht, die dem Bürgerkrieg ein Ende setzt. Diese Gesetze sind moralisch, nicht weil sie einer ewigen Gesetzlichkeit der Moral entsprechen — mögen sie das auch tun —, sondern weil sie einem unmittelbar aus der politischen Situation abgeleiteten Gebot entsprungen sind. Es sind die Gesetze der politischen Moral, über die — aus Gründen eben dieser Moral — der Souverän entscheidet. Nicht die Gesinnung oder ein rechtes Maß, sondern der politische Grund macht die Tugend zur Tugend[80]. Für den Menschen als Menschen aber bleibt die Gesinnung, das eigne Gewissen letztes Kriterium der Moral. Daß diese Gesinnung sich ebenfalls an der politischen Notwendigkeit orientiert, bleibt auch nur zu hoffen[81].

So bricht der Mensch bei Hobbes entzwei, er wird geteilt in eine private und in eine öffentliche Hälfte: Handlungen und Taten unterliegen restlos dem Staatsgesetz, die Gesinnung ist frei, „in secret free“[82]. Fortan wird es dem Individuum möglich sein, in die Gesinnung zu emigrieren, ohne dafür verantwortlich zu sein. Soweit es teil hatte an der Welt der Politik, wurde das Gewissen zur Kontrollinstanz der Gehorsamspflicht. Der souveräne Befehl enthob den Untertan jeder Verantwortlichkeit. „The Law is the publique Conscience — private Consciences ... are but private opinions.“[83] Maßt sich das Individuum dagegen eine Zuständigkeit an, die sich der Staat vorbehält, muß es sich mystifizieren, um nicht zur Rechenschaft gezogen zu werden[84]. Die Aufspaltung des Menschen in das Private und das Etatistische ist konstitutiv für die Genese des Geheimnisses. Die Aufklärung wird später den Innenraum der Gesinnung sukzessive ausweiten, aber jeder Anspruch auf das Staatliche blieb zwangsläufig von dem Schleier des Geheimen umhüllt. Die Dialektik von Geheimnis und Aufklärung, von Entlarvung und Mystifikation ist bereits an der Wurzel des absolutistischen Staates angelegt. Es ist die Erbschaft der religiösen Glaubenskämpfe, die mit der bewußt akzeptierten Dualität ihren Eingang fand in das Prinzip des absolutistischen Staates.

Für die Vernunft, der es einzig und allein darum ging, den Bürgerkrieg zu beenden, ist der Unterschied zwischen dem Moralischen und dem Politischen irrelevant. Sie war gleichsam vernünftig genug geworden, die geschichtliche Realität tatsächlich verschiedener Gewissensbindungen anzuerkennen. Sie konnte es sich sogar leisten, sie anzuerkennen, denn die formale Technizität des absolutistischen Gesetzesbegriffes brachte eine Elastizität, die jede ordnungsgefährdende Differenz zwischen Gewissen und Tat vermied. Ruhe und Sicherheit waren damit garantiert. Der Staat wurde nicht zum Raum politischer Unmoral, sondern moralischer Neutralität. Als moralisch neutraler Raum ist er ein echter Entlastungsraum. „Potentia, si eximia sit, bona est, quia utilis ad praesidium; in praesidio autem securitas.“ [85] Indessen ist auch er nur um den Preis der Spaltung des Menschen zu haben. Ein Preis, der, weil von Hobbes bewußt akzeptiert, legal ist. Der Mensch im geheimen ist frei; nur im geheimen ist der Mensch Mensch. Der Mensch als Bürger ist dem Souverän unterworfen; nur als Untertan ist der Mensch Bürger.

Die Entlastung des Menschen wird zur Belastung des Staates. Daß der Mensch „Mensch“ ist, ist das Geheimnis dieses Menschen, das als ein solches dem Souverän zwangsläufig entgeht. Soweit er als Untertan seiner Gehorsamspflicht genügt, ist der Souverän an seinem Privatleben desinteressiert. Hier liegt, wie später zu zeigen sein wird, der spezifische Einsatzpunkt der Aufklärung. Sie breitet sich in jener Lücke aus, die der absolutistische Staat ausgespart hat, um den Bürgerkrieg überhaupt zu beenden. Die Notwendigkeit, einen dauerhaften Frieden herbeizuführen, veranlaßt den Staat, dem Individuum einen Binnenraum zu konzedieren, der die souveräne Entscheidung so wenig beeinträchtigt, daß er vielmehr unabdingbar wird für sie. Daß der Binnenraum politisch indifferent sein muß, ist konstitutiv für den Staat, wenn er seine politische Form wahren will. Im Maß jedoch, als die moralische Neutralität, die die souveräne Entscheidung auszeichnet, verfällt, geht dem absolutistischen Staat seine spezifisch situationsgebundene Evidenz verloren. Der Staat schuf eine Neuordnung, wurde aber dann — echt geschichtlich — ein Opfer dieser Ordnung. Bereits im Ansatz bedeutete, wie bei Hobbes sichtbar wurde, der aus dem Staat ausgegrenzte moralische Innenraum, der dem Menschen als „Menschen“ vorbehalten blieb, einen Unruheherd, der dem absolutistischen System in ursprünglicher Weise eigentümlich war. Die Gewissensinstanz blieb der unbewältigte Rest des Naturzustandes, der in den formvollendeten Staat hineinragte.

Die Neutralisierung des Gewissens durch die Politik leistet der Verweltlichung der Moral Vorschub. Die Mediatisierung der kirchlichen Gegensätze, die mit der Ausprägung des absolutistischen Staates einherging, macht die schrittweise Ausweitung der auf Natur und Vernunft gegründeten moralischen Weltsicht möglich. Die Aufweichung der Offenbarungsreligiosität[85a], die den Staat bedingt, wird diesem Staat zum Verhängnis, indem sich die alte Thematik — in säkularisierter Form — wiederholt. Das Moralische, das danach trachtet, politisch zu werden, wird das große Thema des achtzehnten Jahrhunderts sein. Im Maße, als die Ausgangssituation, der religiöse Bürgerkrieg, der dieser Staat seine Existenz und seine Form verdankt, vergessen wurde, erscheint die Staatsräson als das Unmoralische schlechthin.

Die Morallehren, als die eigentlichen Erben der Religion, richteten sich bewußt auf das Diesseits, blieben aber im Rahmen des absolutistischen Staates außerstaatlich. Der Mensch war als Mensch — wie gezeigt wurde — absichtlich aus dem Staat ausgespart worden, nur als Untertan besaß er staatliche Qualität.

Die Aufklärung bewirkt nun, daß die Trennung zwischen Mensch und Untertan nicht mehr verstanden wird. Staatlich soll sich der Mensch als Mensch verwirklichen, was den Verfall des absolutistischen Staates zur Folge hat. Daß es ausgerechnet die Trennung zwischen Moral und Politik war, die diesen Prozeß einleitete und dann beschleunigte, konnte Hobbes nicht ahnen. Die bürgerliche Geistigkeit übernahm das Erbe der theologischen Geistlichkeit, und auf dem Felde der Politik sollte der Spruch aus dem Neuen Testament: „Spiritualis homo judicat omnia, ipse autem a nemine judicatur“[86], bald eine neue und unerwartete Aktualität gewinnen.

Zusammenfassend läßt sich sagen, Hobbes war kein Historiker, der vergangene und gegenwärtige Fakten gesammelt oder dargestellt hätte[87]. Als ein Geschichtsdenker, dem es darum ging, den Bürgerkrieg zu überwinden, hat er eine Antwort gefunden, die die Ausgangssituation übersteigt. Der bereits von den Zeitgenossen erhobene Einwand, daß Hobbes aus dem, was ist, ableite, was sein soll, daß er aus einem Naturzustand, in dem die Menschen einander Wölfe sind, den geordneten Staat entspringen lasse[88], ein Einwand, der Dilthey veranlaßte, von der „impetuosen Subjektivität“ des Hobbes zu sprechen, beweist gerade die Geschichtlichkeit seines

Denkens. In der Geschichte ergibt sich immer mehr oder weniger, in jedem Fall anderes, als in den Vorgegebenheiten enthalten ist; darin ist ja gerade ihre Aktualität begründet. Hobbes dachte geschichtlich sogar in hervorragendem Maße, als er den logisch paradoxen Sprung aus dem Naturzustand des Bürgerkriegs in den perfekten Staat vollzog. Hobbes brachte zur Sprache, was das siebzehnte Jahrhundert ausgezeichnet hat. Die Kraft seines Denkens erweist sich an dem prognostischen Element, das ihm inhärent ist.

III

Die überkonfessionelle Rechtsordnung bewirkte nicht nur die Befriedung der jeweiligen Einzelstaaten; mehr noch prägte sie die zwischenstaatlichen Beziehungen. Das europäische Völkerrecht konnte nur wirksam sein, weil es über die Pluralität der Religionen hinweg eine neuartige Verbindlichkeit erzeugte. Diese Verbindlichkeit war politisch. Sie, die den Rahmen absteckte für die internationalen Beziehungen, war der Gedankenführung analog, mit der Hobbes den Staat deduzierte. Erst die scharfe Trennung von Innen und Außen ermöglichte es, auch einen außerpolitischen Spielraum aus dem Bereich religiöser Kompetenzen herauszuschälen, was auf dem geschichtlichen Hintergrund der konfessionellen Leidenschaften geradezu zwangsläufig einer Rationalisierung gleichkam.

Die geheime Kabinettspolitik, das zur Routine gewordene rationale Kalkül, sollte im achtzehnten Jahrhundert so sehr eine Zielscheibe der Publizität fordernden Kritik werden wie das absolutistische System selber[89]. Die Universalität der aufgeklärten Morallehren überstieg alle Grenzen, die die Politik sorgsam gezogen hatte. Indem die aufgeklärte Moral von China bis Amerika, von Paris bis Peking die gleiche Gültigkeit beanspruchte[90], verwischte sie jeden Unterschied von Innen und Außen: den zwischen den Staaten[91], den zwischen Europa und Übersee[92] so sehr wie den Unterschied zwischen Staat und Individuum[93], zwischen Mensch und Bürger. Die absolutistische Politik, die auf diesen Trennungen beruhte, wurde allseitig in Frage gestellt[93a]. Es ist daher auch nach der historischen Bedeutung zu fragen, die die europäische Völkerrechtsordnung für das aufkommende bürgerliche Selbstverständnis gehabt hat.

Die Beendigung der religiösen Bürgerkriege, und das hieß die Ausprägung der entscheidenden souveränen Instanzen, die dann die kirchlichen Probleme auf je eigene Weise lösten, führte zur straffen Ausformung der einheitlichen Flächenstaaten. Kraft der absoluten Souveränität wurde das Innere eines Staates scharf abgegrenzt gegen die Innenräume der anderen Staaten. Das Gewissen des Souveräns war absolut frei, aber zuständig für den großen Innenraum des durch ihn repräsentierten Staates. Der Staat wurde damit selber zu einer persona moralis, die unabhängig von ihrer inneren Verfassung — ob katholisch oder protestantisch, ob monarchisch oder republikanisch — frei und selbständig den anderen, ebenfalls als personae morales verstandenen Staaten gegenüberstand[94]. Erst diese Abgrenzung eines von den anderen Staaten unabhängigen staatlichen Innenraumes, dessen moralische Integrität — wie Hobbes zeigte — allein in der Staatlichkeit beschlossen lag, bewirkte nach außen die Entfaltung einer zwischenstaatlichen, überindividuellen Verbindlichkeit. *Vattel*, der klassische Vertreter des europäischen Völkerrechts im achtzehnten Jahrhundert[95], sagte deshalb von Hobbes, er sei der erste gewesen, „qui ait donné une idée distincte, mais encore imparfaite du Droit des Gens"[96].

Der Naturzustand, das bellum omnium contra omnes, herrscht für Hobbes, wenn er im Innern des Staates einmal beendet ist, nicht mehr zwischen den einzelnen Menschen, sondern nur noch zwischen den als magni homines verstandenen Staaten[97]. Das Naturrecht der vorstaatlichen Individuen konnte durch diese Personifizierung der in der geschichtlichen Wirklichkeit entstandenen Staaten zu einem zwischenstaatlichen Völkerrecht ausgeformt werden. Das jus publicum europaeum beruhte auf der strengen Trennung des moralisch unantastbaren staatlichen Innenraumes von den äußeren und politischen Beziehungen der Staaten untereinander. Die Staaten waren absolut frei und die Souveräne — wie bei Hobbes der Mensch als Mensch — nur ihrem eigenen Gewissen unterworfen, ohne sich — wie die Menschen als Bürger — einer gemeinsamen höheren institutionellen Autorität unterzuordnen. Aber gerade in dieser naturrechtlichen Freiheit erkannten sich ganz politisch — im Unterschied zu den Bürgerkriegsparteien — die Staaten gegenseitig als freie personae morales an. Mit dieser Form der gegenseitigen Anerkennung wurde das bellum omnium contra omnes nicht — wie der Bürgerkrieg — gänzlich beendet, aber eingeengt auf ein rein zwischenstaatliches Verhältnis[98]. Jeder Souverän hatte das gleiche jus ad bellum, und der Krieg wurde zu einem Mittel der fürstlichen Politik, die sich von der Staatsräson leiten ließ und die im „europäischen Gleichgewicht" eine gemeinsame Formulierung fand[99]. Mit der Beendigung des Bürgerkrieges, mit der staatlichen Konsolidierung nach innen wird der Krieg gleichsam nach außen abgedreht, und viele absolutistische Staatstheoretiker sehen in ihm eine ständige Institution zur Verhinderung des Bürgerkrieges. Der Krieg wird von ihnen aus den gleichen rational-psychologischen, jenseits einer Gesinnungsmoral liegenden Überlegungen heraus akzeptiert, mit deren Hilfe man auch der religiösen Wirren Herr werden konnte. Die Beendigung der religiösen Bürgerkriege und die Bändigung des Krieges zum reinen Staatenkrieg sind zwei korrespondierende Phänomene, die beide in der Trennung von Moral und Politik wurzeln, dort implizit, hier explizit[100]. Völkerrechtlich drückte sich diese Trennung darin aus, daß sich die Staaten im Kriege — wie die Menschen im Naturzustand — jenseits von der Frage nach der moralischen justa causa gleichberechtigt gegenübertraten und sich unabhängig von dem moralischen Kriegsgrund allein kraft ihrer staatlichen Qualität als justus hostis verstanden[101].

Die juristische Erfassung und Freilegung auch eines außenpolitischen Sachbereiches jenseits moralischer Argumentationen bedeutete aber nicht die Erteilung eines Freibriefes für gewissenloses Agieren in Krieg und Frieden, sondern beruhte wie bei der hobbesschen Deduktion des Staates ebenfalls auf der Überlegung, daß eine Berufung auf das Gewissen, das an ewige moralische Gesetze gebunden ist, kein hinreichendes Mittel ist, für eine zwischenstaatliche Ordnung zu sorgen, diese vielmehr gefährdet. Die souveränen Nationen, sagt Vattel 1758, als er an dem erbitterten Ringen mit dem Preußen Friedrichs des Großen als kursächsischer Staatsbeamter beteiligt war, sind frei und unabhängig und wie die Menschen im Naturzustand nur ihrem eigenen Gewissen unterworfen[102]. Das Gewissen der verschiedenen Nationen ist zwar an das immer sich gleichbleibende ewige Naturgesetz gebunden und unterliegt insofern stets dem jus internum, dem Droit des Gens nécessaire[103]. Wie aber läßt sich das reine Moralgesetz erfüllen, fragt Vattel. „Mais comment faire valoir cette Règle, dans les démêlés des Peuples et des Souverains, qui vivent ensemble dans l'état de Nature?"[104] Es ist die analoge Frage, die bei Hobbes auftauchte, als er im Bürgerkrieg danach fragte, wie das allen einsichtige moralische Gebot des Friedens auch erfüllt werden könnte. Wie Hobbes auf der staatlichen Ebene, so gelangt Vattel auch für den zwischenstaatlichen Verkehr zu dem Ergebnis, daß sich eine Ordnung nur dann wahren ließe, wenn sich das Gewissen der Souveräne nicht nur an die moralischen Gesetze hält, sondern sich in erster Linie an den politischen Gegebenheiten orientiert. Diese bringen es mit sich, daß es sich immer um mehrere Kräfte, und das hieß damals, daß es sich um eine Vielzahl von Staaten handelt, die sich auseinandersetzen, und mag auch im Sinne der ewigen Moral in einem Streitfall nur eine Seite recht haben, faktisch handeln alle Beteiligten im guten Glauben, „dans la bonne foi"[105]. Um diesem Tatbestand gerecht zu werden, entfaltet sich neben dem Droit des Gens nécessaire der Droit des Gens volontaire. Dieses Recht — ein jus externum — begründet die Regeln einer zwischenstaatlichen, wesenhaft politischen Aktionsmoral[106].

Beide Formen des Rechts gründen in der Vernunft, die aber an der politischen Wirklichkeit orientiert, gegebenenfalls das moralische jus internum zugunsten des politischen jus externum zu suspendieren heißt. Nur dann, sagt Vattel, läßt sich eine Friedensordnung herstellen. Diese Unterordnung moralischer Gesetze unter politische Notwendigkeiten leuchtet ein, wenn man hört, daß die Berufung auf das moralische Gewissen einen Streit nicht nur nicht beenden hilft, sondern, da alle Beteiligten „dans la bonne foi" handeln, ihn vielmehr verschärft und perpetuiert. „La décision du droit, de la controverse, n'en sera plus avancée, et la querelle en deviendra plus cruelle, plus funeste dans ses effets, plus difficile à terminer."[107] Eine Moralisierung der Kriegsführung bringe es überdies mit sich, daß der Krieg sich ausweitet, denn die Neutralen sähen sich dann unter dem Gebot einer strengen Moral gezwungen, in den Streit einzugreifen. Auch diese Unterwerfung der Moral unter die Politik verbleibt noch in dem Erfahrungshorizont der religiösen Bürgerkriege.

Vattel polemisiert heftig gegen Grotius, der aus einer eklatanten Verletzung des moralischen Naturrechts ein Interventionsrecht anderer Staaten ableite. Er vergesse im Zuge seiner moralischen

Argumentationen völlig die voraussehbaren Folgen. „Son sentiment ouvre la porte à toutes les fureurs de l'Enthousiasme et du Fanatisme, et fournit aux Ambitieux des prétextes sans nombre.“ [108] Die Schrecken eines Dreißigjährigen Krieges stehen Vattel noch deutlich vor Augen. Alle Staaten sind, wie im Westfälischen Frieden für Mitteleuropa festgelegt wurde, gemeinsam die Garanten einer Ordnung, die den religiösen Bürgerkrieg niederhält. Vattel durchbricht deshalb an einer bezeichnenden Stelle selber das von ihm streng vertretene Prinzip der Nichtintervention [109], das die innerstaatliche Ordnung gewährleisten sollte, wenn nämlich ein Volk, um einer mit staatlichen Mitteln ausgeübten religiösen Tyrannis zu entgehen, Hilfe von auswärts anfordert.

Mit dieser Durchbrechung des Prinzips der Nichtintervention steht Vattel an der Grenze zwischen bürgerlich-moralischer und staatlich-politischer Argumentation. Als protestantischer Bürger suchte er die Landung Wilhelms von Oranien in England zu rechtfertigen, wie er auch — durch seine Berufung auf Volk und Toleranz — das absolutistische System bereits von innen her in Frage stellte [110]. Aber zugleich beweist dieser Passus deutlich, daß die geschichtliche Voraussetzung des modernen Staates, nämlich die Beendigung des religiösen Bürgerkrieges, als die innere Voraussetzung der Staaten in die zwischenstaatliche Ordnung übernommen wurde [111]. Gefährdet ein Staat seine Funktion als Neutralisator religiöser Gegensätze, dann ist es notfalls erlaubt, seine staatliche Souveränität durch Intervention seitens der anderen Staaten zu durchbrechen. Diese Form einer (im achtzehnten Jahrhundert nur noch seltenen) Intervention geschähe dann nicht nur aus moralischen Gründen, sondern diente vor allem der Sicherung einer politischen Ordnung, die die fanatischen Religionen an ihren Übergriffen auf die Politik zu hindern hat.

Im Kampf gegen religiösen Despotismus bleiben die Prinzipien einer bürgerlichen Laienmoral und einer überkirchlichen staatlichen Politik noch in Deckung [112]. Treten sie dagegen auseinander, so ist es gerade das Wissen um die grausamen Auswirkungen eines religiösen Utopismus, das Vattel veranlaßt, auch die „natürliche Moral“ der Politik zu unterwerfen, um die staatliche Ordnung zu erhalten. Die wahre moralische Gerechtigkeit ist für Vattel nur im Jenseits zu finden; eine Moral aber, die am Diesseits und seinen politischen Erfordernissen orientiert ist, verdrängt zwangsläufig individuelle Gewissen und Gesinnungen, soweit diese auf „ewige Naturgesetze“ oder den Glauben bezogen sind[113]. So gelangt Vattel bei aller Anerkennung der moralischen Gewissenspflichten, denen er als ein aufgeklärter Bürger des achtzehnten Jahrhunderts huldigte, zu dem Schluß, daß ein Völkerrecht, um überhaupt ein Recht sein zu können, der Natur der Sache nach im moralischen Sinne notwendig unvollkommen sein und auch bleiben muß[114].

Der Moral einer politischen Vernunft entspringt der Droit des Gens volontaire, der im Unterschied zum natürlichen Völkerrecht die eigentliche Leistung des absolutistischen Staatsdenkens darstellt: dieses Recht „tolère ce qu'il est impossible d'éviter sans introduire de plus grands maux“[115].

Im Bewußtsein menschlicher Unzulänglichkeit — darin das Erbe des christlichen Sündenbewußtseins rational verwandelnd — entsagte das Völkerrecht freiwillig jedem gesinnungsmoralischen Richtstuhl. Nur so konnten sich die Glieder der Völkerrechtsgemeinschaft gegenseitig ihrer Freiheit versichern. Mochten mit dieser im moralischen Sinne inhaltslosen und formalen Anerkennung Ungerechtigkeiten verbunden sein: Vattel erblickte gerade im Primat der Politik die Chance, daß auch moralische Forderungen — gleichsam auf dem Umweg über eine Rationalisierung von Staat und Krieg — ihre Erfüllung finden würden. Die Voraussetzung dieser bestmöglichen Ordnung war die Trennung des Völkerrechts in den Droit des Gens nécessaire, dem nur die Gewissen der Souveräne — ohne äußere Zwangsgewalt — unterworfen waren, und den Droit des Gens volontaire, der die Regeln eines von moralischen Argumenten frei gehaltenen Sachbereiches der Politik in sich barg.

So entfaltete sich aus den grausamen Erfahrungen der konfessionellen Bürgerkriege die europäische Staatenordnung. Das Gesetz, unter dem sie geschaffen wurde, hieß die Unterordnung der Moral unter die Politik. Es hat das Zeitalter der Staatenkriege und der großen Friedensschlüsse geprägt: des Westfälischen Friedens, der die in Europa erste Lösung religiöser Streitfragen auf einer zwischenstaatlichen Ebene darstellt, oder des Friedens von Utrecht, wo erstmalig das Gleichgewicht formuliert wurde, das unter anderem auf der vorgängigen Anerkennung beruhte, mit der sich die Partner, ob katholisch oder protestantisch, ob monarchisch oder republikanisch, ihrer staatlichen Integrität versicherten. „Den Frieden hütet jetzt ein ewig geharnischter Krieg, und die Selbstliebe eines Staates setzt ihn zum Wächter über den Wohlstand des anderen. Die europäische Staatengesellschaft scheint in eine große Familie verwandelt.“ [116] Mit diesen Worten, ausgesprochen 1789 zu Beginn der großen Revolution, faßte Schiller in seiner Jenenser Antrittsrede das Ergebnis dieser Entwicklung zusammen und brachte das Bewußtsein dieser politischen Ordnung prägnant zum Ausdruck.

Es ist also die Grundkonstellation des achtzehnten Jahrhunderts, daß die Entfaltung der moralischen Welt gerade auf der vorgängig gesicherten politischen Stabilität beruhte. Erst mit der politischen Neutralisierung der religiösen Auseinandersetzungen und mit der Einschränkung der Kriege auf reine Staatenkriege wurde der gesellschaftliche Raum freigelegt, in dem sich die neue Elite entfalten konnte. Der Bürger wußte sich innerhalb dieser Ordnung, gemessen an der Vergangenheit, sicher und geborgen. Die Zeiten der Liga und der Fronde, des Dreißigjährigen Krieges und der konfessionellen Wirren waren vorbei, die Bürgerkriege waren beendet und die Kriege tangierten sowenig wie möglich die zivile Zone des Bürgertums. Aufgeklärte Monarchen förderten planmäßig das Glück ihrer Völker. An die herrschende Balance knüpfte sich die optimistische Hoffnung, daß selbst die Kriege immer mehr beseitigt werden könnten. Wie weit die Hoffnungen im einzelnen auch getrieben wurden, in jedem Falle waren sie nicht nur utopische Wünsche, sondern als Folgen der tatsächlichen Ordnung ein Symptom für diese. Erst auf dem Hintergrund der herrschenden Sekurität gewann der geschichtsphilosophische Glaube an den moralischen Fortschritt des bürgerlichen Menschen seine geschichtliche Evidenz [117]. Der moralische Fortschritt ist also, in den geschichtlichen Zusammenhang gestellt, ein Produkt der politischen Stabilität. Die Stabilität beruhte aber ihrerseits auf einer politischen Verfassung, der zwangsläufig die Moral unterzuordnen sei. Im Zuge ihrer Entfaltung mußte daher die moralische Welt ebenso zwangsläufig, wie sie in der politischen Ordnung gründete, dieser Ordnung entwachsen.

Der Weg, den sie dabei einschlagen sollte, war vorgezeichnet durch die einmal vollzogene Trennung des Naturrechts vom freien fürstlichen Entscheidungsbereich. Den Vertretern eines einheitlichen und vereinheitlichenden Naturrechts konnte diese Trennung nunmehr als eine doppelte Moral erscheinen, die es zu entlarven galt. Im Zuge der Entlarvung, d. h. der Aufklärung, verflüchtigte sich in gleicher Weise der ursprüngliche geschichtliche Sinn dieser Trennung: einen rationalen Bereich abzustecken für die politische Verantwortung. Die Politik wurde nur noch unter dem Blickwinkel des aufgeklärten Gewissens betrachtet.

„Man kann sagen", so faßt ein aufgeklärter Kritiker sein Urteil über die Völkerrechtsordnung zusammen, „daß so, wie die Könige ihre Gewalt über ihre Unterthanen vergrößert, und die Staatskunst sie durch einen genaueren Umgang unter einander verbunden hat, ihre Ehre und Gewissen Bankerott gemacht haben." [118] Das indirekte Verhältnis zur Politik ist bestimmend für den bürgerlichen Menschen. Er verbleibt in einer Art Privatreserve, die den Monarchen zum Schuldigen an der eigenen Unschuld macht. Während es zunächst so aussah, als ob der Untertan potentiell schuldig sei, gemessen an der Unschuld der fürstlichen Macht, ist jetzt der Monarch immer schon schuldig, gemessen an der Unschuld der Bürger.

ZWEITES KAPITEL

I

Der Aufbruch der bürgerlichen Intelligenz erfolgt aus dem privaten Innenraum, auf den der Staat seine Untertanen beschränkt hatte. Jeder Schritt nach außen ist ein Schritt ans Licht, ein Akt der Aufklärung. Die Aufklärung nimmt ihren Siegeszug im gleichen Maße als sie den privaten Innenraum zur Öffentlichkeit ausweitet. Ohne sich ihres privaten Charakters zu begeben, wird die Öffentlichkeit zum Forum der Gesellschaft, die den gesamten Staat durchsetzt. Schließlich wird die Gesellschaft anpochen an den Türen der politischen Machthaber, um auch hier Öffentlichkeit zu fordern und Einlaß zu erheischen.

Mit jedem Schritt der Aufklärung wird die Grenze der Zuständigkeiten verschoben, die der absolutistische Staat so sorgsam zwischen dem moralischen Innenraum und der Politik zu ziehen versucht hatte. Bereits die entstehende bürgerliche Gesellschaft hat diese Grenze in selbstgewisser Weise verschoben. Dies aufzuzeigen ist die nächste Aufgabe der Untersuchung. Zur Demonstration wird noch einmal auf das Land zurückgegriffen, in dem das moderne Bürgertum seine erste Ausprägung erfahren hat, auf England, das dem Kontinent Modell stand. Dabei wird die für das Bürgertum konstitutive außerstaatliche Urteilstätigkeit in den Blick kommen und ebenso ihre spezifische Wirksamkeit.

John Locke, geistiger Vater der bürgerlichen Aufklärung, begann 1670 unter der Herrschaft der absolutistischen Stuarts die Arbeit an seinem „Essay concerning Human Understanding“. Das umfangreiche Werk wurde während des sechsjährigen Exils in Holland beendet und konnte nach dem Sturz Jakobs II. in England veröffentlicht werden. In diesem Werk, das im folgenden Jahrhundert zu den heiligen Schriften des modernen Bürgertums zählen sollte, behandelt Locke auch die Gesetze, nach denen die Bürger ihr Leben ausrichten. Er betrete damit ein Gebiet, so sagt er, das mit ganz besonderer Sorgfalt bedacht sein wolle, um alle Dunkelheit und Verwirrung zu vermeiden[1].

Locke unterscheidet hier drei Arten der Gesetze: erstens „The Divine Law the Measure of Sin and Duty“, das dem Menschen durch Natur oder Offenbarung kundgetan werde; zweitens „The Civil Law the Measure of Crimes and Innocence“, es ist das mit Zwangsgewalt verbundene Gesetz des Staates, dessen Aufgabe darin besteht, die Bürger zu beschützen; und an dritter Stelle nennt Locke das spezifisch moralische Gesetz: „The Philosophical Law the Measure of Virtue and Vice.“ [2]

Mit diesen Unterscheidungen hat Locke das Verhältnis der moralischen zu den staatlichen Gesetzen, so wie es bei Hobbes vorlag, bereits einer gründlichen Revision unterzogen. Er räumt durch die Trennung des Divine and Civil Law erneut den Religionen eine gesetzmäßige Verbindlichkeit ein, und zugleich bricht er durch dieselbe Trennung das von Hobbes zur Rechtfertigung des Staates zusammengefaßte Natur- und Staatsgesetz wieder auseinander. Aber ohne auf diese Fragen hier näher einzugehen, lenkt er ganz bewußt die Aufmerksamkeit auf die dritte Art der Gesetze, die ganz neuartig neben dem staatlichen und neben dem göttlichen Gesetz auftritt. Es ist das Gesetz der Philosophen oder, wie er es auch nennt, „The Law of opinion or reputation“, das Gesetz der öffentlichen Meinung, das mehr als alle anderen Gesetzesformen besprochen und diskutiert werde, das eine erstaunliche Autorität besitze, aber in seiner Herkunft und Bedeutung noch gar nicht recht erkannt worden sei[3]. Die Neuartigkeit des Philosophical Law, des spezifisch bürgerlichen Gesetzes, erweist sich schon darin, daß Locke es in den Neuauflagen seines Essays immer wieder gegen Angriffe verteidigen mußte[4].

Die bürgerlichen Moralgesetze entstehen, wie Locke ganz empirisch aufzeigt, in dem von Hobbes aus dem staatlichen Machtbereich ausgesparten Innenraum des menschlichen Gewissens. Obwohl die Bürger die Verfügung über alle ihre Macht an den Staat abgetreten haben, so daß sie gegen keinen Mitbürger weiter vorgehen können, als das Landesgesetz es zuläßt — „yet they still retain the power of thinking well or ill, approving or disapproving the actions of those they live amongst and converse with“[5]. Die Bürger haben zwar keine Exekutivgewalt, aber sie besitzen und behalten die geistige Macht des moralischen Urteils. Insoweit weiß sich Locke mit Hobbes einig, aber, so fährt er fort, durch ihre Zustimmung und

Ablehnung setzen die Bürger selbst fest, was Tugend heißen soll und was nicht: „and by this approbation and dislike they establish amongst themselves what they will call virtue and vice“ [6]. Die Ansichten der Bürger über Tugend und Laster verbleiben für Locke nicht mehr im Bereich privater Gesinnungen und Meinungen, sondern die moralischen Urteile der Bürger besitzen selber Gesetzescharakter. Die von Hobbes aus dem Staate ausgeklammerte Gesinnungsmoral wird dadurch in einer doppelten Weise erweitert.

Ohne staatliche Autorisation bestehen die Gesetze der bürgerlichen Moral wie bei Hobbes nur stillschweigend und geheim, aber sie bleiben nicht mehr auf die Individuen als solche beschränkt, sondern sie gewinnen ihre allgemeine Verbindlichkeit durch eine geheime und unausgesprochene Übereinstimmung der Bürger, „by a secret and tacite consent“ [7]. Der Träger der geheimen Moral ist nicht mehr das Individuum, sondern die Gesellschaft, die „society“, die sich in den „clubs“ formiert, in denen sich z. B. die Philosophen mit der Erforschung der moralischen Gesetze besonders beschäftigen [8]. Die Bürger ordnen sich nicht mehr nur der Staatsgewalt unter, sondern sie bilden zusammen eine society, die ihre eigenen moralischen Gesetze entwickelt, die neben die Gesetze des Staates treten. Damit rückt die bürgerliche Moral — ihrem Wesen nach zwar stillschweigend und geheim — in den Raum der Öffentlichkeit, und es wird zugleich die zweite Abwandlung sichtbar, der die hobbessche Gesinnungsmoral bei Locke unterlegen ist: die im geheimen geltenden bürgerlichen Moralgesetze bleiben nicht mehr auf die Gesinnung beschränkt, sondern sie bestimmen den moralischen Wert der actions, der Taten. Die Bürger setzen selber, was bei Hobbes dem Souverän vorbehalten blieb, „the mark of the value“ aller Handlungen, „and give the name of virtue to those actions, which amongst them are judged praiseworthy, and call that vice, which they account blamable“ [9].

Die Gesetzmäßigkeit des philosophischen Gesetzes beruht nicht in seiner inhaltlichen Qualifikation, sondern gründet in dem voluntativen Akt seiner Entstehung. Aber nicht mehr der Souverän entscheidet, sondern die Bürger konstituieren durch ihren Urteilsspruch — wie die Kaufleute einen Handelswert ermitteln — die moralischen Gesetze. Was die Bürger in den verschiedenen Ländern durch ihr judgement jeweils als Tugend oder Laster festlegen, ist für die

Gesetzlichkeit der Moral nicht entscheidend; sie können je nach Zeit, Ort und Gegebenheit Tugend für Laster und Laster für Tugend erklären. Die Gesetzlichkeit ihrer moralischen Ansichten besteht vielmehr in dem reinen Urteilsspruch der Bürger selber: „... everywhere virtue and prise, vice and blame go together."[10] Auch die zum Gesetz erforderlichen Zwangsmittel, die dem Gesetz seine öffentliche Geltung verleihen, bestehen in Lob und Tadel, „its Inforcement is Commendation and Discredit"[11]. Der jeweilige Urteilsakt der Bürger, ihr Scheidungsvollzug zwischen dem, was für gut befunden und was für böse befunden wird, wird damit als Scheidungsvollzug schon gesetzlich. Die privaten Ansichten der Bürger erheben sich allein kraft der ihnen innewohnenden Zensur zum Gesetz. Deshalb nennt Locke das Gesetz der öffentlichen Meinung auch „the Law of private censure"[12]. Privatraum und Öffentlichkeit schließen sich so wenig aus, als daß vielmehr diese aus jenem hervorgeht. Die Selbstgewißheit des moralischen Innenraums liegt in seiner Fähigkeit zur Publizität. Der Privatraum weitet sich eigenmächtig zur Öffentlichkeit aus, erst in ihrem Medium erweisen sich die persönlichen Meinungen als Gesetz.

Mit der Einführung dieses privaten Zensurgesetzes schien Locke, so wurde ihm vorgeworfen, der Willkür Tür und Tor zu öffnen. Er suchte daher in der Neuauflage seines Essays[13] die Gültigkeit des Law of opinion gegen die sich erhebenden Einwände näher zu begründen. Er lege mit seiner Darstellung keineswegs den moralischen Gehalt der bürgerlichen Gesetze fest, vielmehr gehe es ihm nur darum, die Entstehung und die Art der Gesetze aufzuzeigen, die im konkreten sozialen Leben tatsächlich herrschten. Inhaltlich, so versicherte er, würden sich die Bürger im allgemeinen an die Gebote Gottes und die Gesetze der Natur halten, aber diese Gesetze erhielten ihre gesetzmäßige Geltung erst durch die Zustimmung oder Ablehnung der bürgerlichen Gesellschaft. Und er finde dies gar nicht befremdend, so fügte er hinzu, „since otherwise they would condemn themselves, if they (the private men) should think anything right, to which they allowed not commendation, anything wrong, which they let pass without blame"[14]. Um sich nicht selbst ins Unrecht zu setzen, sind die Bürger genötigt, ständig ihre Urteile selber zu fällen, und nur durch ihre eigenen Urteile legen sie fest, was im Staat moralisch recht ist und was nicht. Unter dem Zwang zur näheren Begründung stößt Locke damit auf die für die society konstitutive Bedeutung der moralischen Gesetzgebung. Die moralischen Gesinnungen werden hier von Locke in ihrer sozialen Funktion interpretiert, aber nicht mehr wie bei Hobbes, um den Staat zu deduzieren, sondern sie werden zu einem ständigen Urteilsvollzug der aufstrebenden Gesellschaft. Die Bürger müssen für Locke ihre privaten Ansichten geradezu als allgemeinverbindliches Gesetz deklarieren, denn erst im selbständigen Urteilsspruch der Bürger konstituiert sich die Gewalt der society, und nur im ständigen Vollzug der moralischen Zensur erweist sich diese Zensur als Gesetz. Der schwankende Kurswert der privaten Zensuren ist kein Einwand gegen ihre Gesetzlichkeit. Gerade daß sie sich ständig überholen, macht ihre Gesetzlichkeit aus. „The Law of private censure" heißt daher zugleich „the Law of fashion"[15].

Wie sich die Vernunft bei Bayle nur in dem ewigen Prozeß der Kritik als oberste Instanz etabliert, so erheben sich die moralischen Ansichten der Bürger bei Locke nur im ständigen Vollzug der censure zum allgemeinverbindlichen Gesetz. Die der Vernunft zugeordnete Kritik und die der Moral zugeordnete Zensur wurden für das bürgerliche Selbstbewußtsein zur gleichen, und zwar sich selbst begründenden Tätigkeit[16]. Ihre Gemeinsamkeit besteht im Urteilsspruch, im judgement, das einerseits die Welt in die Reiche von Gut und Böse oder Wahr und Falsch aufteilt, aber zugleich die Bürger im Vollzug dieser Scheidung und auf Grund dieser zur obersten Urteilsinstanz erhebt. Ohne sich auf die staatlichen Gesetze zu berufen, aber auch ohne eine eigene politische Exekutivgewalt zu besitzen, entfaltet sich im dauernden Wechsel zwischen geistiger Kritik und moralischer Zensur das moderne Bürgertum. „Dann nur", sagt ein Jahrhundert später Schiller, „dann nur, wenn wir bei uns selbst erst entschieden haben, was wir sind und was wir nicht sind, nur dann sind wir der Gefahr entgangen, von fremdem Urteil zu leiden."[17] Der sich selbst als gerecht und wahr legitimierende Urteilsspruch der Bürger, die Zensur, die Kritik werden zur Exekutive der neuen Gesellschaft.

Locke hat durch seine Interpretation des philosophischen Gesetzes den von Hobbes einer staatlichen Politik untergeordneten Innenraum des menschlichen Gewissens politisch aufgeladen. Die öffentlichen Handlungen unterliegen nicht nur der staatlichen Instanz, sondern zugleich der moralischen Instanz der Bürger. Damit hat Locke den entscheidenen Einbruch in die absolutistische Ordnung formuliert, die sich in dem Verhältnis von Schutz und Gehorsam ausdrückte: die Moral ist nicht mehr eine formale Gehorsamsmoral, nicht einer absolutistischen Politik untergeordnet, sondern sie tritt den staatlichen Gesetzen gegenüber.

Die Frage nach dem wechselseitigen Verhältnis der privaten und staatlichen Gesetzgebung wird durch diese Gegenüberstellung erneut gestellt. Welche Instanz entscheidet? Die moralische Instanz der Bürger? Oder die politische Instanz des Staates? Oder beide zusammen? Und wenn beide zusammen, wie verhalten sie sich zueinander? Locke hat diese Fragen keineswegs beantwortet, er hat die jeweiligen Bereiche weder abgegrenzt noch gedanklich geklärt. Dadurch daß er die moralischen Gesetze nicht inhaltlich bestimmt hat, sondern nur formal in der ihnen eigentümlichen Entstehung beschrieben hat, blieb es durchaus möglich, daß sie in ihrer inhaltlichen Konkretion mit den staatlichen oder göttlichen Gesetzen zusammenfallen konnten. Locke konnte daher die verschiedenen Gewalten ruhig nebeneinander bestehen lassen, ohne sie gegenseitig abzugrenzen. Gerade daß er sie nicht als Gegensätzlichkeit empfunden hat, gehört zu der Eigentümlichkeit seiner politischen Theorie [18]. Locke lieferte mit seinem deskriptiven Aufriß die Rechtfertigung der englischen Regierungsform, wie sie sich mit der Heraufkunft der ökonomisch bestimmten, bürgerlich whigistischen Schicht seit 1688 durchgesetzt hatte. Das Zusammenspiel der im Parlament vertretenen führenden Gesellschaft und der königlichen Exekutive verhinderte es, daß sich die systematisch aufgewiesene Gegenüberstellung zu einer innerpolitischen Differenz verschärfte [19]. Ist freilich die bürgerliche Moralgesetzgebung inhaltlich und nicht nur formal von der staatlichen Gesetzgebung verschieden, dann tritt sie zu dieser notwendig in Konkurrenz. In die absolutistische Staatenwelt des Kontinents übertragen, spielte daher das von Locke dargestellte „Philosophical Law“ politisch eine völlig andere Rolle. Diese zeichnet sich bereits ab, wenn man die verschiedenartige Wirksamkeit der jeweiligen Gewalten verfolgt, die Locke schon in ihrer für das achtzehnte Jahrhundert typischen Weise umrissen hat. Die moralische Gesetzgebung ist für ihn von größerer, aber auch ganz andersartiger Wirkung als die des Staates. Während die staatliche Gesetzgebung direkt durch die staatliche Macht verwirklicht wird, wirkt die moralische Gesetzgebung indirekt, durch den Druck der öffentlichen Meinung. Die direkte politische Macht bleibt dem Staate vorbehalten, das Law of opinion ist nicht mit staatlichen Zwangsmitteln ausgestattet. Aber mögen die Bürger ihre politische Verfügungsgewalt auch an die Staatsleitung abgetreten haben, ihr „Philosophical Law" ist deshalb nur scheinbar ohne Autorität[20]. Es besteht und wirkt zwar nur durch Lob und Tadel, faktisch aber, in seiner Auswirkung, in seinem Effekt ist es um so wirksamer. Denn diesem Urteilsspruch kann niemand entrinnen. Keiner von Zehntausenden sei fähig, sich dem moralischen Urteil seiner Mitmenschen zu entziehen. „No man escapes the punishment of their censure and dislike, who offends against the fashion and opinion of the company he keeps." Neben den staatlichen und religiösen Instanzen erweist sich damit die dritte Gewalt als die mächtigste, denn ihr sind alle Bürger unterworfen, „and so they do that which keeps them in reputation with their company, little regard the laws of God, or the magistrate". Über die englische Situation hinaus hat Locke damit die der moralischen Gesetzgebung eigentümliche Wirksamkeit beschrieben.

Die staatlichen Gesetze wirken direkt durch die hinter ihnen stehende Zwangsgewalt des Staates, die moralische Gesetzgebung wirkt im gleichen Staat, aber indirekt und um so stärker. Die bürgerliche Moral wird zu einer öffentlichen Gewalt, die zwar nur geistig wirkt, aber in ihrer Auswirkung politisch ist, indem sie den Bürger zwingt, seine Handlungen nicht nur den Gesetzen des Staates, sondern zugleich und vor allem dem Gesetz der öffentlichen Meinung anzupassen. Damit ist an einem Beispiel, das auch wirkungsgeschichtlich durch den steigenden englischen Einfluß auf dem Kontinent von großer Bedeutung werden sollte, ein neuer Zugang geschaffen zu der kritischen Scheidung von Moral und Politik.

Es lag bei Locke im Wesen seiner Differenzierung zwischen moralischer und politischer Gesetzgebung, daß auf Grund ihrer verschiedenen Herkunft und Wirksamkeit eine mögliche Überschneidung — den englischen Verhältnissen entsprechend — nicht in den Blick rücken mußte. Treten — wie auf dem Kontinent — der Inhalt der bürgerlichen Moral und die staatliche Gesetzgebung auseinander, so ist das „Philosophical Law" zwar ein indirekt wirkender politischer Faktor, dem niemand entrinnt, direkt aber bleibt es — politisch unsichtbar — ein reiner Urteilsspruch. Daraus ergab sich im Fall des Konflikts für den Bürger eine doppelte Konsequenz: erstens erübrigt sich eine offene Auseinandersetzung, denn die moralische Gesetzgebung wurde dank ihrer unsichtbaren Kraft und größeren Reichweite zwangsläufig vollstreckt. Und zweitens war jeder Konflikt, moralisch betrachtet, schon entschieden; denn entsprach einmal das moralische Gesetz dem Urteil der Philosophen und dem Sinn der Gesellschaft, dann hatte — wenn sie die Zensur nur ausübte — die Gesellschaft von vornherein recht[21]. Die Beweglichkeit ihrer privaten Urteilsfindung verleiht den Bürgern die Gewißheit des Rechthabens und eine unsichtbare Sicherheit auf Erfolg. Die stets und ständig sich überholenden Richtsprüche sind die Gesetzlichkeit des Fortschritts, der alle staatlichen Gesetze immer schon hinter sich läßt. Die Mobilität der moralischen Richter ist der Fortschritt selbst.

Die Voraussetzung für die reine moralische Urteilsinstanz, die Abgrenzung gegen die herrschende Politik, wurde daher für den Bürger im absolutistischen Staat zu einem Urteilsakt selber. Er übernahm die dem absolutistischen System zugrunde liegende Trennung von Moral und Politik, verwandelte sie aber in eine spezifische Antwort auf seine Situation innerhalb des Staates, durch den er seinen Bereich der Moral ausgegrenzt sah: die Bürger machten aus der Unterordnung der Moral unter die Politik keine Bei-, Neben- oder Zuordnung wie Locke, sondern radikalisierten die Gegensätzlichkeit, sie vollzogen eine Polarisierung, die Symptom und Instigator der heraufziehenden politischen Krise werden sollte.

Wie die Bürger ihr moralisches Reich entfaltet haben und dabei durch eine Polarisierung von Moral und Politik ihren Herrschaftsanspruch ausprägten, zugleich aber jeden Konflikt mit dem Staat — ganz nach dem Grad ihrer Bewußtheit geplant oder gutgläubig — zu umgehen schienen, ist im folgenden zu zeigen.

II

Zwei gesellschaftliche Formationen haben auf dem Kontinent das Zeitalter der Aufklärung entscheidend geprägt: die République des lettres und die Logen der Freimauerei. Aufklärung und Geheimnis treten von Anbeginn auf als ein geschichtliches Zwillingspaar. Ihre Wege sollen zuerst einzeln verfolgt werden, und zwar zunächst die Organisationsformen und Selbstbezeugungen der Freimaurerei, dann die Entfaltung der Gelehrtenrepublik am Leitfaden ihres kritischen Bewußtseins. Ein Vergleich beider voneinander relativ unabhängiger Formationen wird von der erstaunlichen Parallelität zeugen, die zwischen ihnen geherrscht hat. Beide Gruppen entwickeln in Sprache und Verhalten einen bestimmten Stil, und gerade ihre strukturelle Gemeinsamkeit verweist bei allen Unterschieden darauf, daß es sich um eine spezifische Antwort auf das System des Absolutismus gehandelt hat. Diese Antwort auf den Absolutismus wird entfaltet und ausgebaut. Und wie für den Absolutismus im 17. Jahrhundert wird für die Aufklärung im 18. Jahrhundert die Ausgangssituation nicht ohne anhaltenden Einfluß bleiben auf ihren weiteren Verlauf. Der politische Stil der Aufklärung entwickelt ein Eigengefälle, das seine wahre Wirksamkeit erst erreichen sollte, als das absolutistische System innerlich bereits ausgehöhlt war.

Der Höhepunkt der absolutistischen Macht, die Zeit Ludwigs XIV., gehört in Frankreich zur Geburtskonstellation der neuen Elite. Sie setzte sich aus den verschiedensten, ja heterogensten Gruppen zusammen, deren gemeinsames Kennzeichen aber darin bestand, daß sie sich in dem modernen Staat, der allein in der Person des absoluten Fürsten repräsentiert war, jeglicher politischen Entscheidungsfreiheit entblößt oder beraubt sahen. In dieser Ausgangssituation lag die gemeinsame Herausforderung, die zunächst das verbindende Element der neuen Gesellschaft wurde[22].

Ein Teil der neuen Schicht besaß eine alte politische Tradition, die aber vom absolutistischen Staat durch den Abbau der Ständevertretungen abgekappt schien: es ist der ehedem frondierende Adel, der nach dem Tode des Sonnenkönigs wieder auflebte und seine Eigenständigkeit mit neuem Selbstbewußtsein pflegte. Zu ihm gehören Männer wie der Herzog St. Simon oder Boulainvilliers und in gewisser Weise noch Montesquieu[23]. Die Nobilität kämpfte stets gegen das Herrschaftsmonopol des Königs, aber wie wenig sie ein wirklich selbständiger Faktor neben dem aufsteigenden Bürgertum war, beweist der politische Selbstmord, den sie am 4. August 1789 leichtfertig verübte.

Eine völlig entgegengesetzte, aber mächtige Gruppe der neuen Gesellschaft entfaltete sich unter der Regentschaft. Sie bestand aus den Kaufleuten, Bankiers, Steuerpächtern und Geschäftsleuten. Es waren arbeitende und spekulierende Bürger, die zu Reichtum und sozialem Ansehen gelangten, oft sich den Adelstitel kauften, und die wirtschaftlich — keineswegs aber in der staatlichen Politik — die führende Rolle spielten. „Ses courriers portent ses ordres dans toutes places de l'Europe", so schildert 1755 ein Redner der Marseiller Akademie den Großkaufmann, „et son nom, sur un papier circulant, fait rouler et multiplier les fonds qu'il veut transporter, ou répandre. Il ordonne, il recommande, il protège." [24] Selbstbewußtsein und soziale Macht der Financiers wuchs in dem Maße, als sie zum Gläubiger des Staates wurden, dessen politische Herrschaft nicht in ihren Händen lag. Vielmehr wurden sie von der staatlichen Leitung in einer Weise ferngehalten, daß sie es gerade an der Substanz ihrer sozialen Macht, am Gelde, zu spüren bekamen. Viele Financiers profitierten zwar bis in Millionensummen hinein von dem korrupten Steuer- und Steuerpachtsystem des Staates, aber zugleich war die geheimgehaltene und undurchsichtige Haushaltführung des Staates dem Zugriffe der bürgerlichen Geldleute entzogen. Die Financiers hatten aber nicht nur keinen Einfluß auf die Finanzverwaltung, sondern obendrein besaßen sie überhaupt keine Sicherheiten für ihre Kapitalien: sie wurden durch königliche Entscheidungen immer wieder willkürlich um spekulierte und erarbeitete Gelder gebracht. Dem Totalbankrott unter Law folgten, um einem weiteren Zusammenbruch des Staatshaushaltes zu entgehen, dauernd verschleierte Teilbankrotte und andere Finanzmanipulationen: staatliche Wirtschaftsverträge wurden aus souveräner Machtvollkommenheit suspendiert, Renten nicht ausgezahlt, und die wichtigste politische Institution, in der auch bürgerliche Interessen vertreten wurden, das Pariser Parlament, wurde von ständischen Sonderwünschen geleitet und besaß nicht genügend Macht, dem staatlichen Finanzgebaren Einhalt zu gebieten [25]. So behielt sich der Staat die Verwaltung der Gelder, die er der Geldaristokratie schuldete, selber vor, und darüber hinaus beraubte er — ganz „unmoralisch" — seine Gläubiger willkürlich ihrer Gewinne. Das 1788 auf etwa 200 Millionen angewachsene jährliche Defizit des Staates verwandelte sich damit auf doppelte Weise in ein moralisches Kapital der Gesellschaft, gerade weil sie die politische Macht in den Händen ihres Schuldners konzentriert sah. „Presque tous les sujets sont créanciers du maître... qui est esclave comme tout débiteur", so apostrophierte Rivarol[26] die Ausgangssituation der Französischen Revolution. Die finanzkräftige Gesellschaft und der absolutistische Staat standen sich gegenüber, ohne daß durch die Reformversuche die Differenz behoben werden konnte. In diesem Wechselverhältnis zwischen dem finanziellen Kapital, das in den Händen der Gesellschaft zugleich ein moralisches Guthaben war, und der finanziellen Verschuldung des Staates, der aus politischer Machtvollkommenheit, aber ganz unmoralisch, die Schulden verdeckte oder ausstrich, liegt einer der stärksten sozialen Impulse für die Dialektik von Moral und Politik.

Zu dem antiabsolutistischen Adel und zur finanzkräftigen Bürgerschicht kam eine weitere Gruppe, die in ausgesprochener Weise Objekt und Opfer einer absolutistischen Politik war: es sind die vierhundertausend Emigranten, die nach der Aufhebung des Edikts von Nantes 1685 Frankreich verlassen mußten und sich in den nord- und nordosteuropäischen Raum ergossen. Allein achtzigtausend von ihnen gingen nach England, wo sie — auf dem whigistischen Flügel stehend — zu glühenden Verteidigern der parlamentarischen Verfassung wurden. Sie gründeten im Rain-Bow-Coffee-House, einem Freimaurerlokal zu London, eine Informationszentrale, von wo aus sie englischen Geist, englische Philosophie und vor allem die englische Verfassung über den geistigen Umschlagplatz Holland im absolutistischen Europa propagierten. Desmaizeaux, der Biograph Pierre Bayles, Pierre Daudé und Le Clerc, der Freund von Locke, gehörten zu dieser besonders aktiven Gruppe[27].

Im engsten Zusammenhang mit den Emigranten, führenden Geistern ihrer Zeit, und auf ihnen aufbauend, stehen die Philosophen der Aufklärung. Sie stellten die Truppen, die ihren unschuldigen Krieg innerhalb des Règne de la Critique führten und waren von entscheidendem Einfluß auf den Charakter der bürgerlichen Elite.

Diese frei schwebende Schicht der Schriftsteller und Aufklärer der „philosophes militants“, die sich um die moralische Gesetzlichkeit bemühten, war schon dank ihrer Herkunft — zumeist aus den unteren und mittleren Schichten stammend — in ihrer sozialen Existenz bar aller politischen Funktion [28]. Hinzu kam die wachsende Schicht der bürgerlichen Beamten und Richter — etwa eine Viertelmillion Köpfe zählend —, die zwar mit staatlichen Aufgaben betraut waren, deren Organisation aber ein Eigengefälle entwickelte, so daß sie sich innerlich bereits von der absolutistischen Herrschaft ablösen konnte [29].

Aus allen diesen Gruppen verschiedenster Art: sozial anerkannt, aber ohne politischen Einfluß wie der Adel, oder von wirtschaftlicher Macht, aber sozial als homines novi abgestempelt wie die Financiers, oder sozial ohne rechten Ort, aber von höchster geistiger Bedeutung wie die Philosophen, formierte sich eine neue Schicht, die verschiedenste, ja entgegengesetzte Interessen verfolgte, deren gemeinsames Schicksal es aber war, in den bestehenden Einrichtungen des absolutistischen Staates keinen zureichenden Platz zu finden. Der absolutistische Fürst hielt seine Hand auf alle Zugänge zu dem Befehlsapparat im Staat, auf Gesetzgebung, Polizei und Militär, und er führte zudem einen erbitterten Kampf gegen die letzten Reste der ständischen Vertretung, in der die neue Elite, wenigstens teilweise vertreten, einige Interessen wahren konnte. Völlig verschlossen war ihr ein Einfluß auf die Außenpolitik, durch die über Krieg und Frieden entschieden wurde. Diese Männer, die das geistige Gesicht ihres Landes bestimmten oder auch die Lasten ihres Staates trugen, waren nicht dazu ausersehen, über das Schicksal eben dieses Staates zu entscheiden, denn es lag im System der absolutistischen Ordnung, daß sie gerade nichts zu entscheiden hatten; sie waren alle Untertanen. Auf Grund dieser Gemeinsamkeit bildete sich eine für den absolutistischen Staat außerstaatliche Interessensphäre heraus, die der Gesellschaft, der société, in der die verschiedenen Gruppen ihren eigenständigen Platz sahen. Die Spannung zwischen der sozial zunehmenden Bedeutung einerseits und der Unmöglichkeit, dieser Bedeutung einen politischen Ausdruck zu verleihen, bestimmte die geschichtliche Situation, in der sich die neue Gesellschaft konstituierte. Sie sollte entscheidend sein für ihr Wesen und ihre Entwicklung. Die kritische Scheidung zwischen Moral und

Politik, auf die sich die bürgerliche Intelligenz berief, folgt aus dieser Differenz und verschärft sie zugleich.

Im ganzen ausgeschaltet von der Politik, fanden sich die Männer der Gesellschaft an völlig „unpolitischen" Orten zusammen: an der Börse oder in Kaffeehäusern, in den Akademien, wo die neuen Wissenschaften getrieben wurden, ohne der staatskirchlichen Autorität einer Sorbonne zu erliegen, oder in den Clubs, wo sie nicht Recht sprechen konnten, aber das herrschende Recht besprachen; in den Salons, in denen der Geist unverbindlich walten konnte und nicht den offiziellen Charakter trug wie auf Kanzeln und in Kanzleien, oder in Bibliotheken und literarischen Gesellschaften, in denen Kunst und Wissenschaft, nicht aber staatliche Politik betrieben wurde. So schuf sich im Schutze des absolutistischen Staates die neue Gesellschaft ihre Institutionen, deren Aufgaben — ob vom Staate geduldet, gefördert oder nicht — „gesellschaftliche" waren. Es kam zu einer Institutionalisierung im Hintergrund, deren politische Kraft sich nicht offen, d. h. in den Bahnen fürstlicher Gesetzgebung oder im Rahmen staatlicher oder noch bestehender ständischer Einrichtungen, entfalten konnte; vielmehr konnten die Vertreter der Gesellschaft von vornherein einen politischen Einfluß, wenn überhaupt, nur indirekt ausüben. Alle sozialen Einrichtungen dieser neuen geselligen und gesellschaftlichen Schicht gewinnen somit einen potentiell politischen Charakter, und soweit sie einen Einfluß auf die Politik und staatliche Gesetzgebung bereits ausübten, wurden sie zu indirekten politischen Gewalten.

Sowie der Staat aus dieser Richtung das Monopel seiner Gesetzgebung bedroht sah, schritt er gegen die neuartigen Institutionen ein. Bezeichnend hierfür ist das Schicksal des *Club de l'Entresol*. „C'était une espèce de club à l'anglaise, ou de société politique parfaitement libre", berichtet der Marquis d'Argenson, das bedeutendste Mitglied, in seinen Erinnerungen, „composée de gens qui aimaient à raisonner sur ce qui se passait, pouvaient se réunir, et dire leur avis sans crainte d'être compromis, parce qu'ils se connaissaient tous les uns les autres, et savaient avec qui et devant qui ils parlaient." [30] In dieser von Bolingbroke angeregte Gesellschaft [31] fanden sich achtbare Gelehrte, fortschrittliche Kleriker, hohe Militärs und erfahrene Beamte zusammen, die die Nachrichten aus aller Welt sammelten und besprachen; jeder hatte ein bestimmtes

Fach, und die Hauptarbeit galt den Fragen der inneren und äußeren Politik. D'Argenson selber trug hier seinen ersten Entwurf zu den „Considérations sur le Gouvernement ancien et présent de la France" vor, die bis zu ihrer Drucklegung in Amsterdam 1764 handschriftlich in Frankreich kursierten und eine radikale Verwaltungsreform mit dem Ziel des demokratischen Staatsabsolutismus propagierten[32].

Ein anderes Mitglied und der Mentor des Klubs war der greise Abbé de St. Pierre, einer der ersten und bekanntesten Vertreter der neuen Gesellschaft, die ihre Kritik gegen den absolutistischen Staat richteten. 1718 hatte er seinen „Discours sur la Polysynodie ou Pluralité des conseils" veröffentlicht, in dem er das System des korrupten „Visirat" heftig angriff; er hoffte damals durch seinen Vorschlag die vom Regenten eingesetzten Ministerconseils — mit bezeichnenden Abwandlungen, wie durch die Einführung eines geheimen Wahlverfahrens — zu einer dauernden Regierungseinrichtung auszubauen[33]. Die Elite der Nation sollte — in parlamentarischen Fachausschüssen vertreten — einen „Plan général" zur Neuordnung Frankreichs ausarbeiten. Mit diesem Vorschlag übte der Abbé zugleich eine politische Kritik, deren indirekte Methode Rousseau später charakterisiert hat[34]:

> „Il tourne même avec assez d'adresse en objections contre son propre système, les défauts à relever dans celui du Régent; et sous le nom de réponses à ses objections, il montroit sans danger et ses défauts et leurs remèdes. Il n'est pas impossible que le Régent ... ait pénétré la finesse de cette critique."

Der Regent wird die Finesse wohl bemerkt haben, jedenfalls wurde St. Pierre daraufhin aus der französischen Akademie relegiert. St. Pierre hoffte nun in der privaten Akademie des Club de l'Entresol ein neues Arbeitsfeld zu finden[35].

Durch die Institutionalisierung der Gesellschaft zu einer privaten Akademie entwickelte die politische Kritik, die in ihr gepflegt wurde, eine nach außen, unter Umgehung der staatlichen Gewalten, d. h. indirekt wirkende politische Gewalt. Walpole suchte die Gunst des Klubs, dessen Überlegungen und Ansichten am Hofe wie in Paris kursierten, und so übte er bereits einen bedeutenden Einfluß auf die gerade durch ihn gebildete öffentliche Meinung aus[36].

St. Pierre allerdings hätte am liebsten diese private Gesellschaft im Sinne seiner Polysynodie ebenfalls zu einem offiziellen Gremium erhoben, das die politische Planungsarbeit zu leisten habe. Doch als er in aller Naivität den Kardinal Fleury um offene Autorisation für politische Untersuchungen bat, erhielt er zur Antwort: „Je vois, monsieur, que dans vos assemblées vous proposeriez de traiter des ouvrages de politique. Comme ces sortes de matières conduisent ordinairement plus loin qu'on ne voudrait, il ne convient pas qu'elles en fassent le sujet.“ [37]

Während der Marquis d'Argenson in klarer Voraussicht der staatlichen Reaktion immer auf strengste Verschwiegenheit und Diskretion [38] gedrungen hatte, um den Bestand des Klubs überhaupt zu garantieren, wurde der Versuch des Abbé de St. Pierre, die private Gesellschaft in ein halbstaatliches oder staatliches Organ zu verwandeln, mit dem Verbot beantwortet. Der französische Kanzler duldete weder die politische Planung noch den indirekten Einfluß einer Gesellschaft, und so sah sich unter seinem Druck der Klub gezwungen, sein Zwischengeschoß zu verlassen. Auch der Versuch, unter strikter Geheimhaltung und an wechselnden Orten weiterzutagen, bewahrte ihn nicht vor dem Zwang, seine Sitzungen zu schließen.

Dieses Ereignis aus dem Jahre 1731 ist symptomatisch für die Differenz zwischen Staat und Gesellschaft: der Staat sieht seine Ordnung durch eine selbständige politische Tätigkeit der führenden neuen Gesellschaftsschicht bedroht und zwingt sie, wieder in den privaten Untergrund zu emigrieren, in dem sie sich konstituierte [39].

Die einzige Institution der Bürger, die diesem absolutistischen Herrschaftsanspruch Rechnung trug, in der aber zugleich alle Maßnahmen ergriffen wurden, um ihm dennoch zu entgehen, war die *Freimaurerei* [40]. Die Logen der Maurer sind die für das neue Bürgertum typische Bildung einer indirekten Gewalt im absolutistischen Staat. Sie waren umgeben von einem selbstgeschaffenen Schleier: dem Geheimnis. Die Verschwiegenheit, die mißachtet zu haben nach d'Argenson der Club de l'Entresol mit seiner Auflösung bezahlen mußte, die Schweigsamkeit, die Bindung an ein Geheimnis waren für die Maurer verpflichtend, sie haben das Wesen ihrer Gesellschaft bestimmt. Das Geheimnis, dieses dem Zeitalter der Aufklärung scheinbar so widersprechende Element, bedarf der näheren Klärung, denn das maurerische Geheimnis führt in das Zentrum der Dialektik von Moral und Politik. Das Geheimnis verdeckt — wie sich herausstellen wird, in ambivalenter Weise — die politische Kehrseite der Aufklärung.

Die Maurer haben den außerstaatlichen geistigen Innenraum, den sie mit den anderen bürgerlichen Gemeinschaften teilten, von vornherein und ganz bewußt mit einem Geheimnis umgrenzt und zum Mysterium erhoben. Durch diesen Akt und den beharrlichen Nachdruck, den sie darauf legten, unterschieden sie sich — obwohl sie selbst von halbreligiösem Pathos erfüllt und von kultischer Strenge durchstimmt waren — von den vielen Religionsgemeinschaften, etwa von den Pietisten oder Methodisten, die sich auch neu bildeten, oder von den Jansenisten, die ebenfalls teils verfolgt, teils nur geduldet ein streng religiöses Leben führten [41].

Die inhaltlichen Bestimmungen des maurerischen Mysteriums, die konkreten Gehalte der Geheimarbeit gingen je nach den Lehrmeinungen stark auseinander. Von System zu System hatte das Geheimnis für die Brüder selber einen anderen Charakter, es fand, durch zeitliche und soziale Umstände bedingt wie durch nationale Eigentümlichkeiten bestimmt, völlig unterschiedliche Prägungen [42]. Das durchgängige Ziel der königlichen Kunst, den rohen Menschen, diesen „unbehauenen Stein“, zu „polieren“ und die Brüder in die Regionen des Lichts zu erheben, wurde auf den verschiedensten Wegen angestrebt. Sittliche Läuterung der niederen Sinnlichkeit [43] und sinnliche Freuden auf den Festen brüderlicher Gesittung [44] waren beide zugleich möglich und ergänzten einander.

Die Skala der Vorstellungen und Hoffnungen, die dem Geheimnis der verschiedenen Systeme seinen Inhalt verliehen, reichte von rationalen Plänen des sozialen Zusammenlebens bis hinüber zu romantisierenden und mystisierenden Phantasmen, es gab mannigfaltige Mischungen und Schattierungen, ja es ist geradezu charakteristisch für die Maurerei, daß die widersprechendsten Elemente eine unlösliche Verbindung eingingen [45]. Je nach dem Schwerpunkt unterschieden sich die Richtungen, die — um einige der wichtigen zu nennen — von der moralisch-humanitären Vereinigung der englischen, der blauen Maurerei und der deutschen Illuminaten über die ritterlichen Orden etwa der Tempelherren bis zu dem protestantisch-schwedischen System reichten und weiter zu den sektiererischen

Bünden der Rosenkreuzer oder der Philaleten, die den Menschen durch okkulte Wissenschaften zu erleuchten und erlösen hofften[46].

In den maurerischen Geheimorganisationen gehen religiöse und politische Elemente eine neuartige Verbindung ein. Rationale Erweckungen antiker Mythen und Mysterien und die Entfaltung einer eigenständigen Herrschaftshierarchie prägen die Bünde, die als Ganzes aber weder kirchlich noch staatlich waren, sondern eine der neuen bürgerlichen Gesellschaft eigentümliche Organisationsform darstellten. „Ihrem Wesen nach ist die Freimaurerei ebenso alt als die bürgerliche Gesellschaft. Beide konnten nicht anders als miteinander entstehen — wenn nicht gar die bürgerliche Gesellschaft nur ein Sprößling der Freimaurerei ist.“[47] Diese sozialontologische Feststellung von Lessing behält ihre geschichtliche Wahrheit. In den Logen und durch sie gewinnt das Bürgertum eine eigene soziale Form. Ihr Geheimnis tritt — in Nachahmung beider — neben die Mysterien der Kirche und neben die Arcanpolitik der Staaten. Es ist das Geheimnis einer dritten Gewalt, die nach ihrem eigenen, selbstgeschaffenen Gesetz lebte, wie es bei Locke als „Law of private Censure“ neben das Divine Law und Civil Law getreten war.

Das Geheimnis hatte in den verschiedenen Systemen einen verschiedenen Inhalt, aber immer dieselbe soziale Funktion. Die Funktionen des Maurergeheimnisses sind im Rahmen des absolutistischen Staates weit wichtiger als ihr wirklicher oder vermeintlicher Inhalt, dem nachzuforschen meist vergeblich bleiben wird. Diesen Funktionen soll im folgenden nachgefragt werden, und es wird sich dabei herausstellen, daß es gerade die Funktionen sind, die — im Rahmen des Staates — für die führenden Köpfe der Gesellschaft den wahren Sinn und eigentlichen Gehalt des arcanum bildeten.

In die Logen, zunächst eine rein bürgerliche Schöpfung, verstehen es die Bürger den sozial zwar anerkannten, aber politisch ebenfalls entrechteten Adel hineinzuziehen und so auf der Basis sozialer Gleichberechtigung mit ihm zu verkehren. Wie in den Salons vor den Frauen kein sozialer Rangunterschied galt, so behauptete sich auch in den Logen das Prinzip der égalité[48]. „Noblemen, gentlemen and working men“[49] fanden hier Zutritt, und der Bürger gewann somit eine Plattform, auf der alle ständischen Unterschiede eingeebnet wurden. Mit dieser Tätigkeit richteten sich die Maurer zwar gegen das bestehende Sozialgefüge, standen aber noch nicht in unabweisbarem Widerspruch zu dem absolutistischen Staat. Die politische Gleichheit der Untertanen führte zur sozialen Angleichung ständischer Unterschiede: dieses durchführen hieß noch nicht das politische System des absolutistischen Staates selber sprengen. Aber gerade dort, wo die soziale Einebnung der ständischen Hierarchie am stärksten angestrebt und zum Organisationsprinzip gezählt wurde, in den Logen, war die soziale Gleichheit eine Gleichheit außerhalb des Staates. Der Bruder war innerhalb der Logen kein Untertan der Staatsgewalt mehr, sondern Mensch unter Menschen: er dachte, plante und handelte in der Logenarbeit frei.

„Le cri de la nature, ami, c'est Liberté!
Ce droit si cher à l'homme est ici respecté.
Egaux sans anarchie et libres sans licence,
Obéir à nos lois fait notre indépendence." [50]

Die Freiheit vom bestehenden Staat war — mehr als ihre soziale Gleichheit — das eigentliche Politicum der bürgerlichen Logen. Die innere Gesetzlichkeit der Lcgen, ihre Freiheit und Unabhängigkeit waren nur möglich in einem Bereich, der dem Einfluß sowohl der kirchlichen Instanzen wie dem politischen Zugriff der herrschenden Staatsgewalt entzogen blieb. Das Geheimnis hatte daher von vornherein eine abweisende, eine schützende Funktion. „Die Geheimnisse und das Schweigen", heißt es 1738 ausdrücklich in einem Zusatzprotokoll zur Verfassung der Hamburger Loge, dieser ersten Gründung auf deutschem Boden[51], „die Geheimnisse und das Schweigen (sind) die hauptsächlichsten Mittel, um uns zu behaupten und uns den Genuß der Maurerei zu erhalten und zu bekräftigen." An die Stelle des Schutzes durch den Staat tritt der Schutz vor dem Staat.

Diese schützende Funktion nun, die das Geheimnis für die Maurer gehabt hat, fand ihr geistiges Korrelat in der Trennung von Moral und Politik. Bereits bei der Gründung der bürgerlichen Freimaurerei wurde sie in aller Bewußtheit festgelegt. Die Trennung zu beachten und einzuhalten gehörte zu den „Alten Pflichten", die 1723 unter der Regie von Desaguliers verfaßt wurden, und damit bestimmte sie auch die Richtung der übrigen Systeme, die mit der Ausbreitung der königlichen Kunst über Europa die „Alten Pflichten" als Arbeitsgrundlage übernommen hatten. „A Mason is obliged, by his Tenure, to obey the Moral Law ...“ [52], so lautet der erste Satz der Verfassung, der Maurer ist durch seinen Beruf verbunden, dem moralischen Gesetz zu gehorchen. Mit dieser Verpflichtung legte Desaguliers eine doppelte Frontstellung fest: die Front gegen die bestehenden Staaten und die Front gegen die herrschenden Kirchen. Während man früher verpflichtet war, sich den jeweiligen Landes- oder Staatskirchen anzuschließen, so heißt es statt dessen jetzt, sich nur der Moral, dieser für alle Menschen unterschiedslos gültigen Religion, der neuen „Catholick Religion“ unterwerfen: „yet 'tis now thought more expedient only to oblige them to that Religion in which all Men agree ...“ [53] Wie der absolutistische Staat bisher die religiösen Spannungen politisch neutralisiert hatte, so wollen die Bürger nunmehr selber alle Glaubensdifferenzen moralisch überbrücken. In der Freimaurerei wird die bürgerliche Morallehre sozial verwirklicht. „Whereby Masonry becomes the Center of Union, and the Means of conciliating true Friendship among Persons that must else have remain'd in a perpetual Distance.“ [54]

Noch wichtiger aber war, um die gesellschaftliche Welt zusammenzuschließen, die ausdrückliche Abwendung von der herrschenden Politik, die sich nicht von den Gesetzen einer außerstaatlichen Moral, sondern von der jeweiligen Staatsräson leiten ließ. „We are resolw'd against all Politicks“, stellen die Maurer im sechsten Artikel ihrer Verfassungen fest, und dieses Bekenntnis verkünden sie wie heute noch im ganzen achtzehnten Jahrhundert [55].

Diese Ablehnung der Politik war in England zunächst von der innerpolitischen Absicht getragen, über die bestehenden Parteien hinweg eine neue soziale Einheit zu stiften [56], aber zugleich sollte sie die Regierung davon überzeugen, daß die geheime Gesellschaft ungefährlich und daher zu dulden sei. Doch während in England die königliche Kunst bald eine enge Liäson mit der georgianischen Politik einging und auch auf dem Festland in ihren Dienst trat, blieb innerhalb der absolutistischen Staaten die in der Verfassung ausgesprochene Trennung von Moral und Politik in aller Schärfe bestehen. Aus der Not, keine politische Autorität zu besitzen, machte die neue Gesellschaft ihre Tugend: sie verstand auch ihre geheime Institution nicht als „politisch“, sondern von vornherein als „moralisch“ [57]. In den Logen herrscht ein besserer Souverän, es ist die Tugend, die das Szepter führt: „La vertu a son Trône dans nos loges, nos cœurs sont les sujets, et nos actions le seul encens qu'elle y reçoive avec complaisance." [58] Die Maurer versicherten immer wieder heilig, keine politischen Zwecke zu verfolgen, denn unter ihrer gemeinsamen Herrschaft im Zeichen der Tugend bedarf es keiner politischen Kunstgriffe mehr, äußerliche Konstruktionen wie die Balance erübrigen sich — allein schon in der inneren Verbindung ist das Glück garantiert [59]. Mögen die Staaten die Macht in ihren Händen halten, durch das Geheimnis monopolisieren die Maurer für ihre soziale Institution die Moral [60].

Das Geheimnis war, wie expressis verbis in den Constitutions ausgesprochen, die Grenzscheide zwischen Moral und Politik: es schützt und umgrenzt den sozialen Raum, in dem sich die Moral verwirklichen sollte.

Ein entwicklungsgeschichtlicher Rückblick macht die aus der Struktur des absolutistischen Systems sich ergebende Zwangsläufigkeit deutlich, mit der sich der moralische Innenraum nur im geheimen Gegenzug gegen die staatliche Politik entfalten konnte: die Freiheit im geheimen Innern, in der Seele des einzelnen Staatsbürgers, die Hobbes aus dem absolutistischen Staate ausgrenzen mußte, um seinen Souveränitätsbegriff ableiten zu können [61], die Freiheit, die sich dann bei Locke „by a secret and tacit consent" der Individuen in einer vom Staate unabhängigen philosophischen Gesetzgebung niederschlug [62], diese bürgerliche Freiheit war in dem absolutistischen Staat nur zu verwirklichen, solange sie sich weiterhin auf einen geheimen Innenraum beschränkte. Das moderne Bürgertum wächst zwar aus dem geheimen Innenraum einer privaten Gesinnungsmoral heraus und konsolidiert sich in privaten Gesellschaften; aber diese bleiben weiterhin von dem Geheimnis umgrenzt. Die bürgerlichen Maurer verzichten nicht auf das Geheimnis des moralischen Innern, denn gerade in ihm finden sie ihre vom Staate unabhängige Existenz garantiert. Die geistige Tatsache, „to be in secret free" [63], erhält damit in den Logen ihre soziale Konkretion. Scheinbar ohne den Staat zu tangieren, schaffen die Bürger in den Logen, diesem geheimen Innenraum im Staate, in eben diesem Staat einen Raum, in dem — unter dem Schutz des Geheimnisses — die bürgerliche Freiheit bereits verwirklicht wird. Die Freiheit im geheimen wird zum Geheimnis der Freiheit.

Um die Freiheit zu verwirklichen, hatte das Geheimnis über seine Schutzfunktion hinaus eine weitere, ebenfalls bewußt angesetzte Funktion: die bürgerliche Welt innergesellschaftlich in genuiner Weise auch zusammenzuschließen[64]. Wie sich kraft dieser Funktion die moralische Welt unsichtbar in den politisch durchgängig festgelegten Raum der absolutistischen Staatenwelt hineinschiebt, wird jetzt verfolgt. Dabei wird sich erweisen, daß durch diesen scheinbar unpolitischen Prozeß der Staat — gleichsam per negationem — bereits in Frage gestellt wird und daß es gerade die moralische Gerichtsbarkeit ist, die diesen Prozeß überwacht und führt, indem sie sich auf die dualistisch abgespaltete Politik ausweitet.

III

Das Mysterium der Logen lag allem Inhalt zuvor in dem Nimbus, der von ihm ausstrahlte. Im Geheimnis lag die Verheißung, eines neuen, besseren und bisher nicht gekannten Lebens teilhaftig zu werden. Die Initiation bedeutete „die Entdeckung einer neuen, mitten in der alten verborgenen Welt“ [65]. Der eudämonistische, der christlichen Offenbarung bereits entfremdete Bürger erblickte in den geheimen Gesellschaften eine Einrichtung, „in der er alles dasjenige finden werde, was er sich nur immer wünschen könne“ [66]. Daher „herrschte ein so unbeschreiblich weit ausgebreiteter Trieb“ [67], und es gehörte geradezu zum guten Ton, in einen der Geheimorden einzutreten, die, wie Friedrich der Große einmal bemerkte, „der Geschmack und die Mode des Jahrhunderts allein gebildet haben“ [68]. War man einmal initiiert, so schuf das Geheimnis eine neuartige Gemeinsamkeit. Der königliche Tempel wurde durch das Geheimnis erbaut und zusammengehalten, das arcanum war der „Kitt“ der Brüderlichkeit. Die gemeinsame Teilnahme am selben arcanum verbürgte zunächst die Gleichheit der Brüder, sie vermittelte die ständischen Differenzen[69]. Das Geheimnis verband, gleich worin sie eingeweiht waren, alle Mitwisser unabhängig von ihrer Stellung in der bestehenden Hierarchie auf einer neuen Ebene. „Lorsque nous sommes rassemblés, nous devenons tous Frères, le reste de l'Univers est étranger: le Prince et le Sujet, le Gentil-homme et l'Artisan, le Riche et le Pauvre y sont confondus, rien ne les distingue, rien ne les sépare."[70] Das Geheimnis trennte die Brüder von der übrigen Außenwelt, und so entwickelte sich durch die Abweisung aller bestehenden sozialen, religiösen und staatlichen Ordnungen die neue Elite, die Elite als „Menschheit"[71]. Die Teilnahme am Geheimnis hielt ein unbestimmtes Mißtrauen und Vorsicht gegen die Außenstehenden wach, die ständig beschworene Sorge vor „Verrat" trug immer dazu bei, das Bewußtsein der eigenen, der neuen Welt zu steigern und damit die Verpflichtung, ihr zu dienen. So festigte sich durch das Geheimnis das Überlegenheitsgefühl der Mitwisser, das Elitebewußtsein der neuen Gesellschaft[72]. Innerhalb der Gesellschaft schuf wiederum die Abstufung der arcana in die verschiedenen Grade, die in den Hochgraden der strikten Observanz geradezu krankhafte Auswüchse zeitigten, eine Hierarchie sui generis, in der Bürger und Adel gemeinsam verbunden waren[73]. Je mehr er eingeweiht wurde, desto mehr gewann — oder hoffte sie zu gewinnen — der Maurer an Einfluß und Geltung, deren Möglichkeit jedenfalls von rein innergesellschaftlichen Qualifikationen abhing. So förderte die Abstufung einen ständigen Drang nach oben[74], der wiederum zu einer dauernden Aufstufung der Grade führte, und das letzte arcanum versprach die Teilhabe an der Lichtquelle der Aufklärung. Diesen Drang befriedigen hieß aber zunächst sich unterordnen, man mußte Gehorsam wahren, den man freiwillig leistete, da er nur Leuten gleichen Geistes gezollt wurde. Innerhalb der strikten Observanz entwickelte sich die im „Unbekannten" verschwindende Spitze zu einem sozialen Mythos, der die Gewichtigkeit des arcanum und der daran geknüpften moralischen Selbstkontrolle steigern half[75]. Die „großen Unbekannten" waren immer irgendwo, aber zugleich überall anwesend und konnten wie die „Verschwundenen" der Illuminaten, die insgeheim diesen leeren Platz zu besetzen trachteten[76], jederzeit über Führung und Verhalten der Glieder zu Gericht sitzen[77]. Der ursprüngliche Zwang zum Geheimnis hatte sich in dem deutschen Logenwesen gleichsam verselbständigt. Er war einem Trend zur Mystifikation gewichen, der dem Glauben an eine allmächtige, geheime und indirekte Herrschaft jenseits des Staates Vorschub leistete. Die unbekannte Spitze erschien so fern und so nahe zugleich wie das unendliche Ziel des Fortschritts, der alles Heutige schon reguliert.

In jedem Fall entwickelte sich in den verschiedenen Obödienzen eine eigenständige Herrschaftsordnung. Das Geheimnis sicherte dabei durch seine Abstufung der tatsächlichen Führungsschicht ein überlegenes Wissen. Die Trennung zwischen einem weltlichen Außenraum und einem moralischen Innenraum wurde damit in die Gesellschaft selber übertragen und zum Zwecke der Führungsaufgaben differenziert. Durch die verschiedenen Grade der Geheimhaltung wurde ein Schleusensystem geschaffen, das nach innen, in die Maurerei hinein und innerhalb der Systeme nach oben hin, offen war, aber nicht nach unten und außen. Das Geheimnis wurde damit zu einem Herrschaftsinstrument, das z. B. in dem Illuminatenorden konsequent gehandhabt wurde. Die Priesterregenten dieses Ordens gingen — in Anlehnung an jesuitische Vorbilder — dazu über, ein akkurates System geheimer Kontrollberichte einzuführen. Die Brüder waren verpflichtet, monatlich über sich selbst — in moralischer Offenheit — und über ihre Mitbrüder — in gegenseitiger Bespitzelung — versiegelte Meldungen zu erstatten. „Dadurch muß er sich und andere notwendig entziffern, und schriftlich compromittiren.“ [78] Auf dem Wege dieser geheimen Kontrollen „erfahren die Oberen alles, was sie immer zu erfahren verlangen. Daher sagen sie von sich selbsten: Wir sind imstand, mehr zu wissen, als die übrigen Menschen, mehr zu wirken, als andere.“ [79] Um zum Illuminatus major aufrücken zu können, war wie bei der Zulassung ein gewaltiger Fragebogen auszufüllen, der auf 32 Druckseiten mehrere hundert Fragen umfaßte, die den Anwärter in geistiger, charakterlicher, sozialer und ökonomischer Hinsicht restlos aufschlüsselten. Das Geheimnis galt hier zunächst als ein Vehikel moralischer Erziehung, indem „der Hang des Menschen zum Verborgenen und Geheimnisvollen auf eine für die Moralität so vorteilhafte Art benutzt wird“ [80], aber zugleich lieferte es den Zögling dem „Sittenregiment“ aus, diesem „Direktorium der Toleranz“ [81], das kraft des Geheimnisses die Brüder im Namen der Moral bereits moralisch terrorisierte. Die Illuminaten bildeten innerhalb der zahllosen Geheimbünde zweifellos den deutschen Extremfall eigenständiger Herrschaftsplanung. Aber insofern sind sie symptomatisch. Analog zielte in England — entsprechend früher — die Gründung der „Grand Lodge“ zunächst darauf ab, die bereits bestehenden verstreuten Logen einer strengen und einheitlichen Kontrolle zu unterwerfen [81a];

ein Vorgang, der sich in Frankreich 1773 wiederholte[81b]. Auch die Illuminaten suchten nur die Konsequenz zu ziehen, die sich aufdrängte, sowie das Geheimnis einen neuen sozialen Raum erschlossen hatte.

Im Zeichen des Maurermysteriums entstand das soziale Gerüst der moralischen Internationale, die sich aus den Kaufleuten und Reisenden, den Philosophen, Seeleuten und Emigranten, kurz den Kosmopoliten im Verein mit dem Adel und den Offizieren zusammensetzte. Die Logen wurden zum stärksten Sozialinstitut der moralischen Welt im achtzehnten Jahrhundert. Ihr großes Gewicht erweist sich bereits daran, daß sich auch die Staatsmänner der Logen bedienten, um Einfluß zu gewinnen und politische Ziele zu verfolgen. Die Könige von Schweden, der Herzog Ferdinand von Braunschweig — als der Protektor der Strikten Observanz —, die Hohenzollern und viele deutsche Mittelfürsten zählen in diese Reihe, wie in Frankreich der Herzog Louis Philippe von Orléans, Philippe Égalité der großen Revolution[82].

Im Unterschied zu dem Chaos, das, in dem deutschen Ordenswesen in den sechziger Jahren einmal eingerissen, auch von den Illuminaten nicht beseitigt werden konnte, entfaltete sich in Frankreich nach der Reform von 1773 das Logenwesen zu neuer Blüte[83]. Von großem Einfluß auf die Neuordnung war die 1769 gegründete Philosophen- und Enzyklopädistenloge „Les Neuf Sœurs". Sie war das soziale Bindeglied zwischen den Vertretern des geistigen „Règne de la Critique" und der Organisation der Maurer. Unter der moralisch gewichtigen Führung Benjamin Franklins, der von 1779 bis 1782 ihr Stuhlmeister war, entfaltete sie eine breit angelegte Propagandaarbeit für die republikanischen Ideale, die in Amerika gerade verwirklicht wurden[84]. Mit der Einführung einer ebenfalls republikanischen Verfassung innerhalb des Grand Orient von Frankreich 1773 — die Maurer verstanden sich selber als die „Bürger der Freimaurer-Demokratie" —, schnellte die Zahl der Logen sprunghaft in die Höhe. Während 1772 nur 164 Logen in Frankreich bestanden, betrug ihre Zahl 1789 bereits 629, von denen sich allein 65 in Paris befanden[85]. So stellte am Vorabend der Französischen Revolution die Freimaurerei neben den „sociétés de pensée" eine wichtige und selbständige Organisation der neuen Gesellschaft dar, die nicht dem Staat unterworfen war[86]. Sie war nicht nur in geistiger Hinsicht ein Kampforgan gegen den absolutistischen Staat, sondern bildete zugleich ein soziales Gerüst, auf das sich nach dem Emportauchen der radikalen Elemente auch der jakobinische Parteiapparat stützen konnte [87].

Also jenseits und zuvor aller politischen Planungsarbeit, die geleistet wurde, markiert das Geheimnis durch seine doppelte Funktion, nämlich die Gesellschaft zusammenzuschließen und zu schützen, eine geistige Frontlinie, die durch die absolutistische Staatenwelt hindurchlief. Durch das Geheimnis und hinter ihm vollzog sich eine soziale Gruppierung, die das Gewicht einer indirekten Gewalt bekam [88], während auf der anderen Seite der absolutistische Staat stand in der Hoheit und in Frankreich schließlich in der Hohlheit seiner direkten Herrschergewalt. Es sind bereits und gerade die innergesellschaftlichen Funktionen, die — scheinbar ohne den Staat zu berühren — die absolutistische Souveränität in Fragen stellten [89]. Das Geheimnis, sagt 1782 de Maistre, ist die Grundlage der Gesellschaft, „le secret est le droit naturel parce qu'il est le lien de la confiance, grande base de la société humaine" [90]. Weil das Geheimnis als das Bindeglied des gegenseitigen Vertrauens die entstehende Gesellschaft zusammenschließt, deshalb erhält das Geheimnis die Würde und die Priorität des Naturrechts. Und deshalb kann de Maistre die delikate moralische Frage, wie er sie nennt, ob die Gesellschaft ihre Pläne vor der Staatsgewalt geheimhalten dürfe, auch bejahen. Das Geheimnis gehört zum Naturrecht, vor ihm schwindet alles positive Recht. Das Logengeheimnis bricht die Staatsgewalt. Dies wäre möglich, fügt er stereotyp wie alle Maurer hinzu, da es ohnehin nichts zum Inhalt habe, was sich gegen Staat oder Kirche richte. Aber dieses Argument setzt er bewußt als sekundär: nicht erst, weil das Geheimnis dem Staat — für den Staat gesagt — ungefährlich sei, sondern schon und gerade kraft seiner sozialen Funktion, die bürgerliche Welt zusammenzuschließen, muß das Geheimnis, dieses Obstakel des Staates, bestehen bleiben.

Wie sehr es gerade diese außerstaatlichen, rein innergesellschaftlichen Funktionen waren, durch die die Gesellschaft den Staat in Frage stellte, zeigt sich an der Dialektik zwischen Moral und Politik, die sich an dem Geheimnis entzündete.

Um den Zusammenschluß der Brüder zu einer inneren Gemeinschaft, um die Entfaltung einer eigenständigen Hierarchie, die

Sicherung überlegenen Wissens und die Chance einer gesellschaftlichen Führungsordnung zu garantieren, bedurfte es der Wahrung des Geheimnisses. Die Verschwiegenheit war die Grundlage und Voraussetzung des gesellschaftlichen arcanum. Die Unerzwingbarkeit dieses ersten Grundgesetzes der Geheimorden, ihr Mangel an direkter Zwangsgewalt rief die Jurisdiktion hervor, die spezifisch moralisch war. Zunächst bedeutete die Selbstverpflichtung zur Verschwiegenheit eine ständige Selbstkontrolle des Gewissens, sie ausüben hieß für den Maurer, sich als tugendhaft, unabhängig und souverän erweisen. Ein guter Maurer „muß sein eigener Richter werden, das Urtheil über sich selbst sprechen“ [91]. Die durch das Geheimnis vollzogene Aufspaltung der Welt mißachten hieß daher für den Maurer sich selbst verurteilen, die Scheidung zu vollziehen war ein würdiger Akt der moralischen Jurisdiktion. Die Schaffung eines sozialen Sonderraumes, die kritische Scheidung zwischen Gesellschaft und Außenwelt war also gleich ursprünglich mit der moralischen Gerichtsbarkeit, die diese Trennung vollzog und überwachte.

Die Zwangsmittel der moralischen Rechtsprechung waren ganz in den von Locke aufgewiesenen Bahnen indirekt und wirkten sich aus in sozialem Druck [92]. Aber mit der zunehmenden Entfaltung einer innergesellschaftlichen Hoheit planten die Maurer, ihre moralischen Richtsprüche auch direkt zu vollstrecken. Als de Maistre sein großes Reformprogramm für die Strikte Observanz in Deutschland und Frankreich entwickelte, kam er auf den Verräter zu sprechen und stellte fest: „Dans quelques années nous serons en état de faire taire ce Frère, ou nous ne serons rien.“ [93] Die Frage, inwieweit die symbolisch strenge, aber nur indirekt wirkende Gerichtsbarkeit direkt zu verwirklichen sei, wird 1782 — sieben Jahre vor der Französischen Revolution — bereits als eine alternative Entscheidungsfrage gestellt, von der die künftige Existenz der Gesellschaft überhaupt abhängt. Die direkte Auswirkung der gesellschaftlichen Gerichtsbarkeit zeichnet sich deutlich ab: die Gesellschaft trat mit ihrer Rechtsprechung dem Anspruch nach bereits in offene Konkurrenz zu der des Staates. Die alternative Entscheidungsfrage, die sich daran anschloß, war bereits ein akutes Symptom der Krise [94].

Aber lange bevor sich diese Frage derart zuspitzte, stellte die moralische Jurisdiktion den Staat auf ganz andere Weise, nämlich indirekt, in Frage. Sie richtete sich nicht nur nach innen, sondern ebenso nach außen. Der Akt der sozialen Selbstkonstitution war immer zugleich ein moralischer Urteilsakt, der auch über den Staat gefällt wurde.

„A mesure que le vice s'éleva, la vertu fut abaissée ... et pour n'être point la victime de son cruel antagoniste, elle se fit un azile inaccessible à tout autre qu'à ses fidèles adorateurs.“ [95]

Der durch das Geheimnis ermöglichte Abschluß von der Außenwelt bewirkte eine soziale Existenzform, die als solche schon die moralische Qualifikation in sich schloß, über diese Außenwelt zu Gericht zu sitzen. Das private Gewissen erweitert sich durch das Medium des Geheimnisses zur Gesellschaft, die Gesellschaft wird zu einem großen Gewissen, und zwar zu einem Gewissen der Welt, von der sich die Gesellschaft voluntativ durch das Geheimnis ausspart [96]. Mit der Ablehnung der Politik etablieren sich die Maurer zugleich als das bessere Gewissen der Politik. Die Trennung von Moral und Politik implizierte ein moralisches Verdikt über die herrschende Politik. Solange die Politik der absolutistischen Fürsten herrschte, hüllte das Geheimnis die Maurer in den Mantel ihrer moralischen Unschuld und politischen Abwesenheit. Man denkt nur, klärt auf, verkörpert den Geist und ist Träger des Lichts. Vom Boden der Logen aus wird bewußt neben die geltende politische Ordnung ein völlig neues Wertesystem gestellt. Da aber die politische Wirklichkeit gerade als die Negation der moralischen Position betrachtet wird, die innerhalb der Logen bereits verwirklicht wird — „la pratique de ce que l'on appelle communément Loy Naturelle fait trois quarts et demy du Mâçon“ [97] —, erweist sich die politische Abwesenheit im Namen der Moral als eine indirekte politische Anwesenheit.

Die, ohne es zu wissen, mit den Maximen Machiavellis gespeisten Politiker, heißt es 1744, befürchteten das Schlimmste von den Logen: ihr Geheimnis verberge eine Revolution. Dem sei keineswegs so, versicherten die von dem Pathos der Unschuld erfüllten Maurer, sie lebten vielmehr nach dem Prinzip, das alle Revolution erübrigt:

„La Religion et l'État n'auroient pas été si souvent la proye des Révolutions les plus sanglantes, si ceux qui les gouvernoient eussent connu et pratiqué comme les Maçons, cette vertu dont on leur fait un crime.“ [98]

Direkt haben die Maurer mit der Politik nichts zu tun, aber sie leben nach einem Gesetz, das — wenn es herrscht — einen Umsturz überflüssig macht. Einerseits sparen sie sich aus dem Staate aus, entziehen sich der Herrschaft und bilden eine indirekte Gewalt, die die Souveränität bedroht[99], aber dies nur moralisch. Andererseits hört ihre Tugend erst dann auf, ein „Verbrechen" zu sein, d. h. den Staat zu bedrohen, wenn sie selber und nicht der Souverän bestimmt, was Recht ist und was Unrecht. Die Moral ist der präsumptive Souverän. Direkt unpolitisch, ist der Maurer indirekt doch politisch. Die Moral bleibt zwar gewaltlos und friedlich, aber gerade als solche stellt sie — durch ihre Polarisierung zur Politik — den bestehenden Staat in Frage.

Alle Logen waren auf Grund der Konstitution verpflichtet, Aufständischen und Rebellen, wenn sie moralisch intangibel waren, Schutz und Zuflucht zu gewähren[100]. Das nicht nur außerstaatliche, sondern als solches schon antistaatliche Arbeitsfeld wurde mit dieser Bestimmung abgesteckt.

Daß die politische Konsequenz der moralischen Innenarbeit, daß die politisch entscheidende Wendung von der inneren moralischen Freiheit zu einer auch äußeren, politischen Freiheit verborgen bleiben sollte, ist nun eine weitere, die spezifisch politische Funktion des arcanum. Auch sie war geplant.

Daß die politische Bedeutung dieser Wendung aber für das Gros der Gesellschaft ebenfalls verborgen lag, war in der Dialektik zwischen Moral und Politik begründet, die das Geheimnis provozierte. Das politische Geheimnis der Aufklärung sollte nicht nur nach außen verhüllt werden, sondern verbarg sich — infolge ihres scheinbar unpolitischen Ansatzes — den meisten Aufklärern selbst. — Diese beiden Verdeckungen einzeln aufzudecken, ist die Aufgabe des folgenden Abschnitts. Dabei wird sich zugleich ihre innere Zusammengehörigkeit erweisen.

IV

Die politische Funktion, die das Maurergeheimnis gehabt hat, wird deutlich bei *Lessing*, in seinen Gesprächen für Freimaurer zwischen Ernst und Falk. Diese Schrift eröffnet einen völlig neuen Horizont. Nur wenige gehörten zu der geistigen Elite der Aufklärung, die die polemischen Funktionen ihres Begriffsinstrumentariums durchschaut und mitgedacht hat. Lessing zählte zu ihr wie kein anderer in Deutschland. Er wußte mehr anzudeuten als andere und mehr noch zu verschweigen. Er kannte das Politicum des Maurergeheimnisses, nicht weil er tiefer eingeweiht worden wäre: im Gegenteil, er erreichte nur den dritten Johannesgrad[101], er war tief enttäuscht über die Harmlosigkeit der deutschen Maurer, und diese Enttäuschung war sicherlich echt. Peinlich hat er die Dürftigkeit und Aufdringlichkeit vieler Logenbrüder empfunden und die Zerrissenheit der Systeme bedauert. Aber Lessing wußte mehr zu verschweigen und auch anzudeuten, weil er politische Symptome scharfsinnig erfaßte, weil er sich gleichsam selber in die geheimen Hintergänge eingeweiht hatte, die die Aufklärung als eine politische Bewegung gehabt hat. Er kannte die Doppelbodigkeit aufklärerischer Denkformen und Verhaltensweisen, die in Deutschland noch wenig entwickelt waren, weil er mit begrifflicher Distinktionsfreudigkeit[102] ihre politisch-moralische Gegenläufigkeit zu Ende gedacht hat. Davon zeugt seine Schrift über die Freimaurerei, die kennenzulernen sich die führenden deutschen Aufklärer eifrig bemüht hatten[103].

Die Maurer breiten sich aus, sagt Lessing in seinem Dialog, „durch Taten". Aber nicht durch philanthropische und pädagogische Tätigkeit, die sie leisten, zeichnen sie sich vor den anderen Menschen aus. Praktizierte Moral gehört zu ihrer Exoterik[104]. „Ihre wahren Taten sind ihr Geheimnis", stellt Falk, der Eingeweihte, fest. Ohne auf das Geheimnis näher einzugehen, wird zunächst das Arbeitsfeld dieser wahren Taten der Maurer umrissen. Sie haben „alles Gute getan, was noch in der Welt ist — merke wohl: in der W e l t ! —, und fahren fort, an alle dem Guten zu arbeiten, was noch in der Welt werden wird, merke wohl, in der W e l t !"[105] Die Welt, dieses Planungsfeld der Freimaurer, zeigt drei Grundübel, „die die unauflöslichsten Einwürfe wider Vorsehung und Tugend zu sein scheinen". Es ist dies erstens die Aufsplitterung der menschlichen Welt in die verschiedensten Staaten, die sich durch „Klüfte" und „Scheidemauern" gegenseitig abgrenzen und durch ihre verschiedenen Interessen immer wieder in „Collision" geraten. Das zweite Grundübel sind die Schichtungen, die sich durch die ständische Gliederung innerhalb der Staaten ergeben, und das dritte schließlich ist die Trennung der Menschen durch die verschiedenen

Religionen. Damit liefert Lessing einen Aufriß der drei Hauptangriffspunkte der kosmopolitischen Freimaurer: Staaten, Stände, Kirchen; aber — und das ist das Entscheidende für den Gedankengang Lessings, und er erweist sich dabei als ein politischer Denker — die aufgezählten Übel, die sich aus der menschlichen Verschiedenheit, ihren Grenzsetzungen und Trennungen ergeben, sind für ihn keine Zufälligkeiten, die auch unterbleiben oder beseitigt werden könnten, sondern sie gehören zur Struktur der geschichtlichen Realität. Die menschliche Verschiedenheit ist ihren historischen Manifestationen, den Staaten, Schichtungen und Religionen für Lessing ontologisch vorgeordnet. Nicht „bloße Menschen gegen bloße Menschen", sondern „solche Menschen" stehen gegen „solche Menschen". Es gibt „Übel, ohne welche auch der glücklichste Bürger nicht sein kann", und vor allem der Staat und seine Herrschaftsstruktur gehören zu solchen Übeln, denen der Mensch nicht entrinnt. Es liegt bereits im Wesen der bürgerlichen Gesellschaft — „ganz ihrer Absicht entgegen", wie Lessing die hoffnungsfreudigen Pläne paraphrasiert, und nicht erst am Staate als solchem, daß sie „die Menschen nicht vereinigen kann, ohne sie zu trennen, nicht trennen", ohne Grenzen zu ziehen und Unterschiede festzulegen. Das gleiche gilt für die Verfassungen innerhalb der Staaten: „Unmöglich können alle Glieder desselben unter sich das nämliche Verhältnis haben. — Wenn sie auch alle an der Gesetzgebung Anteil haben, so können sie doch nicht gleichen Anteil haben, wenigstens nicht gleich unmittelbaren Anteil. Es wird also vornehmere und geringere Glieder geben." Die gleichen Differenzen herrschen notwendig auch in Besitz und Eigentum. „Nun ja!" schließt Lessing diese Überlegungen, „die Menschen sind nur durch Trennung zu vereinigen, nur durch unaufhörliche Trennung in Vereinigung zu erhalten. Das ist nun einmal so. Das kann nun nicht anders sein."

Die Unterschiede zwischen den Menschen, die Grenzen zwischen den Staaten und deren Pluralität sind für Lessing zwar moralische Übel, aber sie tragen nicht, wie für die naiv-utopistischen Maurer, den Charakter unmoralischer Willkür, sondern sie sind mit der Natur des Menschen gegeben. Lessing hat mit der Darstellung der „unvermeidlichen Übel" zugleich den Bereich der Politik umrissen. Das Gespräch zwischen Ernst und Falk wendet sich darauf den wahren Taten der Maurer zu.

Die Freimaurerei ist eine einzige gewaltige Gegenbewegung gegen die „unvermeidlichen Übel", diesen Bereich, dem die staatliche Politik entspringt und mit dem sie es zu tun hat. Gegen die grundsätzlich „nachteiligen Dinge" anzugehen — und nicht nur gegen historisch bedingte Mängel, etwa einer bestimmten Staatsverfassung — ist die eigentliche und wahre Tätigkeit der Maurer. Sie sind die „Leute, die es freiwillig über sich genommen haben, den unvermeidlichen Übeln des Staates entgegenzuarbeiten". Die Unvermeidbarkeit der Staaten und sozialer Differenzen und damit auch der Politik, wird von den eingeweihten Maurern anerkannt, aber ihre Absicht richtet sich darauf, alle jene Übel, die mit der Politik unentrinnbar gegeben sind, „nicht größer einreißen zu lassen, als die Notwendigkeit erfordert. In Absicht, ihre Folgen so unschädlich zu machen, als möglich." Die Maurer kreuzen also, wenn auch mit moralischer Zielsetzung, zwangsläufig die Sphäre der staatlichen Politik. Mit der gleichen Notwendigkeit, wie die Übel der Politik gegeben sind, gehen die Maurer gegen sie an. Damit hat Lessing die historische Ausgangssituation der bürgerlichen Geheimverbände in ihre geschichtliche Bestimmung verwandelt. Wie die Gesellschaft sich im Schutz der Staaten heranbildete, sich aber zugleich von ihnen aussparte, um gegen sie Front zu beziehen, so gründen nach Lessings „Ontologie" die wahren Taten der Maurer in der Unzulänglichkeit der Welt, von der sich die Maurer dualistisch abspalten, um ihr entgegenzuarbeiten. Diese Arbeit wird politisch, auch und gerade wenn die Zielsetzung nur moralisch ist.

Das Fernziel der Maurer besteht darin — Lessing deutet es nur an —, die Staaten soweit wie möglich zu erübrigen. Das geheime Gebot der Moral fordert das politisch Unmögliche zu versuchen. Die tugendhaft vollendete bürgerliche Gesellschaft, die sie als Brüder bereits selber verkörpern, ist für sie der Endzweck der Natur. Über die herrschende Staatenordnung stülpen sie gleichsam das kosmopolitische System der moralischen Zwecke, und im Hinblick auf diese wird der Staat für die bürgerliche Gesellschaft zu einem untergeordneten Mittel, zu einem Mittel „für die Menschen". Es liegt in der Zielsetzung dieser Menschen beschlossen, daß die (politischen) Übel, die es überhaupt erst möglich und erforderlich machen, (moralisch) gute Taten zu leisten, überwunden werden. „Die wahren Taten der Freimaurer", die also ihr Geheimnis sind[106],

„zielen dahin, um größtenteils alles, was man gemeiniglich gute Taten zu nennen pflegt, entbehrlich zu machen." Die Maurer bekämpfen also nicht nur exoterisch die täglichen Übel, was zur Aufgabe jedes anständigen Menschen gehört, sondern als Esoteriker erheben sie sich über die Alltagsfront von Gut und Böse zugleich. Sowie sie den Anlaß für gute Taten überhaupt, nämlich die Übel der Politik, erübrigen, verliert auch das Gute seinen Sinn. Das Böse schwindet, und folglich wird das Gute so selbstverständlich, daß es sich aufhebt. Dies bleibt zwar ein unendlicher Annäherungswert, aber als solcher ist er utopisch. Damit hat Lessing das esoterische Fernziel der tugendhaften Arbeit umrissen. Das arcanum verpflichtet die Maurer, kraft einer ungehemmten Güte innerhalb der Logen auch auf die Beseitigung aller Übel in der Außenwelt hinzuwirken. Aber das Geheimnis dieser esoterischen Stufe, das in seinem Gehalt utopisch ist, ist seiner Funktion nach, nämlich als Geheimhaltung, hochpolitisch. Und gerade das ist es, was Lessing durchblicken läßt. Das moralische Fernziel, als solches scheinbar unverdächtig, muß früher oder später, jedenfalls zwangsläufig, zur Wurzel alles Übels vorstoßen, und das hieß, geschichtlich konkret gesehen, mit der Sphäre der staatlichen Politik in Konflikt geraten. — Die kritische Scheidung zwischen Moral und Politik tritt also auch bei Lessing auf, aber darüber hinaus macht er ihre Dialektik sichtbar: die moralische Tätigkeit der Maurer ist einerseits nur möglich auf Grund der „unvermeidlichen Übel des Staates", richtet sich aber andererseits gegen diese. Das Wissen um diese Dialektik ist das politische arcanum der Maurer. Daß es in der Konsequenz der moralischen Arbeit lag, auch in den Raum des Politischen hinein vorzustoßen, von dem sich die Maurer zunächst ausgespart hatten, wird durch die Geheimhaltung gerade verdeckt. Zu den Funktionen des arcanum, die moralische Arbeit der Maurer zu schützen und zu ermöglichen, tritt also die weitere Funktion, den indirekt politischen Charakter dieser Arbeit zu verbergen, und sie gehört als diese Funktion zum wahren Gehalt des arcanum selbst.

„Das Totale der einzelnen Glückseligkeiten aller Glieder ist die Glückseligkeit des Staates", sagt Falk zu seinem Adepten. „Außer dieser gibt es gar keine." Er faßte damit in eudämonistischer Terminologie die Totalitätsvorstellung zusammen, unter deren Suggestion die Maurer standen, wenn sie dem Staat die runde Summe der individuellen Glückseligkeit als seinen Endzweck vorschrieben. „Jede andere Glückseligkeit des Staates“, fährt Falk fort, „bei welcher auch noch so wenige einzelne Glieder leiden, und leiden müssen, ist Bemäntelung der Tyrannei. Anderes nichts!“ Wird der Staat durch politische Maximen der Staatsräson geleitet, kraft derer die moralischen Gesetze, die auf die totale Vollkommenheit des bürgerlichen Glücks abgestimmt sind, zwangsläufig außer Kraft treten, dann ist das eo ipso verschleierte Despotie. Der Gegensatz zwischen den kosmopolitischen Gesetzen und den unvermeidlichen Übeln des Staates treibt also auf einen radikalen Dualismus zu. Auf der einen Seite steht die moralische Totalität der Gesellschaft und auf der anderen Seite alles andere, was sich ihr nicht fügt: es ist die „Tyrannei“ und sonst „nichts“. „Ich möchte das nicht so laut sagen“, entgegnete Ernst. — „Warum nicht?“ — Ernst: „Eine Wahrheit, die jeder nach seiner eigenen Lage beurteilt, kann leicht mißbraucht werden.“ In der konkreten Anwendung der moralischen Totalitätsvorstellung auf die staatliche Wirklichkeit liefert die Wahrheit der Moral einen Rechtstitel, der gefährlich wird, sowie er in die falschen Hände gerät. Ob zuungunsten des Staates oder zuungunsten der Gesellschaft wird von Lessing gar nicht erörtert, und es spielt auch keine Rolle. Die Durchführung der moralischen Vorhaben weitet sich zwangsläufig auf die staatliche Politik aus und macht aus der theoretisch von der Politik abgesonderten Moral ein Politicum. Daß das Politicum der Moral besser verschwiegen wird, ist die Erkenntnis von Ernst, die ihn bereits initiiert.

Falk: „Weißt du, Freund, daß du schon ein halber Freimaurer bist?“ — „Ich?“ — „Du. Denn du erkennst schon Wahrheiten, die man besser verschweigt.“ — „Aber doch sagen könnte“, wendet Ernst ein. „Der Weise kann nicht sagen, was er besser verschweigt.“

Lessing macht also keineswegs ein Geheimnis aus der inhaltlichen Zielsetzung, aus der moralischen Endabsicht der Maurer, sondern das Geheimnis verbirgt nur die politische Konsequenz, die sich aus den moralischen Plänen ergibt[107]. Lessing will in seinem Maurer-Programm keineswegs unbeschwert die Moral zur Politik erklären, sondern er hat in politischer Bewußtheit die Folgen vor Augen, die eine moralische Tätigkeit in dem Bereich der Politik hervorrufen muß. Die tugendhafte Arbeit ist sich bei ihm der Unmöglichkeit bewußt, die Politik total zu absorbieren, um die Übel der Staaten vollends auszumerzen. Da die menschlichen Trennungen und Klüfte ontologische Gegebenheiten sind, kann man sie nur „überbrücken", nicht aber beseitigen. Sie „völlig heben" hieße „den Staat mit ihnen zugleich vernichten". Dies bleibt für Lessing — nicht etwa aus Patriotismus oder Staatsergebenheit, sondern auf Grund seiner politischen Einsicht — eine unerfüllbare Hoffnung[108]. Lessing umreißt also nicht nur die utopischen Endzwecke, wie dies die populären Maurerschriften zu tun pflegen, sondern er zeigt zugleich die Grenzen der moralischen Zielsetzung. Daß diese Grenzen in der Durchführung der moralischen Planung zwangsläufig überschritten werden, ist das Wissen des Eingeweihten Falk; daß die Moral dabei zwangsläufig zu einem Politicum wird und daß man gerade dieses besser verschweigt, ist die Wahrheit, die Ernst erkennt. Er weiß damit um ein Geheimnis der Maurer, das er „nicht über die Lippen bringen kann, auch wenn es möglich wäre, daß er es wollte".

Lessing lieferte in dieser Schrift von 1778 „die wahre Ontologie der Freimaurerei", wie er es selbst formulierte und wie es heute noch von den freimaurerischen Historikern bestätigt wird[109]. Die Gespräche beinhalten zwar eine strenge Kritik an dem in Deutschland herrschenden Tempelherrensystem, dafür aber kann man an ihnen die Struktur der humanitären Planung ablesen, wie sie für die englische und die französische Maurerei und in Deutschland vor allem für die Illuminaten maßgeblich war. Das Geheimnis impliziert keine direkten Umsturzpläne, aber es verschleiert die politische Konsequenz der moralischen Pläne, die sich gegen den absolutistischen Staat richten. Daß der Kampf gegen diese unvermeidlichen Übel der Welt, die Staaten, sich unbemerkt, unsichtbar und leise vollzieht, ist die Aufgabe nur „würdiger Männer", ist das Geheimnis, die Esoterik der Freimaurerei.

Auch von seiner Schrift beeinflußt, aber weit hinter der politischen Klugheit Lessings zurückstehend, arbeiteten die *Illuminaten.* Sie waren von minderer politischer Bewußtheit, verwerteten aber die damals zugänglichen Aufklärungsschriften, aus denen sie sich einen populären Extrakt zusammenbrauten. Europäisch gesehen, was nämlich die aufgeklärten Gedanken betraf, lebten also die Illuminaten auf derselben vorrevolutionären Stufe wie die Franzosen; regional gesehen, im Hinblick auf die soziale Situation in Bayern [110], standen sie weit hinter Frankreich oder auch Preußen zurück. Aus dieser Diskrepanz entstand eine Unstimmigkeit, die einer gewissen Lächerlichkeit nicht entbehrt [110a]. Auf dem beschränkten Hintergrund wirkt die utopische Großplanung als bramarbasierende Wichtigtuerei. Aber gerade darin wird — gleichsam in der Karikatur — das Schema des Jahrhunderts sichtbar. Die Wendung vom Schutz zum Angriff, von der Bildung einer indirekten Gewalt zur indirekten Gewaltnahme, die sich hinter dem gleichen Geheimnis und immer unter der Berufung auf den rein moralischen und unpolitischen Charakter der Gesellschaft vollzog, wird bei den Illuminaten vollends deutlich. — Der Orden wurde 1776, im Jahre der amerikanischen Unabhängigkeitserklärung, gegründet und stand seit dem Tage seiner Stiftung in einer bewußten Frontstellung gegen den Absolutismus und gegen die „Religionäre". Er war ein Sammelbecken für alle mit dem Regime Karl Theodors in Bayern unzufriedenen Bürger [111] und galt den Mitgliedern zunächst als ein Schutzinstitut, oder wie sie sagten, als „ein Aufenthalt des Friedens, eine Zuflucht der Unglücklichen, eine Freystadt gegen Verfolgung" [112]. Durch das Geheimnis glaubten sie einen Raum aus dem Staate auszusparen, in welchem „die politischen Verhältnisse keine Änderung bewirken können". Die Abweisung der Politik sollte es ihnen ermöglichen, im Innern eine rein moralische Herrschaftsordnung einzuführen [113]. „Alle Kunstgriffe der Bösen (werden) unwirksam gemacht... die Menschen bloß nach ihrer ächten Güte, nach innerem Werth beurtheilt" [114], und dieser wiederum nur an der bloßen Gesinnung bemessen, „daß die Verstellung so unwirksam wird". Der Gehalt der unteren Grade lag in einer tugendhaften Selbstzucht, die die Brüder einzuüben hatten, wozu nunmehr eine neue Art der „Verstellung" gehörte. Die Befreiung aus der „Verstellung" im Innern des Ordens war begleitet von steter Schulung zur Verstellung nach außen. Diese war jetzt mit umgekehrten Vorzeichen — zugunsten der guten Sache — zu lernen [115]. Der Grad der moralischen Befreiung erweist sich an der politischen Kunst, sie zu verbergen. So wurden die Glieder der säkularen Beichthierarchie unter Anleitung der Oberen zu „brauchbaren Mitarbeitern" herangebildet, um für die höchsten Zwecke reif zu werden [116].

Mit Staats- und Religionsfragen dagegen „müssen wir bey Anfängern (noch) behutsam seyn", stellten die Matadore des Ordens fest. Erst nach innerer Bewährung wurden den Teilnehmern mit der zunehmenden Einweihung die wahren und eigentlichen Ziele des Ordens offenbart. „Und am Ende folgte die totale Einsicht in die Politic und Maximen des Ordens. In dem oberen Conseil werden die Projekte entworfen, wie den Feinden der Vernunft und Menschlichkeit nach und nach auf den Leib zu gehen sey" [117].

Aus der Stätte der Zuflucht wird eine Zentrale des Angriffs. Der moralische Innenraum galt nicht nur als eine außerstaatliche Einrichtung, sondern hatte von vornherein einen politischen Akzent. Gegen die Mysterien der Abergläubischen und die Arcana der Politik stand das Geheimnis der Illuminaten. „Warum geheime Gesellschaften?" fragt Bode, ihr Vorkämpfer im norddeutschen Raum, „die Antwort ist leicht, weil es Thorheit wäre, mit offenen Karten zu spielen, wenn der Gegner sein Spiel deckt." [118] Die Differenz zwischen Staat und Gesellschaft verschärft sich zu einer bewußten und klaren Kampfstellung. Der Illuminatenorden trachtete nicht mehr, wie die meisten Logen bisher, mit Unterstützung der Fürsten auf exoterischem Wege Einfluß zu gewinnen, sondern ohne und gegen sie [119] die alleinige Herrschaft in die Hand zu bekommen [120]. Der oberste Grad offenbarte „das größte aller Geheimnisse, das so viele sehnlich gewünscht, so oft fruchtlos gesucht haben, (die) Kunst, Menschen zu regieren, zum Guten zu leiten... und dann alles auszuführen, was den Menschen bishero Traum, und nur den Aufgeklärtesten möglich erschien" [121]. Hinter dem Geheimnis formierte sich nicht nur eine vom Staate unabhängige Gewalt, sondern zugleich plante diese — das war das arcanum der oberen Grade — das moralische Herrschaftssystem, das innerhalb des Ordens bereits verwirklicht wurde, auch nach außen auszudehnen [122].

Erziehung, Schulung, Propaganda und Aufklärung allein seien unzureichende Mittel, um den moralischen Endzweck zu erreichen. Vielmehr bedürfte es, „um das Gute wieder über das Böse siegen zu machen" [123], der politischen Aktion. „Nicht Worte, Thaten werden hier verlangt." [124] In dem Führungsgremium der „Regenten" wurde der „Operationsplan" entworfen, nach dem die Herrschaft des Bösen zu bekämpfen sei. Das politische Aktionsprogramm bestand in der indirekten, stillschweigenden Okkupation des Staates. Man suchte „die fürstlichen Dikasterien und Räthe nach und nach mit den eifrigen Ordensmitgliedern“ zu besetzen, d. h. den Staat von innen her zu absorbieren. Auf diesem Wege würden die Illuminaten „noch mehr“ leisten, wie sie sagten, „als wenn der Fürst selber vom Orden wäre“[125]. Hat der Orden einmal alle Schlüsselpositionen besetzt — in Bayern hielten sie sechshundert Mitglieder dafür hinreichend[126] —, dann hat er „die gehörige Stärke erhalten... und kann in einem Orte, wenn er will, denen, so nicht folgen, fürchterlich gefährlich werden“[127]. Der Staat wird von dem moralischen Innenraum her gesteuert, und damit ist die Herrschaft der Freiheit gesichert. Der Orden hat dann „von der Regierung nichts mehr zu fürchten, sondern solche ist vielmehr in seinen Händen“.

Die Phase, in der die geheime Gesellschaft nicht nur potentiell, sondern de facto als Gegner des absolutistischen Staates auftritt — die Decknamen der Illuminaten hießen „noms de guerre“[128] —, ist erreicht. Unmerklich haben sich dabei Gewicht und Bedeutung des arcanum in das rein Politische verlagert. Die Funktion des Schutzes ist schon völlig identisch mit der rein politischen Funktion, den Angriff, die indirekte Okkupation des Staates zu tarnen.

Aber auch in dieser Phase wird die Trennung von Moral und Politik, die im Rahmen des absolutistischen Staates einmal vorgesehen war[129], keineswegs aufgegeben. Vielmehr wird trotz der einwandfrei politischen Funktion des arcanum die damit hypostasierte Trennung beider Bereiche bewußt übernommen und verschärft. Auch wenn man von der etwas lächerlichen und aufgeblasenen Art des Freiherrn von Knigge absieht, der dem Orden das künftige Weltkommando zusprach[130], und ebenso von der schüchternen Unbescheidenheit, mit der Adam Weishaupt als der „Spartacus“ der Neuzeit auftrat — der moralische Dualismus erweist sich als eine situationsgebundene, spezifische Antwort auf den absolutistischen Staat, als die der indirekten Aktion zugeordnete Denkform, um eine stillschweigende Inbesitznahme dieses Staates zu ermöglichen und zu legitimieren.

Die Bedingung dafür, eine Gewaltnahme nur indirekt anzusteuern, lag zunächst in der schwachen Ausgangsposition der neuen Gesellschaft. Die über Mitteleuropa verzweigten Illuminaten oder Perfektibilisten, wie sie sich zunächst nannten, hegten zwar begeisterte Wünsche auf eine allgemein herbeizuführende Glückseligkeit und Moralität, und sie propagierten diese Ziele auch eifrigst, aber ihre tatsächliche Macht, diese Zielsetzung zu verwirklichen, war im Gegensatz zur Machtkonzentration in den Händen der absolutistischen Fürsten verschwindend gering. „Aus Nichts etwas zu machen", formuliert daher tiefsinnig Weishaupt[131], „ist das Meisterstück der mit der Moral vereinigten Politik." Das größte Hindernis für die Realisierung der Moral, das die Gesellschaft zwang, sich überhaupt im Geheimen zu konstituieren: die absolutistische Herrschaft konnte nicht direkt beseitigt werden. Nicht Kraft solle gegen Kraft gestellt, nicht Gewalt mit Gewalt vertrieben werden, vielmehr sei, wie die Illuminaten versicherten, jede gewaltsame Reform verwerflich[132]. Die Ebene einer offenen politischen Auseinandersetzung wird aber nicht nur in der Tat, sondern ebenso — trotz der aktivistischen Planung — in Gedanken vermieden. Die ursprüngliche Antwort auf den absolutistischen Staat entwickelte sich zwanglos zu einer Denkform, die weiterhin unpolitisch bleibt. In der konkreten Situation, im Ursprung und in der Absicht antistaatlich, verharren die Illuminaten in einer apolitischen Haltung. Aber gerade darin ist gedanklich die indirekte Gewaltnahme begründet, die eine unpolitische Position zur Voraussetzung hat. Die tatsächliche Ohnmacht, die Bedingung und Voraussetzung der Ordensgründung ist, steht im Bunde mit der moralischen Unschuld und der reinen Erkenntnis, die nur innerhalb des Ordens gewonnen werden können[133]. So erkennen die Brüder, innerlich von jeder Gewalt ungetrübt, „die höchsten und allgemeinsten Zwecke" der Menschheit, und sind „daher auch im Stande, die Gränzen und Begriffe von Recht und Unrecht am genauesten zu bestimmen"[134].

Aus der politischen Unterlegenheit wird nicht nur auf größere Einsicht und moralische Überlegenheit geschlossen, sondern diese werden unbesehen auch für die staatliche Legislation in Anspruch genommen. Einmal außerstaatlich, glauben die Illuminaten auch überstaatlich sein zu können. Dieser Sprung liegt, wie bei allen Maurern, die quer durch die bestehenden Staaten über den verschiedenen Regierungen eine neue Herrschaftsinstanz errichten wollten, in der Trennung von Moral und Politik beschlossen. Diese Trennung ermöglichte eine Inversionslogik, die aus der tiefsten Machtlosigkeit auf das Höchste schließt. Nur auf dem Umweg über die Aufspaltung von Moral und Politik beziehen die Maurer die moralische Qualifikation, als politische Instanzen-Instanz zu fungieren. In der moralischen Unschuld liegt paradoxerweise ihr politischer Legitimitätsanspruch. Daher wird die situationsgebundene Voraussetzung der indirekten Aktion, ihr „unpolitischer" Charakter, auch in die tatsächliche Aktion übernommen.

Scheinbar ohne den Staat zu tangieren, sagen die Illuminaten in ihrer unbekümmerten Naivität, „entziehen (sie) den Arbeiten des Staates und der Kirche die fähigsten Köpfe und Arbeiter, und ... untergraben eben dadurch den Staat, wenn sie es gleich nicht zum Zweck haben" [135]. Die nur moralische Zielsetzung lieferte über die Legitimität hinaus zweitens die Garantie, daß die notwendige Aktion auch in aller Unschuld vollzogen wird. Die moralischen Planer haben den Sturz des Staates gar nicht zum „Zweck". — Aber dennoch stürzt der Staat. Damit ist drittens auch der politische Erfolg selber nur akzidentell [136].

Das moralische Selbstverständnis, das heißt die Abstraktion von dem Politicum ihrer indirekten Gewaltnahme, reicht bei den Illuminaten so weit, daß sie nicht nur den Staat hic et nunc, sondern den Staat überhaupt beseitigen zu können glauben. Es liegt in der Konsequenz ihrer unpolitischen Legitimität, daß die Moral zu der „Kunst" wird, „welche die Menschen lehrt, die Fürsten und Staaten entbehrlich zu machen" [137]. Damit werden nicht nur die politischen Pläne verborgen, sondern auch die politischen Pläne selbst bleiben als *politische* Pläne verdeckt. Diese Verdeckung erweist sich als die geschichtliche Implikation des Kampfes gegen den souveränen absolutistischen Staat. Aus der ursprünglichen Tarnung wurde im Rahmen des dualistischen Selbstverständnisses eine Verdeckung des Politischen für die Agenten selbst.

Die Entscheidung, die zwischen den Herrschaftsansprüchen der neuen Gesellschaft und der tatsächlichen Herrschaft des Staates fallen mußte und mit dem Pathos eines Kampfes zwischen Gut und Böse beschworen wurde, bleibt also als politische Entscheidung in einem doppelten Sinne verborgen. Einmal durch das Geheimnis, das als ein solches dem Staat entgeht. Zwischen der politischen Ohnmacht der neuen Gesellschaft und der von ihr angestrebten Herrschaft arbeitet das Geheimnis. Das Geheimnis verdeckt die politische Kehrseite der Aufklärung, zu deren entschiedensten Vertretern die Illuminaten in Deutschland zählen. Zweitens verbirgt sich die politische Entscheidungsfrage auch der Gesellschaft: durch ihre Trennung von Moral und Politik. Die innere und anfängliche Voraussetzung für eine antistaatliche Arbeit, die moralische Distanzierung von der Politik, verwandelt sich in die scheinbar unpolitische Grundlage für den Kampf gegen den Absolutismus.

Die Wendung in das Politische, die im Rahmen des moralischen Dualismus zugleich keine ist, birgt also in sich eine spezifische Dialektik. Die Verdeckung der politischen Aktion gegen den Staat ist identisch mit der steten polemischen Verschärfung der Antithetik zwischen Staat und Gesellschaft. Der Gegensatz wird moralisch verschärft, aber politisch verdeckt. Diese Dialektik gehört zur Dialektik der Krise. Sie war seit Beginn der Auseinandersetzung zwischen Staat und Gesellschaft in den moralischen Antithesen angelegt: der kritische Prozeß hat sie forciert und die indirekte Gewaltnahme vorangetrieben. In ihrem Zeichen wurde der absolutistische Staat zerstört.

Die anwachsende Bedeutung der neuen Elite erheischt eine neue politische Form. Auf beiden Ebenen, im Règne de la Critique und in den Logen kämpfen die Bürger mit indirekt politischen Methoden, um einen neuen Zustand herbeizuführen.

Die aufstrebende Gesellschaft verwickelt den herrschenden Staat in einen dualistischen Prozeß, indem sie sich von ihm distanziert, ihn scheinbar neutral kritisiert, als moralischer Richter verurteilt und als geheimer Exekutor zugleich das Urteil zu vollstrecken sucht. Der Prozeß treibt auf eine jähe Entscheidung zu. „Noch immer", ruft Wieland aus, als er über das „Geheimnis des Kosmopoliten-Ordens" schrieb, „noch immer liegt der größere und schönere Teil von Europa unter einem die edelsten Kräfte der Menschheit erstikkenden Drucke... noch gibt es Staaten, wo nicht die allgemeine Vernunft, sondern der sehr oft blödsichtige Verstand und der schwankende Wille eines Einzigen ... die Quelle der Gesetze ist." Die politische Entscheidung zwischen Staat und Gesellschaft ist unentrinnbar, aber noch nicht gefallen. Die Spannung verschärft sich zur Krise.

> „Was zu diesem Ende im Laufe des gegenwärtigen Jahrhunderts schon geschehen, ist bekannt: was im Werden ist, wird vielleicht noch vor Verfluß desselben entschieden und von den wichtigsten Folgen sein; und man kann sich darauf verlassen, daß die Kosmopoliten bei allem diesem keine müßigen Zuschauer abgeben." [138]

Die scheinbare Unparteilichkeit der Kosmopoliten, sagt Wieland, würde sich schlagartig, sobald es darum geht, der „guten Sache" zu helfen und durch diese Hilfe „wirklich den Ausschlag" zu geben[139], in eine entschiedene und offene Parteinahme verwandeln, um die moralisch erstrebte Entscheidung auch politisch herbeizuführen.

Wielands Voraussage steht bereits unter dem Eindruck der französischen Ereignisse von 1787, der Notabelnversammlung und der bevorstehenden Einberufung der Generalstände. Aber zugleich nahm er mit seiner Schrift Stellung in der großen Auseinandersetzung, die mit der Auflösung des Illuminatenordens 1784 in ganz Deutschland entfesselt wurde. Beide Ereignisse, das politische in Frankreich und das publizistische in Deutschland, sind bereits akute Symptome der tatsächlichen Krise, der politischen Krise, die das achtzehnte Jahrhundert beschließt, ohne freilich selber deshalb schon beendet zu sein.

V

Die Stadien der indirekten Gewaltnahme, die anhand der Logenschriften verfolgt wurden, zeichnen sich ganz analog innerhalb der Gelehrtenrepublik ab. Was auf dem Boden der Logen für die bürgerliche Elite die Etappen ihrer sozialen Integration waren, sind in der République des lettres die Aktionen einer Prozeßführung, die sich zunehmend gegen den Staat richtet. Diese Prozeßführung, die stets neue Schuldfragen aufwirft und zu klären scheint, ist jetzt zu verfolgen. Wiederum wird der Weg vom Selbstschutz zum Herrschaftsanspruch deutlich werden und dabei die geschichtliche Bedeutung der Trennung von Innen und Außen erneut beleuchtet. Erwies sich bisher die Grenzziehung zwischen Moral und Politik als die Voraussetzung und als der Ausdruck einer indirekten Gewaltnahme, so wird sich jetzt zeigen, daß in eben dieser Grenzziehung die überlegene, scheinbar unpolitische Kritik gründet. Wie sich die Maurer kraft des Geheimnisses vom Staat absetzen, zunächst, um sich seinem Einfluß zu entziehen, dann aber, um gerade auf Grund dieses Entzuges den Staat scheinbar unpolitisch zu okkupieren, so spart sich die Kritik zunächst aus dem Staate aus, um dann gerade auf Grund dieser Aussparung sich scheinbar neutral auf den Staat auszuweiten und ihn ihrem Richterspruch zu unterwerfen. Die

Kritik, wird sich zeigen, erliegt dem Schein ihrer Neutralität; sie wird zur Hypokrisie.

„Die Gerichtsbarkeit der Bühne fängt an, wo das Gebiet der weltlichen Gesetze sich endigt." [140] Diese Feststellung traf *Friedrich Schiller*, als er in einer Rede vor der kurpfälzischen deutschen Gesellschaft zu Mannheim im Sommer 1784 die Frage aufwarf, was eine gute stehende Schaubühne, als moralische Anstalt betrachtet, eigentlich bewirken kann [141]. Thema und Fragestellung des Vortrages stehen im Zuge der Kunst- und Theaterkritik, wie sie im achtzehnten Jahrhundert getrieben wurde, von Popes „Essay on Criticism" angefangen, über Diderot, der l'art pour la morale postulierte, bis zu Lessings „Hamburgischer Dramaturgie".

Auch die Antwort, die Schiller gefunden hat — bei der er freilich nicht stehenblieb —, reiht sich würdig den Vorgängern an. Ihr bündiger Schluß besteht darin, daß die Bühne bei den verschiedenen Menschen Platz zu schaffen habe für e i n e Empfindung, „ein M e n s c h zu sein" [142]. Die Einfachheit und Eindeutigkeit dieser Anwort, die uns noch beschäftigen wird, beruht auf einer ebenso einfachen wie eindeutigen Antithese, die die herrschenden Gesetze der neuen, bühnenhaften und im Namen der menschlichen Empfindung handelnden Gerichtsbarkeit gegenüberstellt. Schiller zieht eine begriffliche Linie, die die beiden Gebiete sorgsam und in einer Weise trennt, daß das Ende der weltlichen Gesetze dem Beginn der neuen Rechtsprechung gleichkommt. „Tausend Laster, die jene (die weltliche Gerichtsbarkeit) ungestraft duldet, straft sie; tausend Tugenden, wovon jene schweigt, werden von der Bühne empfohlen." [143] Hier wird eine gegenseitige Ausschließlichkeit festgestellt: das Ja auf der einen bedeutet ein Nein auf der anderen Seite und umgekehrt. Und zugleich fordert der augenblickliche Gegensatz den verheißungsvollen Schluß heraus, daß das gegenwärtig und räumlich Gemeinte — die Grenze zwischen Bühne und Staat — auch zeitlich gedacht werden soll: als Ablösung der alten Gerichtsbarkeit durch eine neue, gerechtere Rechtsprechung.

Mit diesem gedanklichen Dualismus verbleibt Schiller ebenfalls in dem von seinen Vorgängern gespannten Rahmen. Das direkte Vorbild findet sich bei Lessing, der sich dagegen wehrte, die Laster auf der Bühne zu heroisieren und der bei der Eröffnung des Hamburger Theaters fragt:

„Wenn der, den kein Gesetz straft oder strafen kann,
Der schlaue Bösewicht, der blutige Tyrann,
Wenn der die Unschuld drückt, wer wagt es, sie zu decken?
Wer? Sie, die itzt den Dolch, die Geissel trägt,
Die unerschrockene Kunst ...“ [144]

Wendungen wie diese beschränken sich offenbar nicht auf die Theaterwelt, sowenig sie Ausdruck ästhetischer Überlegungen sind, vielmehr tritt die Kunst als Antipode der bestehenden Herrschaft auf. Sie ist ein Symptom der geistigen Struktur des achtzehnten Jahrhunderts, die die ganze Welt zur Bühne polarer Kräfte machte.

Die Serie von Begriffen und Gegenbegriffen, die die Literatur der Aufklärer und ihrer Gegner prägt, wie Vernunft und Offenbarung, Freiheit und Despotie, Natur und Zivilisation, Handel und Krieg, Moral und Politik, Dekadenz und Fortschritt, Licht und Finsternis läßt sich beliebig verlängern, ohne daß die gesetzten Begriffe jemals den Charakter verlieren, ihre Gegenbegriffe zugleich mitzusetzen und auszuschließen.

So steht auch für Schiller die Gerichtsbarkeit der Bühne mit den weltlichen Gesetzen in einem wechselseitigen Zusammenhang. „Eben diese Unzulänglichkeit, diese schwankende Eigenschaft der politischen Gesetze“, sagt er, „bestimmt ... den sittlichen Einfluß der Bühne.“ [145] Die moralische Rechtsprechung wird also durch die mangelhaften politischen Gesetze hervorgerufen, ihr Urteilsspruch wird durch die Politik provoziert, wie andererseits die Unzulänglichkeit der politischen Gesetze erst auf der Bühne in aller Deutlichkeit sichtbar wird. „Hier nur hören die Großen der Welt“ das, was sie in ihrer Eigenschaft als Politiker „nie oder selten hören — Wahrheit; was sie nie oder selten sehen, sehen sie hier — den Menschen.“ [146] Die moralische Gerichtsbarkeit zeigt ihnen, was ihre Gesetze wirklich sind: sie „drehen sich nur um verneinende Pflichten ... sind glatt und geschmeidig, wandelbar wie Laune und Leidenschaft“ [147]. So wird in unserem Beispiel der Begriff der weltlichen Gesetze aus der Moral gewonnen, wie die Moral via negationis durch die von ihr interpretierte Politik „bestimmt“ wird. Es treten sich nicht nur gegenüber ein moralisches Recht und ein politisches Recht, sondern das politische Gesetz ist zugleich unmoralisch wie das moralische Gesetz zugleich politisch „machtlos“ ist und als solches mit der herrschenden Politik nichts zu tun hat. Die Gerichtsbarkeit der weltlichen Gesetze herrscht für Schiller tatsächlich, aber zu unrecht, während die Gerichtsbarkeit der Bühne zwar nicht herrscht, aber recht hat.

Die Bühne ist für Schiller also einmal die Stätte moralischer Gerichtsbarkeit, auf der in majestätischer Hoheit „die Wahrheit unbestechlich wie Rhadamanthus Gericht hält“ [148], aber zugleich steht die moralische Gerichtsbarkeit in einer dialektischen Spannung, die sich aus der Aufspaltung der Wirklichkeit in einen Bereich der Moral und einen Bereich der Politik ergibt. Beide Phänomene: die moralische Bühne und ihr dialektisches Verhältnis zu den herrschenden Gesetzen zeigen gemeinsam den gleichen, und zwar geschichtlichen Sachverhalt: die politische Kritik.

Die moralische Schaubühne zeigt ein erhabenes, in Schönheit und Schrecken aufgespaltenes Weltbild, um die herrschende Politik ihrer Kritik zu unterwerfen. Die Bühne wird zum Gericht. Ihr Richtspruch teilt die Welt in zwei Hälften, indem sie die herrschenden Dualismen des Jahrhunderts: „Laster und Tugend, Glückseligkeit und Elend, Torheit und Weisheit in tausend Gemälden faßlich und wahr an den Menschen vorübergehen läßt.“ So scheidet sie, was recht ist und was unrecht, und im Vollzug dieser Trennung erliegen die „Mächtigen“ und die „Obrigkeit“, deren „Gerechtigkeit für Gold erblindet und im Solde der Laster schwelgt“, auf der Bühne ihrem gerechteren Urteil. Im Augenblick, als die dualistisch abgesonderte herrschende Politik dem moralischen Richtspruch unterworfen wird, verwandelt sich das moralische Urteil in ein Politicum: in politische Kritik. Das dualistische Schaubild auf der Bühne ist, moralisch gesehen, zwar nur ein Urteil, faktisch gesehen aber eine Kritik am Staat, der sich dem Urteilsspruch entzieht, geschweige denn, daß er ihn ausführt. Das dualistische Weltbild steht somit im Dienst und ist Funktion der politischen Kritik.

Andererseits aber ist die Scheidung der geschichtlichen Wirklichkeit in ein Reich der Moral und ein Reich der Politik, wie sie der Absolutismus akzeptiert hatte, zugleich die Voraussetzung für die Kritik. Die moralische Urteilsfähigkeit der Bühne ist nur gesichert, wenn sie sich dem Arm des weltlichen Gesetzes entziehen kann. Indem für Schiller die Politik gleichsam an der Rampe der moralischen Bühne „sich endigt“, gewinnt die Schaubühne die erforderliche Freiheit von den weltlichen Gesetzen, um zu dem „gemeinschaftlichen

Kanal" werden zu können, „in welchem von dem denkenden, besseren Teil des Volkes das Licht herunterströmt"[149]. Das Licht verbreitet sich dann in eben dem Staate, von dem sich die Bühne ausgespart hatte, um ihn im gleichen Vollzug einer Kritik zu unterwerfen. Die moralische Kunst und der herrschende Staat werden einander gegenübergestellt, um die Bühne unbehindert selber eine Rolle spielen zu lassen, nämlich die der politischen Kritik. In Ermangelung eigener gesetzlicher Herrschaft ergreift die Kunst „Dolch und Geißel" oder, mit Schiller zu reden, „Schwert und Waage", und zwingt auf dem vom Staate ausgesparten Raum der moralischen Schaubühne die Laster der Politik „vor ihren schrecklichen Richterstuhl"[150]. Eine eigene Gerichtsbarkeit der Bühne war nur denkbar, wenn sie außerhalb der bestehenden Gesetze gehandhabt wurde, und das hieß, solange sie nicht effektiv war, eine Kritik des bestehenden Staates einschloß.

Die politische Kritik liegt also nicht nur in dem moralischen Urteilsspruch als solchem, sondern sie liegt schon in der vollzogenen Trennung einer moralischen von einer politischen Instanz: das moralische Gericht wird zur politischen Kritik, nicht nur indem es die Politik seinem strengen Urteil unterwirft, sondern gerade auch umgekehrt, indem es sich als Urteilsinstanz aus dem Bereich des Politischen ausspart. In diesem Entzug liegt bereits die Kritik am Staat beschlossen. Indem die Bühne als eigene Gerichtsbarkeit sich konsolidierte und den weltlichen Gesetzen sich gegenüberstellte, übte sie ursprünglicher ihre Kritik am Staat und schärfer als durch die einzelnen Urteile, die sie verkündete. Der Dualismus von Politik und Moral, der in der Feststellung von Schiller sichtbar wurde, steht also im Dienst einer politischen Kritik, ist aber zugleich die Voraussetzung dieser Kritik. Die politische Kritik beruht auf dieser Scheidung und vollzieht sie zugleich.

Damit ist ein echt geschichtlicher — in sich dialektischer — Tatbestand erfaßt, in dem die politische Bedeutung der Kritik gründet, die dem achtzehnten Jahrhundert ihren Namen verliehen hat[151]. Die dualistische Aufspaltung der Welt in einen Bereich der Moral und einen Bereich der Politik ist in ihrer Geschichtlichkeit Voraussetzung und Folge der politischen Kritik. Die Kritik tritt also nicht nur da auf, wo sie explizit zum Ausdruck gebracht wird, sondern sie liegt bereits dem dualistischen Weltbild zugrunde, das diese

Zeit geprägt hat. Die gegenseitige Polarisierung aller Begriffe, in denen das Jahrhundert gedacht hat, gewinnt Sinn und inneren Zusammenhang durch die allen Dualismen innewohnende kritische Funktion. Wie umgekehrt die politische Kritik nur gründen konnte in einer geschichtlichen Wirklichkeit, in der Moral und Politik tatsächlich auseinanderfielen. Der Absolutismus, der bewußt eine Trennung dieser beiden Bereiche vollzogen hatte, rief eine Kritik hervor, die nur einen zuvor schon akzeptierten Tatbestand polemisch aufzuladen brauchte, um die dem Absolutismus gemäße Antwort zu finden.

Schillers Antwort steht bereits am Ende eines langen kritischen Prozesses, den die Intelligenz der neu heraufkommenden Gesellschaft gegen den Staat angestrengt hatte. Das Ende des Prozesses zeichnet sich bei Schiller bereits ab. Die Bühne ist für Schiller eine gesellschaftliche Institution, um jene „merkwürdige Klasse von Menschen“ [152], die Politiker, ihrem Urteil zu unterwerfen. „Mit diesen Lasterhaften, diesen Toren müssen wir leben“, ruft Schiller aus. Aber mit ihrer Entlarvung allein sei es nicht getan. Die kritischen Urteile fordern vielmehr zur Aktion heraus: „Wir müssen ihnen ausweichen oder begegnen, wir müssen sie untergraben oder ihnen unterliegen.“ [153] Herrscht weiterhin der absolutistische Staat? Oder siegt die neue Gesellschaft? Diese Frage wird hier beschworen. Das indirekte Verhalten allein reicht nicht mehr hin. Der kritische Prozeß steht vor seinem Ende, eine Entscheidung ist unentrinnbar, aber noch nicht gefallen: die Krise wird manifest. In der Kritik liegt die Krise verborgen. Um dieses Verhältnis näher zu untersuchen, bedarf es zuvor einer Analyse des kritischen Prozesses selbst.

Es liegt schon in dem Begriff der Kritik, daß durch die Kritik eine Scheidung vollzogen wird. Die Kritik ist eine Kunst des Urteils, ihre Tätigkeit besteht darin, einen vorgegebenen Sachverhalt auf seine Echtheit oder Wahrheit, seine Richtigkeit oder Schönheit hin zu befragen, um aus der gewonnenen Erkenntnis heraus ein Urteil zu fällen, das sich nach Ausweis des Wortgebrauchs auch auf Personen erstrecken kann [154]. Im Zuge der Kritik scheidet sich also das Echte vom Unechten, das Wahre vom Falschen, das Schöne vom Häßlichen, das Rechte vom Unrechten. Die „Kritik“ [155] steht als die Kunst des Urteilens und der damit verbundenen Scheidung offensichtlich schon auf Grund dieser ihrer allgemeinen Bedeutung, die sie auch im achtzehnten Jahrhundert gehabt hat, in einem ursprünglichen Zusammenhang mit dem damals herrschenden dualistischen Weltbild. Dieser Zusammenhang ist an einigen Zeugnissen der Kritik selber aufzuzeigen. Dabei gilt es, um die dem achtzehnten Jahrhundert eigentümliche politische Bedeutung der Kritik zu verstehen, zunächst die Herausbildung der kritischen Instanz in ihrem gegensätzlichen Verhältnis zum Staat aufzuzeigen, um dann die schrittweise Entfaltung und den zunehmenden Anspruch der kritischen Instanz auf diesen Staat zu verfolgen. Damit ergibt sich zugleich eine zeitliche Einstufung.

Die Wortgruppe, die sich an den Begriff der Kritik anschließt, wurde in England und Frankreich um 1600 herum aus dem Lateinischen in die Nationalsprachen übernommen [156]. Der Ausdruck der „critique“ und des „criticism“ (und „criticks“) hat sich im Laufe des siebzehnten Jahrhunderts eingebürgert, und man verstand unter ihm die Kunst einer sachgerechten Beurteilung, die sich besonders auf die antiken Texte, aber auch auf die Literatur- und Kunstwerke, sowie auf Volk und Menschen bezog. Das Wort wurde zunächst von den Humanisten verwandt; Urteilsfähigkeit und gelehrte Bildung waren ihm zugeordnet, und als man die philologische Methode auf die Heiligen Schriften ausweitete, nannte man auch dieses Verfahren „Kritik“. Man war noch kritisch und christlich zugleich und setzte sich ab gegen ungläubige critici durch deren Bezeichnung als „criticaster“ [157].

Die Kritik stand noch im Dienst der religiösen Parteien. Als *Richard Simon* 1678 seine „Histoire Critique du Vieux Testament“ herausgab, verwandte er ganz bewußt das bisher nur unter den „personnes sçavantes“ gebräuchliche Wort der „critique“, um seine Methode zu kennzeichnen, mit der er die Bibel untersuchte [158]. Wort und Methode übernahm er von Cappelle, der 1650 in seiner „critica sacra ...“ [159] Urtext und Übersetzungen des Alten Testaments philologisch miteinander verglich, und Simon meinte dazu, daß sich Cappelle als Calvinist gar nicht über die unentrinnbaren Konsequenzen klar gewesen sei, die aus der neuen Methode folgten: nämlich die Auflösung des protestantischen Prinzips der Schriftgläubigkeit. Gerade um dieses Fundament des Protestantismus anzugreifen, zeigte Simon mit der kritischen Methode die Zufälligkeiten und Überlagerungen in der Entstehung des Alten Testaments auf, um auf diesem Wege die Notwendigkeit einer kirchlichen Tradition zu beweisen. Simon berief sich dabei auf die „veritables Loix de la Critique“, die die Theologen ganz unbegreiflich so sehr mißachteten, die aber den großen Vorteil hätten, „claires et évidentes“ zu sein. Die Regeln der Kritik seien unabhängig vom Glauben, so argumentiert er mit Spinoza, also müßten sich auch die Protestanten ihnen unterwerfen[160]. Damit stellte Simon die neue Kunst der Kritik zwar in den Dienst seiner Kirche, aber faktisch verlegte er das Kriterium der Wahrheit aus der Offenbarung in das klare und vernünftige, und das hieß für ihn: in das kritische Denken. Auf Grund dieser häretischen Ansicht ereilte Simon das gleiche Schicksal, wie es seinen calvinistischen Gegner Cappelle auch innerhalb der protestantischen Kirchen getroffen hatte[161]: er wurde von der Kirche verdammt. Solange die religiösen Streitfragen vorherrschten, rückten die humanistischen und rationalen Kritiker in dieselbe Front mit den Politikern. Sie hatten in den kirchlichen Autoritäten noch einen gemeinsamen, wenn auch von verschiedenen Seiten her anvisierten Gegner. Bezeichnend dafür ist, daß sie oft noch in Personalunion standen wie in Bodin oder in Hobbes, die in gleich hervorragender Weise zu den Bibelkritikern wie zu den „Politikern“ zählten. Erst nach Überwindung der konfessionellen Kämpfe, d. h. erst im achtzehnten Jahrhundert, trennten sich die Lager: die rationale Kritik erfaßte auch den Staat.

Schon durch die gemeinsame Reaktion aller Kirchen gewann das Wort der Kritik einen polemischen Sinn, auch und gerade wenn bloße Textkritik darunter verstanden wurde[162]. Diesen polemischen Sinn sollte der Begriff der Kritik seitdem nicht mehr verlieren, er blieb konstitutiv für den Sinngehalt der „Kritik“ auch im ganzen folgenden Jahrhundert.

So bildete sich im Zuge der Textkritik an den Heiligen Schriften aus den religiösen Streitigkeiten eine neue Front heraus, deren Neuartigkeit darin bestand, daß sich die Vertreter der einander feindlichen Kirchen einem ihnen allen gemeinsamen Gegner gegenübersahen. Es ist die Front zwischen Vernunft und Offenbarung, die vorzüglich die erste Hälfte des achtzehnten Jahrhunderts bestimmt hat[163]. Indem Simon erklärte, das Studium der philologischen Kritik sei erforderlich, „si l'on veut avoir une connaissance parfaite de la Théologie“, berief er sich auf ein Prinzip, das grundsätzlich der Offenbarung widersprach[164]. Damit wurde er — obwohl ein Priester — sinngemäß zum Schrittmacher des Pierre Bayle, der 1695 mit seinem „Dictionnaire historique et critique" das Arsenal bereitstellte, aus dem das kommende Jahrhundert seine Waffen bezog. War die Kritik zunächst nur ein Symptom der sich verschärfenden Differenz zwischen Vernunft und Offenbarung, so wird bei Pierre Bayle die Kritik selber die Tätigkeit, die beide Bereiche trennt.

Pierre Bayle verstand unter der „critique" im strengen Sinn des Wortes auch die Arbeit an den Texten, die zur Aufklärung ihrer echten Gestalt und ihres wahren Gehalts erforderlich ist. „La critique est un travail périlleux; car si l'on ignore certains faits particuliers, toutes les autres connaissances n'empêchent pas qu'on ne juge mal des choses."[165] „Le règne de la critique", in dem die gelehrten Philologen, die Grammatiker der alten Sprachen und ihre Übersetzer herrschen, beginnt für ihn — wie auch die Kunst-Kritik für Pope[166] — mit dem Humanismus, von dem sich aber die Gegenwart wesentlich unterscheide. Heute — um 1700 — schreibe man keine dicken Bücher mehr: „on s'est tourné vers la justesse du raisonnement, on a cultivé l'esprit beaucoup plus que la mémoire ... on devient sensible au sens et à la raison plus qu'à tout le reste"[167]. Indem Bayle mit der kritischen Methode bereits alle Gebiete des menschlichen Wissens und der menschlichen Geschichte erfaßte und in einen unendlichen Prozeß der Relativierung verwickelte, wurde die Kritik zur eigentlichen Tätigkeit der Vernunft. Die raison wog bei Bayle ständig das „pour et contre" gegeneinander aus, sie stieß dabei auf Widersprüche, die stets neue Widersprüche hervorriefen, und so löste sich die Vernunft gleichsam auf in einen ständigen Vollzug der Kritik. Ist die Kritik der scheinbare Ruhepunkt des menschlichen Denkens, dann gerät das Denken in eine rastlose Flucht der Bewegung[168]. Die die Vernunft als Urteilsinstanz auszeichnende Tätigkeit wird die Kritik, die den Prozeß des Für und Wider dauernd vorwärtstreibt. Nach der gewaltigen Arbeitsleistung des Pierre Bayle bleibt der Begriff der Kritik untrennbar dem der Vernunft zugeordnet[169]. So konnte Vico 1709 sagen: „A critica studia hodie inauguramur ... Etenim critica id nobis dat primum verum, de quo, vel cum dubitas, certus fias", freilich, um sich gegen diese kritische Denkweise zu wehren, da sie alle Wahrscheinlichkeiten und den sensus communis ignoriere[170]. — Die Kritik blieb also keineswegs auf philologische, ästhetische oder historische Sachgebiete beschränkt, sondern sie wurde ganz allgemein die Kunst, durch vernünftiges Denken richtige Erkenntnisse und Ergebnisse zu erzielen[171]. Aber während das Denken im Für und Wider sich ins Unendliche vorwärtstreibt, werden die Aporien des Denkens übersprungen. Insofern wird Kant der erste sein, der den Prozeß der Aufklärung einem Ende zugeführt hat. Bis die Kritik sich gegen die Vernunft selber richtete, zog sie ständig neue Wechsel auf die Zukunft.

Erst im Aufspüren der Widersprüche läßt sich hoffen, die widerspruchslose Wahrheit zu finden. Ein Kritiker, sagt deshalb Pierre Bayle, „montre . . . ce que l'on peut dire pour et contre les Auteurs: il soutient successivement le personnage d'un Avocat demandeur, et d'un Avocat défendeur" [172]. Gerade kraft seiner doppelten Funktion, Ankläger und Verteidiger in einem zu sein, erhebt sich der Kritiker zur überparteilichen Instanz, wird er zum Anwalt der Vernunft. „Le seul nom même de party m'étant odieux", sagte schon Simon[173], „je n'ay aucun interest particulier qui m'engage dans ce qu'on appelle party." Der Kritiker steht über den Parteien, seine Aufgabe sei nicht die, zu „zerstören", sondern die Wahrheit zu „etablieren". Der Kritiker tritt in Konkurrenz zu dem Staat der Vernunft, der sich über die Religionsparteien erhebt. Aber nicht, daß er eine neue Ordnung schüfe hic et nunc; vielmehr erweist sich die Herrschaft der Kritik als überparteilich nur in einem unendlich sich erneuernden Prozeß. So kennt auch bei Bayle der Kritiker nur eine einzige Verpflichtung: die Verpflichtung an die Zukunft, in der die Wahrheit durch den Vollzug der Kritik erst zu finden ist. Der Anspruch auf Überparteilichkeit trieb den Prozeß im gleichen Maße vorwärts, als sein Ende immer noch ausstand. In der Bindung des Kritikers an die noch zu entdeckende Wahrheit lag die Selbstgarantie der Kritik. Jeder Fehler, den man entdeckt, jedes entlarvte Hindernis läßt neue Hindernisse auftauchen, und so ersinnt die menschliche Sucht, zu zerpflücken, immer subtilere Methoden, um der Übel habhaft zu werden und die stets neu einreißende Unordnung zu beseitigen. Schließlich gibt es nichts mehr, was die Vernunft zufriedenstellen könnte[174]. Die Kritik hat die Zukunft in einen Sog verwandelt, der dem Kritiker das Heute unter den Füßen wegzieht. Unter diesen Umständen blieb dem Kritiker gar nichts anderes mehr übrig, als im Fortschritt die seiner Seinsweise zugeordnete Zeitstruktur zu entdecken. Der Fortschritt ist der modus vivendi der Kritik, auch dort, wo er — wie von Bayle — nicht als eine Aufwärtsbewegung verstanden wurde, sondern als Destruktion, als Dekadenz.

In jedem Fall befreite die selbstgeschaffene Bindung an die Zukunft den Vernunftsrichter zur Kritik am Heute. Sie verschaffte dem Vollstrecker der Kritik in der Gegenwart einen Raum absoluter Freiheit.

> „C'est la liberté, qui règne dans la République des Lettres. Cette République est un état extrêmement libre. On n'y reconoit que l'empire de la vérité et de la raison; et sous leurs auspices on fait la guerre innocement à qui que ce soit. Les amis s'y doivent tenir en garde contre leurs amis, les pères contre leurs enfants, les beaux-pères contre leurs gendres: c'est comme en siècle de fer;
>
> Non hospes ab hospite tutus
> non socer a genero.
>
> Chacun y est tout ensemble souverain, et justiciable de chacun.“ [175]

Erst in absoluter Freiheit ist es möglich, den kritischen Prozeß zu entfesseln, der die Wahrheit ermittelt. In der Gelehrtenrepublik ist daher jeder eines jeden Herr und durch jeden richtbar. Der Bürgerkrieg, den der Staat eliminierte, taucht unversehens wieder auf; und zwar genau in dem privaten Innenraum, den der Staat dem Menschen als Menschen konzedieren mußte. In ihm herrscht absolute Freiheit, das bellum omnium contra omnes; das gemeinsame Ziel aller ist die Wahrheit, und der wahre Souverän im geistigen Streit ist die Kritik, die ein jeder übt und der sich jeder unterwirft. Gnadenlos waltet die Souveränität, an der jeder partizipiert. Die totale Demokratie, die Rousseau ein halbes Jahrhundert später konzipieren sollte, ist die auf den Staat ausgeweitete Gelehrtenrepublik des Bayle[176]. Sie lieferte das Modell einer Staatsform, für die der Bürgerkrieg, wenn auch nur geistig, legalisiert und Grundlage der Legitimität ist.

Jede Verbindlichkeit entfällt, denn erst in dem gemeinsamen Kampf aller Kritiker untereinander wird die Wahrheit ermittelt. Die erst morgen zu findende Wahrheit enthebt den Kritiker heute jeglicher Schuld. So gewann der Kritiker im Vollzug seiner Tätigkeit Freiheit, Schuldlosigkeit und Teilhabe an einer zukunftweisenden, überparteilichen Souveränität. In diesem Gefüge lag die entscheidende, für die Dauer des achtzehnten Jahrhunderts seit Bayle weiterwirkende Bedeutung der Kritik. Sie sollte bestimmend sein auch für die politische Kritik.

Die geschichtliche Bedeutung der Kritik kann freilich nur erfaßt werden, wenn auch ihre andere Seite: der jeweilige Prozeß des Für und Wider selber in den Blick rückt, in dessen Vollzug sich die Kritik erst als Souverän etabliert. Mochte für den Skeptiker Bayle die kritische Instanz der Vernunft auch keine eindeutigen und endgültigen Ergebnisse erzielen, eine Grenze wurde im Zuge der kritischen Scheidungen mit Sicherheit festgelegt: Religion und Offenbarung haben mit der Vernunft keine Gemeinsamkeit. Damit vollzog Bayle eine Abgrenzung, die es der kommenden Zeit erleichterte, Religion und Offenbarung selber der Kritik zu unterwerfen, um weiter vorzustoßen zur Kritik an dem Bestand der Kirchen überhaupt. Die richtende Tätigkeit der Vernunft beruhte einerseits auf dieser Abgrenzung der Religion, vollzog aber zugleich diese Scheidung, um die Religion selber zu kritisieren. Schon für Bayle war gerade auf Grund dieser Trennung der absolute Herrschaftsanspruch der alles kritisierenden Vernunft gegenüber jeder Art der dualistisch abgesonderten Religionen völlige Gewißheit. „Man muß notwendig zu dem Schluß kommen, daß jedes einzelne Dogma, ob man es nun als in der Heiligen Schrift enthalten ausgibt oder sonst aufstellt, falsch ist, wenn es von klaren und deutlichen Erkenntnissen der Vernunft widerlegt wird, besonders, soweit es sich um die Moral handelt . . .“ [177]

Die Bereiche der Vernunft und der Religionen wurden kritisch getrennt, gerade um die Herrschaft der Vernunft und das Vorrecht der Moral über die Religionen zu sichern. Dagegen zog Bayle der richtenden Urteilsinstanz ganz entschieden eine zweite, eine andere Grenze, die sie nicht überschreiten darf, ja die eine vernünftige Kritik, gerade weil sie vernünftig ist, gar nicht überschreiten kann. Es ist ihre Grenze gegen den Staat. Mag der Staat gerecht oder ungerecht herrschen, immer sei es ein Verbrechen, sich gegen ihn zu erheben. „Tout ce que l'on peut opposer à son injustice, c'est la raison, la soumission, la retraite.“ [178] Die Vernunft erheischt noch — wie bei Hobbes — die Unterwerfung, sie empfiehlt den Rückweg nach Innen, denn es gebe keine Instanz, die zwischen Staat und Individuum schlichten könne. Die Vernunft, im Innern kritisch, bleibt nach außen staatstreu.

Pierre Bayle wußte noch um die Dialektik eines Bürgerkrieges, der den Menschen stets zur Entscheidung gegen sein Gewissen und seine besseren Einsichten zwinge. Dieses Wissen wahrte er auch noch in der Emigration. Vergebens hoffe man, sagte er hier, den feindlichen Parteien zu entrinnen, um Neutralität zu wahren. Statt Freunde und Feinde habe man nur noch Feinde, ohne Freunde zu haben. „Sort déplorable de l'homme, vanité manifeste de la raison philosophique." [179] Es sei der spezifische Irrwahn der philosophischen Raison, zu hoffen, daß sich ihre fortschrittliche Suche nach Objektivität und Neutralität unbesehen in die widerständige Welt der Politik übertragen ließe. Gewiß, so versicherte Bayle, seien fortschrittliche Köpfe nötig, aber sie sollten sich auf Geist und Wissenschaft beschränken. Erfasse der Fortschritt einmal das Feld der Politik, so sei es sicher, daß die Übel eines Bürgerkrieges, die daraus folgten, immer größer seien als die Übel, die er beseitigen solle. Vor den „furchtbaren Wohltaten" eines Bürgerkrieges wollte Bayle verschont bleiben. Auf dem Hintergrund dieser Erfahrung, die noch ganz dem siebzehnten Jahrhundert entstammt, schied Bayle streng zwischen der „critique" einerseits und den „satires" und „libelles diffamatoires" andererseits. Bayle grenzte sauber die richtende Instanz der Kritik ab gegen die politische Zuständigkeit des Staates. Innerhalb der Gelehrtenrepublik herrscht in aller Unschuld der unpolitische Kampf um die Wahrheit. Um Unwissenheit und Irrtum zu bekämpfen, sind alle Mittel erlaubt:

> „Tous les particuliers ont à cet égard le droit du glaive, et le peuvent exercer sans en demander la permission à ceux qui gouvernent. Il est bien aise de connoître pourquoi la Puissance Souveraine a dû laisser à chacun le droit d'écrire contre les auteurs qui se trompent, mais non pas celui de publier des Satires. C'est que les Satires tendent à dépouiller un homme de son honneur, ce qui est une espèce d'homicide civil et, par conséquent, une peine, qui ne doit être infligée que par le Souverain; mais le Critique d'un livre ne tend qu'à montrer qu'un Auteur n'a pas tel et tel dégré de lumière ... On n'usurpe rien de ce qui dépend de la Majesté de l'État, en faisant connoître au public les fautes qui sont dans un livre." [180]

Die Reichweite der Kritik wird mit dem Ziel der Erkenntnis bewußt auf den Raum des menschlichen Wissens eingeschränkt; der Mensch als „honnête homme", als „bon sujet de la République" ist ihrem Urteil nicht unterworfen, er bleibt dem Staate untertan. Bayle spart also bewußt das Reich der Kritik aus dem Raum des Staates aus, um die Eigengesetzlichkeit der Kritik innerhalb der „République des lettres" zu sichern. Die Kritik setzt sich bewußt als unpolitisch, sie tangiert nicht den Staat, aber zugleich ist sie dem Staat nicht unterworfen. Für Bayle laufen nebeneinander her: einmal der totale Anspruch der Kritik, alle Bereiche, die der Vernunft zugänglich sind, ihrem Urteil zu unterwerfen, aber zugleich ihre Bescheidung aus geistiger Rechtsvollkommenheit heraus, ihr Verzicht, den politischen Bereich des Staates zu berühren. Mag Bayle selber die Tätigkeit der Kritik nur als rein „geistig" und unpolitisch verstanden haben — galt seine Kritik doch vorzüglich den fanatischen Religionen —, tatsächlich vollzog er bewußt die entscheidende Trennung zwischen dem „règne de la critique" und der Herrschaft des Staates, die die Voraussetzung gerade der politischen Kritik werden sollte. Dies wird deutlich bei Voltaire, der den Erfahrungshorizont von Bayle bereits fortschrittlich verlassen hatte.

Auch *Voltaire* berief sich — mit Bayle — 1733 auf die Scheidung zwischen „la critique, la satire et la libelle", um den unpolitischen Charakter seiner Kritik zu begründen. Was er treibe, sei Kunstkritik, aber er wisse genau, mußte er feststellen, „que les politiques ont regardé cette innocente plaisanterie du Temple du Goût comme un grave attentat" [181]. Nachdem das Reich der Kritik einmal aus dem Staat ausgegrenzt war, berief sich Voltaire gerade auf diese Scheidung, um in gleicher Unschuld wie Pierre Bayle völlig „unpolitisch" und rein „geistig" die Grenze in den Bereich des Politischen zu überschreiten. Indem Voltaire literarische, ästhetische oder historische Kritik trieb, kritisierte er indirekt die Kirche und den Staat. Damit gewann seine ganze Kritik, die er übte, eine politische Bedeutung. Und zwar eine Bedeutung ganz spezifischer Art, wie sie sich aus dem Begriff der Kritik und der ihm korrespondierenden dualistischen Welt ergab.

War anfangs der zentrale Gegenbegriff zu Vernunft, Moral und Natur die Offenbarungsreligion, so bedurfte es nur einer Verlagerung der Kritik auf das „Gebiet der weltlichen Gesetze", um die einmal aufgerissene geistige Front politisch zu verschärfen. Das Bündnis der Raison mit dem bestehenden Staat war zerfallen. Die Politik der absolutistischen Staatenwelt wurde mehr und mehr zum gemeinsamen Gegenpol aller dualistischen Positionen. Die herrschende Politik wurde in den Prozeß der Kritik verwickelt. Damit wurde aus dem Für und Wider der Kritik, die innerhalb der République des lettres ihren unpolitischen Prozeß führte, tatsächlich ein Prozeß zwischen dem „règne de la critique" und der Herrschaft des Staates. Auch in diesem Prozeß waren die Kritiker Ankläger, oberste Urteilsinstanz und Partei zugleich. Indem sich die Kritiker auf die überparteiliche Souveränität der Kritik beriefen, aber zugleich die Politik in ihren Prozeß verwickelten, blieben sie als Kritiker kraft ihrer Kritik zwar überparteilich, waren aber gerade als Kritiker des Staates Partei. Der Charakter der Partei konnte freilich in einer Überlegenheit sichernden Weise geleugnet werden. Die geistige Kritik, die in der Scheidung zwischen der unpolitischen République des lettres und dem politischen Staat gründete, berief sich jetzt auf diese Trennung und verschärfte sie zugleich, um ihre geistigen Urteile — scheinbar neutral und im Namen der überparteilichen Wahrheit — auch auf den Staat auszudehnen. Es ist gerade und zunächst nur die Kritik, mit der die von ihr selbst gezogene Grenze zwischen der Gelehrtenrepublik und dem Staat überschritten wird. Die Kritik scheidet sich zwar als unpolitisch vom Staate ab, unterwirft ihn aber dennoch ihrem Urteil. Hieraus entspringt die Ambivalenz der Kritik, die seit Voltaire ihr geschichtliches Charakteristikum wird: scheinbar unpolitisch und überpolitisch, war sie tatsächlich doch politisch[182].

Die Kritik ist die endlich erschienene zehnte Muse, sagt Voltaire 1765, sie wird den Unsinn aus dieser Welt vertreiben. „La critique a du bon; je l'aime et je l'honore. Le parterre éclairé juge les combattants, et la saine raison triomphe avec le temps." [183] Die Kritik dient zwar noch als innergesellschaftliche Kritik den bürgerlichen Streitern, die im Parkett sitzend mit den Darstellern des moralischen Schauspiels auf der Bühne verbündet sind. Aber zugleich ist sie die gemeinsame Waffe der Kombattanten, die mit ihrer Kritik — gerade auf dem Umweg über die Kunst — den Staat erfassen. In „Figaros Hochzeit" wird die Vermählung von Kunst und politischer Kritik gefeiert werden. Nur durch Kritik kann die Vernunft triumphieren. Die Kritik hat also den ihr früher zugemessenen Raum der Kunst und Wissenschaft verlassen, und seit Voltaire werden die ehemaligen Objekte der Kritik selber zu den Waffen einer politischen Kritik[184].

Der Prozeß des Fortschritts erfaßt den Staat. Dies tut er im gleichen Maße, als seit etwa der Mitte des Jahrhunderts der Sieg über die Offenbarungsreligion gesichert schien[185]. Die Kritik übernimmt die Funktionen, die Locke seinerzeit der moralischen Zensur zugewiesen hatte; sie wird zum Sprachrohr der öffentlichen Meinung. Wenn sie schon nicht mehr die privaten Sitten beeinflussen könne, heißt es in dem Artikel „Critique" der *Enzyklopädie*[186]: „Il est du moins incontestable qu'elle décide des actions publiques." Die Wendung nach außen ist vollzogen und ein Gradmesser dessen liegt in Diderots Feststellung, daß man nicht nur zwischen Mensch und Bürger zu unterscheiden habe, sondern bereits innerhalb der kritischen Gesellschaft zwischen Person und Autor[187]. „L'équité veut qu'on distingue bien la personne de l'opinion, et l'auteur de l'ouvrage; car c'est bien ici qu'on a la preuve complète que les mœurs et les écrits sont deux choses différentes." [188] Die Kritik der Aufklärung hat den Binnenraum der Gesellschaft, den Bereich privater Moral verlassen. War die Trennung zwischen Mensch und Untertan konstitutiv für die absolutistische Ordnung, so wird jetzt — bei Bayle schon konzipiert — die Trennung von Person und Autor zur Bedingung der kritischen Ordnungslosigkeit. Die Kritik hat sich Absolution erteilt, indem sie nicht nur vom Staat, sondern auch von ihrem gesellschaftlichen Hintergrund sich abzulösen imstande scheint. Die Schriften verbergen nicht nur des Autors wahre Gedanken, weil die staatliche Zensur sie dazu zwingt, sondern die Schriften entfremden den Menschen, der sich in ihnen nicht mehr wiederfindet. „Wenn, ohne falsch zu sein, man nicht alles das schreibt, was man tut, dann, ohne inkonsequent zu sein, tut man auch nicht alles, was man schreibt." [189] In dieser Wendung Diderots wird die geschichtliche Wende manifest. Die Kritik ist so souverän geworden, daß sie weiterherrscht auch ohne die Personen, die sie initiiert haben. Die Depersonalisierung, die die Person durch die emanzipierte Kritik erleidet, kommt darin zum Ausdruck, daß die Person zum Funktionär der Kritik wird. Die politisch bedingte Geheimhaltung, zunächst ein echtes arcanum der Aufklärung, wird von der Logik der Aufklärung erfaßt. Die Aufklärung baut alle Tabus ab, indem sie die Privilegien zerstört. Dadurch wird alles und jedes in den Strudel der Öffentlichkeit gezogen. Es gibt nichts, was nicht von dieser Öffentlichkeit erfaßt würde. Aber diese Öffentlichkeit ist dialektisch, d. h. im Maße, als alles öffentlich wird, wird alles ideologisch verfremdet. Der Wunsch nach Naturhaftigkeit, zur Rückkehr zur Natur ist nur ein Symptom dieser Bewegung. Und der Tag wird kommen, an dem man selbst der Hosentracht eine politische Bedeutung vindiziert. Die ursprünglich politisch bedingte Geheimhaltung hat eine Kritik freigesetzt, die zu einer unkontrollierbaren und insofern geheimnisvollen Herrschaft angewachsen ist, die alle Lebensäußerungen verfremdet. Diese Kritik macht auch nicht mehr Halt vor dem Souverän. Was Bayle noch der Satire vorbehielt, daß sie die Macht des Todes habe, die keine Wache vor den Gattern des Louvre aufhalten könne, das sagt Diderot — unter versteckter Anspielung auf Bayle — 1765 ganz ungeniert von der Kritik selbst: „Tout est soumis à sa loi.“ [190] Die Eingeweihten der Aufklärung werden den Wortaustausch von Satire und Kritik so gut verstanden haben wie den Vergleich. Die Kritik ist der Tod des Königs.

Die Expansion über die ursprünglich vorgegebene Grenze zwischen Innen und Außen zeitigte also unerwartete Folgen. Die alles erfassende Kritik weitete sich zwar auf die Politik aus, verzichtete aber nicht auf ihren eigenen unpolitischen, d. h. auf ihren vernünftigen, natürlichen oder moralischen, das Vorrecht der Wahrheit garantierenden Anspruch. Unter der Maske der Allgemeinheit bediente sie sich weiterhin der polaren Setzungen. Jede dualistische Setzung implizierte als solche schon die Kritik, wie die Kritik ihrerseits erst durch die polare Denkstruktur ihre Schärfe und scheinbare Eindeutigkeit gewann. Wo dagegen der Versuch unternommen wurde, die Antithesen ernst zu nehmen, scheiterte das Unternehmen an dem abwertenden Denkgefälle, das sich aus der Begriffsbildung ergab; und wer dennoch Harmonisierungsversuche unternahm, wurde alsbald auf dem Felde der Publizistik der Inkonsequenz geziehen und erlag seinerseits einer verschärften Kritik [191].

Bezeichnend für das Dilemma, in das man geraten konnte, wenn man den polemischen Sinn der Begriffsbildung ernst nahm, sich aber dennoch beider Gegenbegriffe im positiven Sinne bedienen mußte, ist die Äußerung Friedrichs des Großen, die er 1742 seiner „Histoire de mon temps" voranschickte. „Ich hoffe, daß die Nachwelt, für die ich schreibe, den Philosophen in mir vom Fürsten und den anständigen Menschen vom Politiker unterscheiden wird." Friedrich erliegt dem epochalen Zwang zu dualistischer Aufspaltung. Er sieht sich außerstande, die zeitgemäßen polaren Begriffe wie Mensch und Fürst oder Philosoph und Politiker in sich zu vereinen[192]; vielmehr implizierte die kritische Funktion der dualistischen Begriffsbildung, wenn man sich ihr einmal unterwarf, die Selbstkritik. Friedrich war Philosoph genug, um sie an sich als Fürsten auszuüben, aber zu sehr König, als daß sie in eine Selbstbezichtigung umgeschlagen wäre.

Einen größeren Effekt zeitigte der Strudel der Kritik im Lager der aufgeklärten Intelligenz selbst. Was Voltaire, der Freund Friedrichs des Großen, noch wußte — er handhabte die scheinbar unpolitische Kritik mit souveräner Ironie und in ironischer Souveränität —, das ging der folgenden Generation der Aufklärung bereits verloren. Sie sollte die scheinbar unpolitischen, aber dennoch scharfen Waffen im vollen Glauben an eine Souveränität verwenden, die sie de facto gar nicht besaß. Aus der Kritik entspringt die Hypokrisie. Was bei Voltaire noch Taktik war, sich zu tarnen, wird zum generellen Habitus der Nachgeborenen. Sie erliegen ihrer eigenen Mystifikation. Aus der Kriegslist wird Verlogenheit. Ihren tierischen Ernst, ihre Unfähigkeit, eine Lüge aus taktischen Gründen als Waffe einzusetzen, bezahlen sie mit prinzipieller Verlogenheit. Wesentlich für diese Verlogenheit ist, daß ihr die Einsicht in ihr Wesen beständig entgeht. Es ist der Preis, ohne den ihre Anmaßung nicht zu haben war[193]. Voltaire in seinem Alter hat diesen neuen Typ mit seinem selbstüberzogenen Pathos noch erlebt. „Il n'y a pas un seul de ces critiques", schreibt er in einem Supplement zum Dictionnaire philosophique 1771, „qui ne se croie juge de l'univers, et écouté de l'univers."[194] Der König in seinem Gottesgnadentum nimmt sich bescheiden aus neben dem Richter der Humanität, der an seine Stelle tritt, dem Kritiker, der wie Gott am jüngsten Tage das Universum seinen Richtsprüchen unterwerfen zu können glaubt.

Verfangen in seinen dualistischen Setzungen, entzieht sich dem Kritiker die geschichtliche Bedeutung des Prozesses, den er angestrengt hat. Der Kritiker ist ein Führer, sagt die Enzyklopädie, der zu unterscheiden wisse[195]: die Wahrheit von der Meinung, das Recht von der Autorität, die Pflicht vom Interesse, die Tugend vom Ruhm. Alle Begriffe umgehen in ihrer dualen Setzung die politische Problematik, die in ihnen enthalten ist. Die Wahrheit, die Pflicht, die Tugend, das Recht, alle sind zuvor schon auf einer Seite verortet.

Kritik heißt Unterscheidung. Kritik am König bestand früher darin, ihm sein Recht zu zeigen. Unter Umständen bedeutete das, ihm gegen seinen eigenen Schmerz recht zu geben. Bayle hatte das noch getan, seine Kritik war sich ihrer politischen Position noch bewußt. Den König dagegen ins Unrecht setzen heißt alle Unterschiede aufheben. Und genau das tut die Enzyklopädie mit dem Netz ihrer dualistischen Begriffe. Der Kritiker richtet alle Menschen „en homme vertueux, mais en homme“[196]. Kritisches Richten heiße alles einebnen, auch den König reduzieren, „en un mot de réduire l'homme, quel qu'il fût, à la condition de citoyen“. Die Aufklärer demaskieren, reduzieren, sie entlarven, wobei ihnen entgeht, daß im Vollzug der Entlarvung sich der Eigengehalt des Entlarvten auflöst. Macht ist für den hypokritischen Aufklärer immer Mißbrauch der Macht. Daß die Macht den Mächtigen inspiriere, darum weiß er nicht. In der Perspektive des politischen Privatiers verwandelt sich Macht in Gewalt. Daraus ergab sich für den späten Aufklärer von selbst, daß ein guter Monarch schlimmer sei als ein böser, weil er die getretene Kreatur daran hindere, den Unfug des absolutistischen Prinzips zu durchschauen[197]. Die Aufklärer entlarven den König als Menschen, und als Mensch kann er gar nichts anderes sein als ein Usurpator. Die Kritik listet der geschichtlichen Figur ihre Bedeutung ab. So wird der seinem Element, nämlich dem Politischen, entfremdete König zu einem Menschen, und als solcher ist er ein Gewalttäter, ein Tyrann. Ist er aber ein Tyrann, dann haben die Aufklärer mit ihrer Kritik recht. Der rechte Kritiker ist der Richter, nicht der Tyrann der Menschheit. „Tel seroit l'emploi d'un critique supérieur: être enfin le juge, non le tyran de l'humanité.“[198] Die Kritik übersteigt bei weitem ihren Anlaß, sie wird zum Motor der Selbstgerechtigkeit. Sie produziert ihre eigene Verblendung.

War der Schritt aus der Gelehrtenrepublik in den Staat einmal vollzogen, so dienten alle dualistischen Setzungen nur noch, um den

Herrscher ins Unrecht zu setzen, um alle Unterschiede aufzuheben. Und das hieß, sich um den Preis eines Unrechts ins Recht setzen. Nicht der König, sondern der Kritiker war der eigentliche Usurpator. Daß diese Usurpation rechtens sei, darin besteht der Selbstbetrug. Ungewollt, aber doch nicht unfreiwillig provoziert die Demaskierung, die Entlarvung, den Selbstbetrug. Wer den König duzt, verwandelt sich aus dem Untertan in den Vertreter der Nation, in ein Organ der Wahrheit, der Tugend und der Humanität[199]. Die stete Entlarvung der anderen führt zur Verblendung des Entlarvers selbst.

Ins Unendliche steigend, schien sich die Souveränität der Kritiker fortschrittlich nach oben aufzustufen. Wer seine Urteile auf die Spitze trieb, der sah sich als Herr der Herren; er schien der wahre Souverän. Ironisch pointiert, schildert Diderot 1758 diesen bei Bayle schon angelegten Vorgang: „L'auteur dit: Messieurs, écoutez-moi; car je suis votre maître. Et le critique: C'est moi, messieurs, qu'il faut écouter; car je suis le maître de vos maîtres."[200] Dieser Jagd nach oben und vorne korrespondierte ein Vorgang, der sich ganz im Gegensatz zu der postulierten Gleichheit aller Kritiker einstellte: die Enzyklopädie gliederte, als handele es sich um eine Loge, den Règne de la Critique in eine Hierarchie von drei Graden, der Critiques ignorants, subalternes und supérieurs.

Sich selbst überholend, überholen die Kritiker die Aufklärung selbst. Sie sind die Avantgarde des Fortschritts, der zur Revolution wird. Es sind die Kritiker, sagt Voltaire 1765, „qui révoltent un siècle aussi éclairé que le nôtre"[201]. Und aus der Situation ergab sich, daß auch der König sich selbst unglaubwürdig wurde. Was auf Friedrich den Großen noch nicht zutraf, ereignete sich in Frankreich, denn der politische Sinn der ständischen Ordnung, der der König sich zugeordnet fühlte, verflüchtigte sich in dem Maße, als sie ihre Funktion verlor. Nicht als König mehr, sondern als Mensch sollte Ludwig XVI. vor dem Revolutionstribunal verteidigt werden; und was er als Mensch war, daran ließ St. Just keinen Zweifel: ein Feind der Menschheit[202].

Die Kritiker erlagen ihrer Argumentation um so mehr, als der König selbst dieser Argumentation erlag. Der Prozeß, den die Kritiker entfesselt hatten, erfaßte sie schließlich auch und riß sie in den Abgrund. Condorcet entging ihm nur durch den Selbstmord, nachdem er gerade seine Skizze vom ewigen Fortschritt entworfen hatte. Der Selbstmord, um der Guillotine zu entgehen, ist der Tod der Hypokrisie. Rousseau sollte es vorbehalten bleiben, in der Selbstbezichtigung seine Selbstrechtfertigung zu suchen. Seine Bekenntnisse sind die ersten modernen „Geständnisse", die durch ihre schamlose Enthüllung die Wahrheit zur Lüge verkehren, daß gar nicht mehr ermittelt werden kann, was wahr ist und was falsch.

Nur scheinbar hatte sich das Verhältnis zwischen dem Règne de la critique und der Politik total verwandelt. Am Vorabend der Revolution schienen die Rollen seit Bayle vertauscht. Eindeutig ausgesprochen hat den Herrschaftsanspruch der Kritik über den Staat *Immanuel Kant*, 1781 in der Vorrede zu seiner „Kritik der reinen Vernunft":

> „Unser Zeitalter ist das eigentliche Zeitalter der Kritik, der sich alles unterwerfen muß. *Religion* durch ihre *Heiligkeit* und *Gesetzgebung* durch ihre *Majestät* wollen sich gemeiniglich derselben entziehen. Aber alsdann erregen sie gerechten Verdacht wider sich und können auf unverstellte Achtung nicht Anspruch machen, die die Vernunft nur demjenigen bewilligt, was ihre freie und öffentliche Prüfung hat aushalten können." [203]

Die Kritik, die sich anfangs vom Staat abgesetzt hatte, um ungehindert walten zu können, beseitigt jetzt kraft eigener Autorität die Grenze, die sie sich einst selbst gezogen. Im Vollzug ihrer kritischen Selbstbegründung tritt der Herrschaftsanspruch der kritischen Vernunft auch auf den Staat offen zutage. Die Herrschaft der Kritik über die Öffentlichkeit gewinnt politische Dignität. „Alle wahre Politik ist auf die Bedingung eingeschränkt, mit der Idee des öffentlichen Rechts übereinzustimmen, ihr nicht zu widerstreiten ... Hieraus folgt, daß die wahre Politik nicht allein ehrlich, sondern auch offen verfahren müsse, daß sie nicht nach Maximen handeln dürfe, die man verbergen müsse." [204] Die Aufklärung und ihr politisches Geheimnis scheinen die Funktionen des Staates und seiner arcana übernommen zu haben. Nicht die Kritik mehr entzieht sich dem Staat, sondern sie tritt mit so souveränem Herrschaftsanspruch auf, daß es vielmehr Staat und Kirche zu sein scheinen, die sich vor dem Richtspruch der Kritik verbergen, „sich gemeiniglich derselben entziehen". Die Kritik wird so selbstsicher, daß sie auch noch die Schuld an der Hypokrisie auf den Staat abzuwälzen vermag. Fügt sich der Staat der kritischen Vernunft nicht, dann kommt ihm nur „verstellte Achtung“ zu; erst wenn er sich den aufgeklärten Richtern unterwirft, kann er Anspruch erheben auf „unverstellte Achtung“.

Durch diese Wendung ist die Kritik nicht mehr wie bisher stillschweigend und geheim die oberste Instanz, sondern wird frei und öffentlich als solche proklamiert. Aber die Frage der Souveränität blieb ungelöst. Solange der Staat sich ihr nicht unterwarf, blieb die kritische Vernunft in ihrer Geschichtlichkeit politische Kritik.

Die Etappen der Kritik, die mit Simon, Bayle, Voltaire, Diderot und Kant umrissen wurden, zeugen von der zunehmenden politischen Bedeutsamkeit, die dem Begriff der Kritik im achtzehnten Jahrhundert zukommt. Das Politicum der Kritik lag nicht in der verbalen Bedeutung dessen, was unter ihr verstanden wurde, sondern entsprang jeweils dem Verhältnis, das sich aus der Trennung des „règne de la critique“ und dem Staat zwischen diesen beiden Bereichen ergab.

In diesem Dualismus gründete zunächst die Kritik, um ihren unpolitischen Prozeß des Für und Wider zuerst gegen die Religionen zu eröffnen. Dann verwickelte sie zunehmend den Staat in diesen Prozeß, verschärfte aber zugleich den Dualismus, um, scheinbar unpolitisch, dennoch politische Kritik zu werden. Endlich wurde ihre Zuständigkeit offen auf den Staat ausgedehnt und eine rechtliche Differenz zwischen einer eigenen und einer staatlichen Urteilsinstanz negiert. Scheinbar hatte das Reich der Kritik den Staat schon okkupiert. Diesen Schein zu entlarven blieb der dualistischen Kritik ursprungsgemäß versagt. Die Kritik steigerte sich in Gegenkritik zur Superkritik. Schließlich verdummte sie zur Hypokrisie. Die Hypokrisie war der Schleier, den die Aufklärung ständig webend vor sich hertrug und den zu zerreißen sie niemals imstande war.

Die dualistische „Denkform“ — religionsgeschichtlich ein altes Erbe[205] — ist kraft der ihr innewohnenden indirekten und schließlich direkten politischen Kritik Ausdruck und Interpretation eines epochalen Geschehens: der Heraufkunft der bürgerlichen Welt[206]. Die bürgerliche Schicht, in soziale und wirtschaftliche Stellungen von zunehmender Macht aufrückend und mit einem neuen Weltbild vor Augen, betrachtete sich auf Grund dessen und in steigenden Maße als den potentiellen Träger der politischen Macht. Aber erst durch die dualistische Denkstruktur gewann die neue Elite das ihr eigentümliche Selbstbewußtsein, durch das sie zu dem wurde, was sie war: eine Gruppe von Menschen, die als Vertreter und Erzieher einer neuen Gesellschaft ihre geistigen Positionen bezogen, indem sie den absolutistischen Staat und die herrschende Kirche negierten. So rissen die Dualismen des achtzehnten Jahrhunderts eine geistige Front auf, die, in sich vielfach gebrochen, oft durch den einzelnen Menschen hindurch ging, aber immer gleichbedeutend war mit Kritik. Gesetzte Begriffe setzten ihre Gegenbegriffe, die im selben Vollzuge abgewertet und meist auf diese Weise „kritisiert" wurden.

Der unbewältigte Irrtum, in dem die Aufklärung befangen blieb, ihre geschichtliche Hypokrisie bestand darin, in dieser Negation bereits eine politische Position zu erblicken. Die dualistischen Spaltungen, derer sich die Kritiker bedienten, erweisen sich damit als eine einzige Paradoxie: sie dienten als Ferment, alle Unterschiede und Gegensätze zu beseitigen, d. h. die dualistisch konstruierten Spannungen aufzuheben, aus denen die Aufklärung gerade ihre Evidenz bezog.

Die Kritik führt sich in ihrer Hypokrisie ad absurdum. Der unendliche Prozeß des Fortschritts wurde jäh unterbrochen. Wie die tatsächliche Krise durch die Kritik in ihrer Hypokrisie erfahren, gefördert und bestimmt wurde, ist im letzten Kapitel zu zeigen. Dabei wird sich der innere Zusammenhang zwischen der bürgerlichen Kritik, ihrer indirekten Gewaltnahme und der politischen Krise aufhellen. In verschiedenen Stadien wird die zunehmende Verschärfung der Krise sichtbar — zunächst wird von der vergleichsweise ruhigen Situation in Deutschland ausgegangen, um dann in Frankreich die Wende von der Reform zur Revolution zu behandeln —, aber immer wird sich zeigen, daß der Verschärfung der Krise ganz dialektisch eine Verdeckung ihrer politischen Bedeutung korrespondiert. Diese Verdeckung des Politischen bleibt durch die bürgerliche Geschichtsphilosophie als diese Verdeckung verborgen. Die Krise wird, auch als der Bürgerkrieg bereits drohend vor Augen steht, als ein moralisches Gericht beschworen, das den geschichtlich sinnvollen Abschluß darstelle — Ende nur des kritischen Prozesses, den das Bürgertum gegen den Staat angestrengt hat.

DRITTES KAPITEL

I

Es liegt im Wesen einer Krise, daß eine Entscheidung fällig ist, aber noch nicht gefallen. Und es gehört ebenso zur Krise, daß offenbleibt, welche Entscheidung fällt. Die allgemeine Unsicherheit in einer kritischen Situation ist also durchzogen von der einen Gewißheit, daß — unbestimmt wann, aber doch bestimmt, unsicher wie, aber doch sicher — ein Ende des kritischen Zustandes bevorsteht. Die mögliche Lösung bleibt ungewiß, das Ende selbst aber, ein Umschlag der bestehenden Verhältnisse — drohend und befürchtet oder hoffnungsfroh herbeigewünscht — ist den Menschen gewiß. Die Krise beschwört die Frage an die geschichtliche Zukunft.

Aus dem Bewußtsein der Krise, aus dem Wissen um eine politische Spannung mit unentrinnbaren Folgen ergeben sich nun in Deutschland — und sie sind zugleich Symptom der Krise — eine Reihe von Prognosen, die das kommende Ende der bisherigen politischen Ordnung vorwegnehmen. Die Revolution wird prophezeit. — Es lag nun andererseits, wie bisher gezeigt wurde, in der Spannung zwischen Moral und Politik beschlossen, daß die Scheidung zwischen beiden Bereichen zwar eine Scheidung zwischen Staat und Gesellschaft hervorrief, daß aber die politische Entscheidung, die damit intendiert wurde, von den Bürgern als eine politische Entscheidung gar nicht erkannt wurde. Die intendierte Umwälzung als Revolution, ja auch nur die Möglichkeit einer Revolution werden verdeckt. Zugleich wird die Spannung selber — durch die Zuspitzung der Dialektik von Moral und Politik — verschärft. Verdeckung und Verschärfung sind ein und derselbe Vorgang. Seine Einheit ist in der Geschichtsphilosophie der präsumptiven Elite beschlossen. Die Geschichtsphilosophie ist die Kehrseite der Revolutionsprognostik. In ihrem Wechselverhältnis wird die Krise manifest. Dies aufzuzeigen — zunächst an deutschen Zeugnissen — dient der nächste Schritt der Untersuchung.

Die politische Frage, ob der Apparat des Absolutismus und sein souveräner Herr weiterhin herrschen würden oder die Spitzen der neuen Gesellschaft, tauchte in Deutschland erstmals auf in der Zeit des „Sturm und Drang". Sie entzündete sich in aller Schärfe an dem sozialen Exponenten des neuen Bürgertums, an der geheimen Gesellschaft[1]. In der Polemik über die Geheimorden, in der Pressefehde, die durch die Verfolgung der Illuminaten in Bayern ausgelöst wurde, bildeten sich erstmals politische Lager, die von dem Bewußtsein getragen waren, sich in einer latenten Entscheidungssituation zu befinden. Protestanten und Katholiken[2], absolutistische Beamte und Verfechter des Ständewesens schlossen sich zusammen: sie erblickten in den geheimen Orden einen gemeinsamen, die gemeinsame Struktur der bestehenden Ordnung bedrohenden Feind.

Der gegenseitige Ausschließlichkeitsanspruch, den Lessing einmal an den Aufklärern und ihren Gegnern auf dem religiösen Gebiet feststellte, fing jetzt auch in Deutschland an, wie lange schon in Frankreich, die politischen Konturen zu bestimmen: „So hat der eine und der andere seinen Gegner zu einem Ungeheuer umgeschaffen, um ihn, wenn er ihn nicht besiegen kann, wenigstens vogelfrei erklären zu dürfen."[3]

Die Dialektik von Moral und Politik verlieh dem Kampf eine Radikalität, die dem sozialen Gewicht des deutschen Bürgertums insgesamt noch keineswegs entsprach. So fand auch die geheime Organisation der Illuminaten ihr jähes Ende durch die blanke Überlegenheit der staatlichen Gewalt. Die Illuminaten, die die Despoten, „denen an Dummheit und Unsittlichkeit so viel gelegen ist", moralisch diskriminierten und ihnen politisch vorwarfen, „eine so lange usurpierte Gewalt noch ferner zu behaupten"[4], wurden ihrerseits als Gottesschänder und ruchlose Rebellen verfolgt, des Landes verwiesen, gefangengesetzt und schließlich unter Androhung der Todesstrafe an ihrer weiteren Arbeit gehindert[5]. Trotz der ungleichen Mittel, die den Gegnern zur Verfügung standen und die eine direkte Bedrohung des Staates gar nicht möglich machten, entsprangen dieser Situation eine ganze Reihe von Prognosen, die den Umsturz der bestehenden Ordnung vorwegnahmen. Die Prognosen beziehen sich nicht auf die faktische Macht der Geheimbünde, sondern entzünden sich an der indirekt politischen Rolle, die diese Gesellschaften gespielt haben. Neben den bis dahin in der antifreimaurerischen Polemik vorzüglich gebräuchlichen Argumenten der Sittenlosigkeit und Religionsfeindschaft herrscht plötzlich eine neue, und zwar rein politische Beweisführung vor, die die Gefahr eines Umsturzes aus der politischen Stellung eines Geheimordens zum Staat ableitet. Wie meist die Angegriffenen, haben sie als erste das unmittelbar Politische offen beim Namen genannt.

Die Bedrohung der fürstlichen Souveränität tritt in das Zentrum der Argumentation, und daraus wird zunächst — ganz im Sinne der absolutistischen Staatsauffassung — die Unrechtmäßigkeit der indirekten Gewalt bewiesen. Gleichgültig, ob die Tagespropheten in den „geheimen Oberen" der Maurer die Jesuiten, Freidenker oder Calvinisten — je nach ihrem eigenen religiösen Standort — vermuten, alle gemeinsam stellen sie fest, daß die geheime Gesellschaft mit ihren „Chefen einen Staat im Staate, oder vielmehr einen Staat über den souveränen Staaten" bilde[6]. Und das Bewußtsein der herrschenden Ordnung war für sie noch so selbstverständlich an den Begriff der absoluten Souveränität geknüpft, daß mit der Bildung einer andersartigen, außer- und überstaatlichen Gewalt nicht nur die Souveränität des Monarchen, sondern auch die staatliche Ordnung selbst im Nebel einer ungewissen Zukunft sich aufzulösen schien. Während die Maurer gerade die moralische Notwendigkeit und daher, wie sie schließen: die politische Möglichkeit einer überstaatlichen Souveränität betonen, die auszuüben sie selber auf Grund ihres reinen Charakters berufen seien[7], verlegen die Vertreter des Staates den Akzent aus dem Moralischen heraus auf den Herrschaftsanspruch derjenigen, die sich auf die Moral berufen. Die moralischen und friedlichen Absichten der Maurer werden ganz „machiavellistisch" interpretiert: „Die Spitzfindigkeit der philosophischen Freydenker hat eine List erdacht, damit unvermerkt den Feind gefangen zu nehmen, den sie mit ihrer Macht zu bezwingen nicht im Stande ist. Sie stellen aller Orten die Fahne des Friedens aus; sie bitten nur um Duldung und Eintracht...", aber gerade im Schutz dieser Duldung werde der „Plan ihrer Eroberung" vorbereitet. Er ziele zunächst auf den Sturz der Kirchen, um dann „aus den Aschen der lieben Toleranz ein solches gräßliches Kriegsfeuer hervorbrechen (zu lassen), dessen Flammen nicht eher werden gedämpft werden können, als bis die Reichsgrundgesetze aufgehoben (sind)." [8]

Aus dem konkurrierenden Herrschaftsanspruch zwischen dem Staat und der Gesellschaft ergeben sich die Prognosen der Revolution, die sich — wenn auch auf dem Umweg über die Französische Revolution — bald erfüllen sollten. Diese und ähnliche Prognosen sind also einmal aus der politischen Rolle abgeleitet, die die Geheimorden zwangsläufig innerhalb der Staaten gespielt haben: sie weichen die Souveränität auf. Was aber veranlaßt die Prognostiker, obwohl die Maurer — wie expressis verbis zugegeben — direkt nur eine geringe Macht besaßen, aus der Bedrohung und Gefährdung der Souveränität auf einen totalen Umsturz zu schließen, den Umsturz, der auf die „Peripetie" folge, als eine „Catastrophe"[9] vorauszusagen? Was war denn die *Macht*, die den Erfolg des „Eroberungsplanes" garantiert? Worin lag die Drohung, die den Staat derart gefährdete, daß die Prognosen immer noch erschienen, auch als die Illuminaten längst zerschlagen waren?

Es ist die *Geschichtsphilosophie*. Die Geschichtsphilosophie lieferte dem elitären Bewußtsein der Aufklärer seine Evidenz. Sie war die Macht, die die Illuminaten gehabt haben, und diese Macht hatten sie gemeinsam mit der ganzen Aufklärung. Sie war die Drohung, in ihr trat der Plan der Eroberung — wie sich zeigen wird — für die Angegriffenen deutlich ans Licht.

Daß der moralische Innenraum, an sich machtlos, auch wirklich zur Herrschaft gelangt, war durch die bloße Moral für den Bürger noch nicht garantiert. Der Hiatus zwischen der moralischen Position und der erstrebten Herrschaft wurde durch die Geschichtsphilosophie scheinbar überbrückt.

Der moralische Bürger war immer, ob ausgesprochen oder nicht, geborgen in einer Geschichtsphilosophie, die auch dem Namen nach ein Produkt des achtzehnten Jahrhunderts ist[10]. Sie trat weitgehend das Erbe der Theologie an. Die christliche Eschatologie in ihrer abgewandelten Form als säkularer Fortschritt, gnostisch-manichäische Elemente, die in dem Dualismus von Moral und Politik verschwunden sind, antike Kreislauflehren, schließlich die jüngste naturwissenschaftliche Gesetzlichkeit, die auf die Geschichte übertragen wurde — all dies hat dazu beigetragen, das geschichtsphilosophische Bewußtsein des achtzehnten Jahrhunderts zu formen. Auch die Freimaurer standen in vorderster Front, um wie die Religion durch die Moral, so die Theologie durch eine Geschichtsphilosophie abzulösen. Bereits in ihrer Verfassungsakte[11] haben die Maurer im bewußten Gegenzug gegen den providentiellen Heilsplan der Christen, der für Bossuet noch in der Geschichte der triumphierenden Kirche sichtbar war [12], eine Geschichtskonstruktion aufgestellt, die die wahre Geschichte in die Tradition der königlichen Kunst verlegte. Auch ihre Geschichte fing mit Adam an — später um präadamitische Ableitungen erweitert —, um dann aber in der Friedensherrschaft des Augustus und nicht in Christi Erscheinen den eigentlichen Einschnitt zu haben, denn unter Augustus breitete sich die königliche Kunst auf Britannien aus, das nunmehr als die neue „Mistress of the Earth" [13] die Kunst des Friedens allen Völkern zu bringen habe. Das christliche Heilsgeschehen wurde zunächst voluntativ in eine neu- und selbstgeschaffene Vergangenheit verlegt, die ihrerseits die gegenwärtige Planung der Maurerinternationale zu legitimieren hatte. Die Notwendigkeit und Sinnfälligkeit der Planung selbst wurde dagegen aus dem Newtonschen Weltbild abgeleitet. Die mathematisch und mechanistisch konstruierte Harmonie der Natur sickerte durch die moralische Harmonie der geometrisch geschulten Maurer in den Raum der menschlichen Geschichte ein [14].

Die deutsche Entsprechung zu dieser geschichtsphilosophischen Legitimation der moralischen Kunst findet sich in einer Verwandlung der leibnizschen Theodizee. Die Maurer treten als die wahren Eingeweihten an die Stelle Gottes. Wie Gott nur auf „verborgene Weise" wirkt, indem er — wie Leibniz sagt [15] — „für Sein, Kraft, Leben und Vernunft sorgt, ohne sich merken zu lassen", so müssen die Logenbrüder ihre Geheimnisse verbergen, denn nur in der Undurchsichtigkeit ihrer Pläne liegt die Güte und Weisheit wie der Erfolg ihrer Planung beschlossen [16]. Für Leibniz war die Welt, so wie sie ist, die beste aller Welten, für die Maurer ist die Welt nur dann die beste aller Welten, wenn sie sich durch das Geheimnis von ihr absetzen, um sie aus dem verschwiegenen Hinterzimmer des moralischen Innenraumes heraus zu steuern. Aus der noch theologischen und rationalen Theodizee von Leibniz wird eine rationale und geschichtsphilosophische Rechtfertigung des neuen Menschen, des „Erdengottes", der die Geschichte leiten will. Der Maurerorden ist es nunmehr, der dafür sorgt, daß die Harmonie des Weltalls auf dieser Erde auch wirklich herrscht.

Während die Maurer in diesem Dokument aus dem Jahre 1742 noch davor zurückschreckten, die Geschichte total zu erfassen und die Zukunft restlos zu bestimmmen, haben die Illuminaten bereits den Ablauf der Geschichte mit ihrer eigenen Planung, mit ihren Wünschen und Hoffnungen identifiziert. Die geschichtsphilosophische Legitimation war ein — vielleicht der wichtigste — Bestandteil ihrer Planung. In ihren gedanklichen Elementen wurde die Geschichtsphilosophie aus rousseauschen Naturvorstellungen, einem moralisierten Christentum und den allgemein gängigen Fortschrittsideen kompiliert. Der Entwurf wanderte zwischen Weishaupt und Knigge, den Obersten des Ordens, hin und her, und das Produkt war schließlich ein dem politischen Aktionsprogramm inhärenter Bestandteil[17]. Das geschichtsphilosophische Wissen und das politische Programm sind beide im gleichen Geheimnis verortet. Die Einweihung in das arcanum der indirekten Gewaltnahme war zugleich eine geschichtsphilosophische Initiation. Die Illuminaten selber sind die „Archive der Natur", in denen der Gang der Geschichte bereits festgelegt ist[18]. Zu Beginn der Geschichte herrscht wie bei Rousseau ein Zustand der totalen Unschuld, dann folgt die Periode der Herrschaft und Unterdrückung, und schließlich beginnt die Moral, die Jesus bereits gelehrt und die von den geheimen Gesellschaften tradiert wurde, das Zeitalter des Dualismus zu überwinden. Oben und Unten, Innen und Außen hören auf, geschichtliche Phänomene zu sein, denn mit der allmählichen Entfaltung der Moral entfällt alle Herrschaft und damit auch der Staat[19]. Der Ablauf der Geschichte ist also für die Illuminaten — dank ihrer Einweihung — zugleich die Erfüllung ihres geheimen Planes, demgemäß sie den Staat zu beseitigen hofften. Der gesteuerte Ablauf der geheimen Aktion: den Staat von innen her zu unterhöhlen, um ihn zu beseitigen, d. h. die politische Aktion, wurde in eine zeitliche Linie der Zukunft hineinprojiziert; und zwar in der Weise, daß mit dem Ziel der Geschichte zugleich der gewaltlose Sieg der Moral, die Freiheit und Gleichheit und damit auch die Erfüllung des politischen Solls garantiert sind.

So stehen die Illuminaten im Bunde mit einer selbstgeschaffenen Zukunft, die sich mit der gleichen moralischen Gewißheit erfüllen wird, mit der sie handeln. Die indirekte Steuerung der politischen Ereignisse aus dem moralischen Innenraum heraus ist der zwangsläufige Ablauf der Geschichte.

Der eigentliche Kern des arcanum, an den sich die verschiedenen

Funktionen ankristallisierten: die Gesellschaft zu schützen, sie zu integrieren und zur Herrschaft zu führen, war also das arcanum einer Geschichtsphilosophie.

Der dem Menschen undurchsichtige göttliche Heilsplan wird zum Geheimnis geschichtsphilosophischer Planer. Durch diesen Schritt gewinnen die Illuminaten eine Gewißheit ganz besonderer Art. Der göttliche Heilsplan wird zwar säkularisiert zur rationalen Geschichtsplanung, die Planung aber ist zugleich die Geschichtsphilosophie, die den Ablauf der nunmehr selbstgeplanten Ereignisse garantiert. Die Philosophie des Fortschritts lieferte die weder religiöse noch rationale, sondern spezifisch geschichtsphilosophische Gewißheit, daß die indirekt politische Planung auch verwirklicht wird, wie umgekehrt die rationale und moralische Planung selber den Fortschritt der Geschichte bestimmt. Im voluntativen Akt der Planung lag also bereits die Garantie, daß das Vorhaben auch zum Erfolg führt.

Was bedeutet diese Identifikation der indirekt politischen Planung mit dem Ablauf der Geschichte? Durch diese Identifikation wird die Möglichkeit der Revolution verdeckt, die Revolution selbst aber heraufbeschworen.

Der moralische Innenraum, der sich zunächst aus dem Staat ausgespart hatte, erklärt jetzt den Staat zu seiner Hülle, die er abzustreifen gedenkt[20]. Allein der Wille, den Staat zu beseitigen, die Herrschaft zu stürzen, garantierte nun durch die Geschichtsphilosophie auch schon den Erfolg, denn in dem voluntativen Akt der Planung gewinnen die Brüder die Gewißheit, daß der Staat auch tatsächlich fällt. Die Selbstläufigkeit des Geschehens entspricht ihrer indirekten Politik, und die Eingeweihten sehen den Sturz des Staates mit derselben moralischen Unschuld und Gewißheit voraus, mit der sie den Staat völlig gewaltlos zum Verschwinden bringen wollen. Der eigentliche Gegner, der herrschende Staat, bleibt also durch die geschichtsphilosophische Rückversicherung als Gegner ausgeklammert. Er wird verschwinden, und zwar ganz von selbst, ohne daß die moralischen Planer sein Verschwinden direkt zum Ziel haben[21]. Damit ist die erstrebte Entscheidung, die in der Gegenwart noch aussteht, d. h. die Beseitigung des absolutistischen Regimes, als gegenwärtige Entscheidung umgangen, aber dennoch gesichert. Die Beseitigung des Staates wird geplant und indirekt erstrebt, aber die

Revolution erübrigt sich, denn der Staat fällt sowieso. Dieses Paradox wurde durch die geschichtsphilosophische Identifikation von Plan und Geschichte zur Selbstverständlichkeit. Sie garantierte den Sieg so sehr, daß sich jede direkte Auseinandersetzung erübrigt. Die Möglichkeit der Revolution wird verdeckt. Sie wird schon deshalb verdeckt, weil die Revolution nur geschichtsphilosophisch verstanden wird.

Gerade in dieser geschichtsphilosophischen Verdeckung aber lag die eigentliche Verschärfung der herrschenden Spannung. Das in dem Dualismus von Moral und Politik angelegte Mißverhältnis der Geheimorden zur Politik wurde durch die Fortschrittskonstruktion als der wahre Sinn der Geschichte festgelegt und fixiert. Die Spannung zwischen Staat und Gesellschaft entlädt sich scheinbar in der fernen Zukunft. Aber gerade diese Verschiebung der Entscheidung von heute auf ein Morgen verlieh den Illuminaten den Elan, den Staat auch wirklich zu okkupieren. „Wir beruhigen uns dabei in unserem Gewissen gegen jeden Vorwurf, daß wir den Umsturz und Verfall der Staaten und Thronen ebensowenig veranlasset, als der Staatsmann von dem Verfall seines Landes die Ursache ist, weil er solchen ohne Möglichkeit der Rettung vorhersieht.“ [22] Die geschichtsphilosophisch eruierte Notwendigkeit der eigenen Planung enthob die Planer der politischen Verantwortung. Der Illuminat ist gerade so sehr Geschichtsphilosoph, als er politisch verantwortungslos blieb. Die Revolution wurde also durch die Konstruktion einer fortschrittlichen Geschichte zwar verdeckt, aber das tatsächlich Revolutionäre: die Planung, den Staat zu okkupieren und zu „beseitigen“, wurde durch dieselbe Konstruktion gerade forciert. Die Verdeckung der politischen Spannung, ihre Scheinlösung in der Zukunft, verschärfte sie in der Gegenwart. So beteuerten die Illuminaten auf Grund ihrer Geschichtsphilosophie, daß sie — trotz ihrer Geheimarbeit, den Staat zu absorbieren — keineswegs Rebellen seien, also von einer Umsturzgefahr nicht im geringsten die Rede sein könne, während sie im Bewußtsein der gleichen Geschichtsphilosophie den Staat zu beseitigen trachteten und den Erfolg ihrer Aktion sichergestellt sahen. Die dualistischen Waffen, mit denen die Illuminaten kämpften und die darauf geeicht waren, den Kampf moralisch zu verschärfen und politisch zu verbergen, wurden also geschmiedet in der Geheimwerkstätte ihrer Geschichtsphilosophie. Sie lieferte ihnen die eigentliche Macht, die ihnen als reinen Planern fehlte. Die Geschichtsphilosophie war die indirekt politische Macht schlechthin.

In dem Augenblick, als die der indirekten Gewaltnahme zugeordnete geschichtsphilosophische Verdeckung der politischen Pläne in ihrem politischen Charakter erkannt werden, tritt die Spannung zwischen Staat und Gesellschaft, wenn auch in Deutschland nur der geheimen Gesellschaft, in ihrer politischen Bedeutung zutage. Mit dem Abstreifen der geschichtsphilosophischen Einkleidungen auf den Kern handfester Planung rückte das utopische Endziel: die Beseitigung der Staaten, in bedrohliche Nähe. Die Revolution kommt in den Blick.

Am radikalsten hat diese Reduktion der geschichtsphilosophischen Planung auf ihre politische Bedeutung vollzogen — und er war auch publizistisch von der größten Wirkung[23] — der Freiherr *Ernst August Anton von Göchhausen.* Er entfaltet an der geschichtsphilosophischen Planung der Maurer eine politische Prognostik, die sich dadurch auszeichnet, daß er nicht nur die politischen Pläne „entlarvt", sondern am entschiedensten auch die Tatsächlichkeit der kommenden Revolution voraussagt. Die Geschichtsphilosophie als Verdeckung der Revolution war für ihn die Revolution in Potenz.

Er war als ehemaliger preußischer Offizier ein streng etatistisch denkender Mann und hatte zugleich als Maurer einen tiefen Einblick in die Gedankengänge seiner Ordensbrüder, wie seine „Enthüllung des Systems der Weltbürger-Republik" beweist[24]. Göchhausen vermutet zwar irrtümlich Jesuiten hinter dem „Weltbürgerplan" der Illuminaten, aber dennoch bleibt seine Schrift ein Dokument, das vom Standpunkt staatlichen Ordnungsdenkens aus die Heraufkunft der Gesellschaft als einen drohenden „Universal-Bankerot" voraussagt. Die gesellschaftlichen Kategorien stellt er sofort in die politische Entscheidungsfrage: „Weltbürgergefühl. Was heißt das? Du bist Staatsbürger, oder Du bist Rebell. Kein Drittes giebt es nicht."[25]

Die geschichtsphilosophischen „Tarnungen", die die politische Konsequenz der geheimen Gesellschaft verbargen, werden immer wieder durchstoßen. Einerseits paraphrasiert er die utopischen Pläne der „Weltbürgerkalmücken", die — wie er den Meister vom Stuhl sagen läßt — „die Menschheit entfesseln, sie in ihre ursprünglichen Rechte unantastlicher geheiligter Freyheit zurücksetzen und das goldene Weltalter wiederherstellen" würden, fügt aber gleich hinzu: „Wofür uns Gott, unsere Fürsten und — ihre Kanonen bewahren wollen!"[26] Scheinbar sei es die Vernunft, die „gräntzenlosen Raum macht und das Zeitalter der geistigen, physischen und politischen Bedürfnislosigkeit" in einem „Land der kalten Abstraktion" herbeiführen würde, tatsächlich gebe es dann nur „zwei duldbare Verhältnisse. Es ist das der regierenden und der regiert werdenden Menschenklasse", und die Maurer — jetzt „Censor der Fürsten und Regierungsformen" — seien dann „höchste Instanz" und das Organ der Regierung[27].

Die politische Konkretion der maurerischen Pläne, die Göchhausen vornimmt, impliziert die Frage — und sie durchzieht das ganze Buch —: Wie verhält sich der Weltbürger zur „Obrigkeitsordnung", zum Staat?[28] Das Geheimnis der Maurer, so läßt er ganz im Sinne Lessings den Meister vom Stuhl feststellen, liege nicht in dem moralischen Endziel, sondern in den Mitteln, dieses Ziel zu erreichen, d. h. in der indirekten Arbeitsmethode: „. . . die eigentliche Kunst, auf die Menschheit sicher zu würken, und sie, selbst gegen ihren Willen, glücklich zu machen, darinn bestand, daß man ihr und ihren Tyrannen, diese Absicht verbarg. Hier habe ich Ihnen einen Hauptriegel des großen Geheimnisses unseres Ordens weggeschoben."[29] Göchhausen enthüllt keineswegs direkte Umsturzpläne der Illuminaten, was er gar nicht konnte, sondern er arbeitet nur rücksichtslos die politischen Implikationen heraus, die mit der moralischen Zielsetzung gegeben seien, über deren Ausmaß für den Augenblick er sich keineswegs im klaren war, über deren Konsequenz für die staatliche Ordnung er aber keinen Zweifel hegte. Indem er die geschichtsphilosophisch legitimierte indirekt politische Planung der Illuminaten in ihrem tatsächlich politischen Charakter als nüchterne Berechnung verstand[30], gelangt er zu dem Schluß, daß die Existenz der geheimen Gesellschaft zur Auflösung der bestehenden Ordnung führen werde, gleich, was die Maurer selbst sich dabei erhoffen. Die Menschheit „taumelt mit blinden Augen dem Abgrund zu"[31]. Das ganze Buch ist eine einzige Warnung an die Fürsten und zugleich Voraussage der „Revolutionen, die unausbleiblich sind, die ich erwarte, sicher vorhersehe, aber (deren) Beginnen (ich) nicht bestimmen kann"[32].

Die politische Prognose der Revolution und ihre geschichtsphilosophische Verdeckung sind zwei Aspekte desselben Phänomens: der Krise.

Die Krise war in Deutschland noch nicht allseitig zum Bewußtsein gelangt. Vielmehr wurde sie durch die Fortschrittsphilosophie als Krise gerade verdeckt. Indem die fortschrittlichen Bürger durch ihre impetuose Kritik und einen rigorosen Moralismus eine politische Entscheidung zwar herausforderten, sich aber zugleich — durch die utopische Identifizierung ihrer Pläne mit der Geschichte — der fälligen Entscheidung schon gewiß waren, haben sie die Krise direkt verdeckt. Aber gerade durch diese Verdeckung haben sie die Krise indirekt verschärft und beschworen. Anders die Vertreter der bestehenden Ordnung; ihnen rückt, wenigstens teilweise, die politische Kehrseite der utopischen Planung drohend in den Blick. Sie sahen, daß es sich bei der moralisch beschworenen Entscheidung um eine politische Existenzfrage handelt, und waren sich daher — im Gegensatz zur Gesellschaft — der Ungewißheit ihrer Zukunft, der Krise, bewußt. Sie erwarteten eine politische Katastrophe. Die politische Entscheidung selbst wurde durch das Ereignis der Französischen Revolution überholt.

In Frankreich hatte sich die Situation seit den siebziger Jahren so sehr verschärft, daß die latente Krise auch den Bürgern selbst nicht mehr verborgen bleiben konnte. Aber die Krise wurde durch die allen Zeitgenossen verborgene Dialektik von Moral und Politik weiterhin verschärft. Um dieses aufzuweisen, soll ein Mann zu Worte kommen, der als einer der ersten die heraufziehende Krise in aller Schärfe erkannt hatte, der sie als Politiker zu verhindern trachtete, der aber das politische Geschehen dennoch — als ein Vertreter der neuen Elite — im Lichte einer rigorosen Moral erfaßte. Dieser Mann stammt aus dem physiokratischen Lager, es ist Turgot, der französische Reformminister von 1774 bis 1776.

An Turgot wird sich die Dialektik der dualistischen Begriffe, die ihnen verborgen innewohnende revolutionäre Sprengkraft zeigen.

II

Die Untersuchung Turgots führt uns aus dem beschränkten Bereich der Gelehrtenrepublik und der Logen heraus. Turgot hielt zwar ständigen Kontakt mit den Enzyklopädisten, er war mit Marmontel befreundet, und traf sich mit Logenbrüdern in den Salons. Aber er lebte nicht in der Isolation der reinen Gesellschaft. Vielmehr war er zugleich ein hervorragender Verwaltungsfachmann, der mit siebenundvierzig Jahren den führenden Ministerposten für Finanzen einnahm und der sich erst nach seinem Sturz einzig der Wissenschaft widmete. Das Gedankengebilde aber dieses Administrators und Staatsmannes war ganz aus dem Nährboden der neuen Gesellschaft erwachsen. Vor allem der Blick des zweifellos sehr scharfsinnigen Mannes war ausgerichtet durch die Kategorien, die ihm die Aufklärung zur Verfügung gestellt und in denen er gedacht hat. Sein Freund, der Abbé de Véri, ermahnte ihn oft, konzilianter, „politischer" zu sein. Sicherlich, er wisse von Turgot, daß er nicht die Absicht habe zu herrschen. Aber er habe die unangenehme und herrische Eigenschaft, niemals einen Sachverhalt als solchen zu sehen; ohne Rücksicht auf Personen verkünde er trocken Urteile über Urteile[32a]. Und rückblickend erzählte noch Condorcet von seinem Lehrer, er habe den Menschen an sich gekannt, aber nie den einzelnen Menschen[32b]. Mit Turgot trat ein moralischer Zensor in politische Aktion. Ungewollt stand er mit einem Bein auf dem Boden der Aufklärung und mit dem anderen auf dem des Staates. Die Brüchigkeit der Situation erweist sich an der erzwungenen Gespaltenheit seiner Person, die ihn, am Vorabend der Revolution, wäre er kein Moralist gewesen, an die Grenze des Tragischen gerückt hätte.

Anne-Robert-Jacques Turgot ist ein typischer Vertreter der bürgerlichen Elite, die den Staat auf indirekte Weise — und zwar im Bunde mit dem Fürsten — zu absorbieren suchte. Turgot war geradezu der Präkonisator der Fortschrittsphilosophie[33], die diesem Vorhaben korrespondierte. Aber ebenso in staatliche Verantwortung gestellt, hat ihn diese Philosophie nicht gehindert, die kritische Situation, in der sich sein Land befand, in aller Klarheit zu erfassen.

In den Studien seiner Jugend schon hatte er erkannt, daß die absolutistische Staatsordnung keinen hinreichenden Platz gewährt für eine neue Gesellschaft, daß vielmehr beide, Souverän und Untertan, in einer ständigen Konfliktsituation leben. „Tel est le sort des hommes dès qu'ils ne regardent pas religieusement la justice éternelle comme leur loi fondamentale", schreibt er 1753, „marchant entre l'oppression et la révolte, ils usurpent mutuellement les uns sur les autres des droits qu'ils n'ont pas." [34] Das in Frankreich herrschende Wechselspiel zwischen absolutistischen Maßnahmen der „Unterdrückung" und den immer wieder ausbrechenden „Revolten", die trotz ihrer Geringfügigkeit seit 1731 schon den Marquis d'Argenson veranlaßt hatten, von der drohenden Revolution zu sprechen [35], dieses Verhältnis des bestehenden Staates zu antistaatlichen Bewegungen wird von Turgot von vornherein als ein drohender Bürgerkrieg empfunden. Daß der latente Zustand eines Bürgerkrieges bereits gegeben sei, gehört zu den Einsichten, die seine ganze Tätigkeit als Intendant und als Staatsmann leiteten; er führte seine Maßnahmen immer im Hinblick darauf durch, den drohenden Bürgerkrieg zu ersticken, einen offenen Ausbruch der Revolution zu verhindern. Seine Zukunftskonzeption bestand in dem Entwurf einer cäsarischen Monarchie, die den liberalen Bürgern einen ihren Forderungen angemessenen Spielraum gewährleisten und sichern sollte; und in weitsichtiger Planung strebte er diesen Zustand an, um Frankreich gleichsam das Jahrzehnt von 1789 bis 1799 zu ersparen [36].

Seine politischen Pläne richteten sich dabei gegen zwei Mächte: erstens gegen die ständischen Parlamente, die er im Namen des gleichen moralisch und vernünftig begründeten Rechts auszuschalten suchte, in dessen Namen er zweitens auch den König seinen physiokratischen Forderungen zu unterwerfen trachtete. Während er in der vordergründigen und offenen Frontstellung zwischen dem Monarchen und dem Parlament auf der Seite des Monarchen stand, richtete sich seine Endabsicht — auf Grund seiner naturgesetzlichen Staatskonzeption — gegen beide zugleich. Die situationsgebundene Verbindung der neuen Elite mit dem absoluten Monarchen — Turgot sah in dem Souverän keinen Herrn mehr, keinen „Maître", sondern bestenfalls einen „chef" [37] — kann über die tatsächliche Frontstellung nicht hinwegtäuschen, auch wenn diese, wie im folgenden zu zeigen ist, gerade verdeckt wird.

Als ein Vertreter der neuen Gesellschaft lehnte Turgot die bestehende Staatsordnung ab, und er verhehlte nie die Gründe seiner Kritik. In dem Ministerrat, der seinen Entwurf zur Abschaffung der Frondienste beriet, stellte Turgot ausdrücklich fest, daß die Regierung bei den herrschenden Zuständen betrachtet werde „comme l'ennemi commun de la société" [38]. Diese Feindschaft zwischen dem Staat und der Gesellschaft wollte Turgot beseitigen, und daher trat er als ein Vertreter der Gesellschaft mit dem Programm seiner Forderungen nicht nur gegen die Stände auf, sondern zugleich gegen den König. Unermüdlich gibt Turgot als entschiedener Vorkämpfer der Toleranz[39] dem König zu verstehen, daß ein erneuter Bürgerkrieg drohe, wenn er sich nicht mit seiner Religionspolitik den Forderungen der bürgerlichen Gesellschaft unterwerfe. In einem Memorandum weist er ihn darauf hin, daß eine intolerante Kirchenpolitik dem Geist entspringe, der zur Bartholomäusnacht und zur Liga geführt habe, „mettant tour à tour le poignard dans la main des rois pour égorger les peuples, et dans la main des peuples pour assassiner les rois. Voilà, Sire, un grand sujet de méditation que les princes doivent avoir sans cesse présent à la pensée“[40]. Der Bürgerkrieg sei unvermeidlich, wenn sich der König nicht den Forderungen der Vertreter einer religiösen Toleranz fügt. — Auf der anderen Seite warnt er den König vor jeder Schwäche gegenüber den feudalen Parlamenten, und er verläßt den Ministerstuhl mit der berühmten Prognose, daß der König sonst wie Karl I. auf dem Schafott enden werde[41]. Hinter beiden Warnungen steht der drohende Bürgerkrieg; „tout mon désir, Sire, est que vous puissiez toujours croire que j'avais mal vu, et que je vous montrais des dangers chimériques“[42].

Turgot hat, wie die Geschichte erwies, keineswegs Hirngespinste gesehen, sondern den Zustand der Krise, der eine Entscheidung unentrinnbar herbeizwingt, als solchen erfaßt. Er wollte die Krise, mit Jacob Burckhardt zu reden, abkappen, und zwar im Rahmen eines Staates, der in seiner formalen Struktur durchaus der Staatskonstruktion von Hobbes gleichkam. Turgot war ein Verfechter des aufgeklärten Absolutismus. Er wollte alle Privilegien und ständischen Sonderinstanzen beseitigen und, ohne religiöse Unterschiede zu berücksichtigen, auf der Basis rechtlicher Gleichheit aller Staatsbürger einen politischen Einheitsstaat erzielen[43]. An der Spitze sollte ein starker Monarch stehen, der die politische Entscheidungsgewalt in seinen Händen hielte[44]. Turgot hat die politische Entscheidungsfreiheit des Souveräns als praktische Maxime völlig akzeptiert, und er verstand als königlicher Minister demtensprechend auch zu handeln, wie die energische Niederschlagung des Pariser Aufstandes und die rasche Beendigung des Getreidekrieges im Mai 1775 gegen die Obstruktion des Parlamentes bewiesen haben[45].

In seiner inhaltlichen Zielsetzung freilich war der Staatsentwurf von Turgot der herrschenden Ordnung völlig entgegengesetzt. Der Staat sollte ein Ordnungsgerüst sein mit souveräner Spitze, aber zugunsten einer liberalen Bürgerschicht, die vom Staate die Sicherung ihres geheiligten Privateigentums forderte und die im Schutze dieses Staates ihren freien Handel treiben wollte. Die wirtschaftliche Neuordnung, die Turgot zur Beseitigung der finanziellen Verschuldung des Staates durchzusetzen suchte, kam also, bei aller formalen Anerkennung des absolutistischen politischen Systems, inhaltlich gesehen, einer völligen Umwälzung des bestehenden Staates gleich. Äußerlich ein Vertreter des absolutistischen Staates, stand Turgot innerlich auf der Seite der neuen sich bildenden Gesellschaft[46]. Als Physiokrat und Vertreter der Gesellschaft übte er mit den Maßstäben einer überstaatlichen, natürlichen und moralischen Gesetzlichkeit schärfste Kritik am bestehenden Staat — als Minister dieses Staates suchte er die Krise, in der seine Kritik wurzelte, durch seine physiokratischen Reformen zu beenden.

Wie hat nun Turgot die Differenz zwischen Staat und Gesellschaft, die er als bürgerlicher Staatsmann gleichsam in sich verkörperte, zum Bewußtsein erhoben? Mit welchen Kategorien hat er sie erfaßt? Sein Denken war — ganz der indirekten Gewaltnahme entsprechend — völlig im moralischen Dualismus verhaftet. Diese seine Wirklichkeitsauffassung gilt es näher zu verfolgen, um jenseits der wirtschaftlichen und sozialen Planung die politische Funktion dieses Dualismus im Zustand der bereits erkannten kritischen Situation zu erfassen.

Turgot kennt nur — ganz dualistisch — zwei Formen des Rechts: „La force, si tant est qu'on puisse l'appeler un droit, et l'équité."[47] Die Grenzen der Gewalt sind nur die Grenzen, die ihr eine andere Gewalt setzt, das ihr entspringende und zugeordnete Recht nennt Turgot atheistisch, es bleibt ein Recht des Stärkeren, der puren Macht. Zwar könne sich durch das Wechselspiel der Kräfte ein Gleichgewicht herstellen, das den verschiedenen Interessen gemeinsam förderlich ist, aber auf Grund der Gewalt könne Unrecht Recht werden, und damit erweise sich diese Form des Rechts als prinzipiell unrecht; die sich als rechtmäßig deklarierende Herrschaft der

Gewalt ist ein „système immoral et foncièrement impie". Anders das Recht der équité, denn dieses gründet in der Moral, „la vraie morale connaît d'autres principes. Elle regarde tous les hommes du même œil." [48] Turgot stellt also gegenüber ein moralisches Recht, das überstaatlich ist und unabhängig von ihrer Macht und ihren Interessen alle Menschen in gleicher Weise bindet, und ein Recht der Gewalt, das — mit deutlichen Anspielungen auf das absolutistische System — für ihn der rechtliche Ausdruck der herrschenden politischen Ordnung war.

Hobbes hatte unter dem Gebot des Bürgerkrieges Macht und Recht so weit zusammengesehen, als er derjenigen Gewalt Rechtskraft verlieh, die den Bürgerkrieg beendete. Für Turgot, obwohl er den drohenden Bürgerkrieg erkannt hatte und obwohl er einen absoluten Souverän in der Praxis völlig akzeptierte, zerbrach diese Einheit. Ja er ging auch über Locke, seinen philosophischen Lehrer, weit hinaus, indem er Macht und Recht in schärfster Form polarisierte. Das Recht der équité ist das postulierte Recht der Gesellschaft, demgegenüber steht das herrschende Recht des absolutistischen Staates: die Willkür, die Tyrannei [49].

Wie verhalten sich die von Turgot polarisierten Rechtsformen zueinander? Dies wird deutlich, wenn sich das moralische Recht und das politische Recht im Konflikt befinden; ein Fall, den Locke seinerzeit bei seiner Gegenüberstellung eines gesellschaftlichen und eines politischen Rechtes gar nicht in das Auge gefaßt hatte [50], der aber bei der in einem absolutistischen Staat herrschenden Differenz sehr wohl zum Problem wurde, d. h. ein Symptom der heraufziehenden Krise war.

Für den Konfliktsfall zwischen moralischer Gewissenspflicht und souveränen Befehlen stellt Turgot ganz rationalistisch wie Hobbes fest, daß ein solcher Streit in einem rechtlich geordneten Raume von Rechts wegen unmöglich sein muß: „Devoir de désobéir d'un côté, et droit de commander de l'autre, sont une contradiction dans les termes." [51] Die moralische Pflicht des Widerstandes und das politische Recht zu befehlen, können einander nicht widerstreiten. Der Streitfall, ob etwas — nach Ansicht der Bürger — der Gesellschaft schadet, oder — nach dem Willen des Fürsten — dem Staate nützlich ist, macht also sichtbar, wo die wahre Quelle des Rechtes liegt. „Le droit n'est pas plus opposé au droit que la vérité à la vérité." [52]

Das Kriterium für Recht und für Unrecht liegt nicht mehr in der absoluten Befehlsgewalt der Fürsten, sondern im menschlichen Gewissen. „Tout ce qui blesse la société est soumis au tribunal de la conscience ...“[53] Das Gewissen, die moralische Instanz und nicht die herrschende Gewalt als solche, ist die wahre Rechtsquelle[54]. In der veränderten Situation verkehrt Turgot die hobbessche Denkleistung in ihr exaktes Gegenteil.

Turgot hat also nicht nur die ständisch-feudalen Reste aus dem absolutistischen Staat beseitigen wollen, sondern zugleich — mit der Einführung der moralischen Legitimität — das spezifisch politische System dieses Staates selber gesprengt. Im absolutistischen Staat war die politische Entscheidung des Fürsten kraft ihrer Entscheidung rechtskräftig; der Souverän war bewußt von jeder moralischen Instanz ausgespart worden, um durch die Machtkonzentration im Repräsentanten des Staates auf rein politische Weise eine Ordnung herzustellen[55]. Hier lag der Angelpunkt des absolutistischen Staates, wie er sich aus den religiösen Bürgerkriegen entfaltet hatte. Dieser Angelpunkt wurde nun in der einmal etablierten Ordnung — wie hier von Turgot — als eine Lücke interpretiert, als eine Lücke im politischen System, die auf eine natürliche Weise, vernünftig oder — wie hier — moralisch geschlossen werden sollte[56]. Handelt der Fürst gegen die Moral, dann begeht er ein „crime“, ein Verbrechen, und zwar nicht nur vor Gott, sondern vor dem moralischen Richtstuhl der Gesellschaft.

Die Moral benimmt der Entscheidung des Fürsten ihren politischen Charakter. Gehorsam wird nicht der Macht geleistet, die Schutz gewährt, sondern nur einem solchen Herrn, der sich den Forderungen der Moral unterwirft. Erst die moralische Legitimation macht den Herrscher zum Souverän: „L'illégimité d'un abus du pouvoir n'empêche pas que l'exercice de ce pouvoir réduit à ses justes bornes ne soît légitime.“[57] Die Legitimität des Königs beruht nicht in einer von Gott abgeleiteten oder im König selbst gegründeten Gerechtigkeit seiner Macht, sondern diese kann nur dann als legitim betrachtet werden, wenn der König sich innerhalb der Grenzen bewegt, die ihm ein aus der Moral abgeleitetes Recht setzt. Es gibt moralische Prinzipien, die ganz unabhängig von der bestehenden Staatsordnung zu herrschen Anspruch haben, die ganz wie die aufgeklärte Gesellschaft ihre eigene Herrschaft völlig unpolitisch erheischen. Der absolutistische König wird zum Exekutor einer absolut moralischen Gerechtigkeit, wie es Turgot dem König gegenüber, im Ministerrat und vor dem Parlament immer und immer wieder betont hat. Nicht der König, sondern die moralische Gerechtigkeit soll in ihm und durch ihn herrschen[58]. Mit dieser moralischen Interpretation der politischen Aufgaben des Königs wird die souveräne Gewalt ihrer politischen Entscheidungsfreiheit, d. h. ihrer absoluten Souveränität, beraubt. Aber nicht nur das; darüber hinaus wird sie verurteilt.

Ist einmal das Recht außerhalb der Sphäre der Politik, so wie sich die Gesellschaft von dem Staate unterschieden weiß, rein moralisch fixiert, dann sind alle Rechtsverletzungen, die nicht der Moral entsprechen, Akte purer Gewalt: „de là la distinction du pouvoir et du droit“[59]. Wenn aber solches unpolitisches Recht gilt, dann verliert die politische Entscheidung des Souveräns ihren Rechtscharakter, soweit dieser der politischen und zugleich Recht schaffenden Entscheidungsfreiheit des Souveräns entspringt. Die absolutistische Quelle des Rechts, der Sitz der Souveränität, wird als solcher schon zum Bereich purer Gewalt. Handelt diese Gewalt im Sinne der Moral, dann richtet sie sich nach außer- und überpolitischen ewiggültigen Kriterien, und ihre Rechtmäßigkeit ist dann nicht mehr politisch — im Sinne der souveränen Entscheidungsgewalt —, sondern gerade moralisch. Wird aber die Macht gegen die gültigen Moralregeln angewandt, dann ist sie zwar im herkömmlichen Sinne politisch — als souveräne Entscheidung des Herrn —, aber ihrem neuen und neu verstandenen Wesen nach ist sie dann unrechtmäßig, blanke Gewalt oder, moralisch betrachtet, unmoralisch[60].

Die Berufung auf das menschliche Gewissen, die postulierte Unterordnung der Politik unter die Moral, verkehrt die Grundlage des absolutistischen Staates, aber — und darin liegt das Geheimnis der Polarisierung eines moralischen Rechtes und eines Rechtes der Gewalt — scheinbar ohne die äußere Machtstruktur des Staates in Frage zu stellen. Herrschen sollen nur „die Gesetze“. Die moralische Gesetzlichkeit ist das politisch unsichtbare Gerüst, an dem sich die Gesellschaft gleichsam emporgerankt hatte. Ohne selber einen politischen Einfluß aktualisieren zu können, wird diese Gesetzmäßigkeit der Moral dem absolutistischen Staat als seine wahre Legitimation unterschoben. Die Macht des Fürsten wird ihres repräsentativen und souveränen Charakters entkleidet, aber zugleich wird die Macht als Funktion nicht tangiert, denn sie soll eine Funktion der Gesellschaft werden[61]. Direkt unpolitisch, will die Gesellschaft indirekt, durch eine Moralisierung der Politik dennoch herrschen.

Die konkrete Frage, wo und wie das moralische Recht und die Macht zusammenfallen, d. h. die Frage nach der politischen Gestalt einer moralischen Staatsordnung, wird durch die dualistische Aufspaltung von Moral und Politik umgangen und als politische Entscheidungsfrage ignoriert. Moralisch gesehen, soll der König im Namen der Moral, d. h. der Gesellschaft, herrschen; daß aber, politisch gesehen, die Gesellschaft im Namen des Königs diktieren will, wird nicht gesagt und muß auch nicht gesagt werden, da die Gesellschaft ja rein moralisch ist. Die politische Frage nach dem Träger der Souveränität, die moralisch bereits gelöst ist, wird ausgespart. So wird auch verständlich, warum La Harpe von Turgot hat sagen können: „Il est le premier parmi nous qui ait changé les actes de l'autorité souveraine en ouvrages de raisonnement et de persuasion.“[62] Durch die geistige Differenzierung der sachlich einen und selben Frage: wer herrscht wirklich im Namen der Moral, wird das eigentliche Politicum der bürgerlichen Forderungen verdeckt. Der wahre Träger der Souveränität bleibt anonym.

Auf dem Umweg über die staatliche Abwesenheit der neuen Elite haben alle Begriffe, in denen sie gedacht hat, ihre politische Bedeutung gewonnen. Das politische Geheimnis der Aufklärung bestand darin, daß alle ihre Begriffe, der indirekten Gewaltnahme analog, nur unsichtbar politisch waren. In der politischen Anonymität der Vernunft, der Moral, der Natur usw. lag ihre politische Eigenart und Wirksamkeit. Unpolitisch zu sein ist ihr Politicum.

Auch die Souveränität löst sich auf in lauter außer- und überstaatliche Begriffe, ohne daß diese konkretisiert werden: in die Moral, in das Gewissen, in das Volk, in die Natur und dergleichen mehr. „On ne peut jamais dire qu'ils (les princes) aient droit en général d'ordonner et de juger sans aucune exception“, stellte Turgot fest, „et du moment que l'on suppose l'ordre injuste, c'est le cas de l'exception.“[63] Die staatliche Ordnungsgewalt bleibt zwar in den Händen des Fürsten, aber nicht der Fürst, sondern „man“ entscheidet, was rechtens ist und was nicht. Mag der König immer entscheiden; man entscheidet, wann er nicht zu entscheiden hat. Das Gewissen bestimmt den Ausnahmefall. Der Konvergenzpunkt zwischen den ewig gültigen Moralgesetzen, die das Gewissen durchherrschen, und den sozial greifbaren Trägern dieses Gewissens, bleibt ungenannt, die politisch eigentlich relevante Frage verflüchtigt sich in ein anonymes „Man". Scheinbar bleibt Turgot auf dem Boden des Staates, wie er ihn, ohne es auszusprechen, in seiner politischen Struktur zugleich aufhebt.

Die Aufspaltung von Moral und Politik heißt also — und darin liegt die ideologische Kraft dieser Polarisierung —, die politischen Grundlagen dem absolutistischen Staat wegziehen und zugleich diese Konsequenz verschleiern. Staatstreue und Patriotismus sind in gleicher Weise Kritik und Verleugnung der bestehenden Ordnung.

In der Praxis kommt diese Ambivalenz darin zum Ausdruck, daß die Vertreter der bürgerlichen Gesellschaft ganz nach den Chancen der Wirksamkeit die jeweiligen Argumentationsebenen wechseln konnten, ohne sich der Vorteile einer dualistischen Begriffsbildung zu begeben. Bei Turgot ist dieser Vorgang bis in unscheinbare Satzwendungen hinein zu verfolgen. Turgot spricht jeweils den Fürsten oder den Menschen in seinem Souverän an, um durch ihn die jeweiligen Ziele der Gesellschaft zu erreichen. Der Dualismus von Mensch und Fürst, eine strenge Ausprägung des großen Dualismus von Moral und Politik, war von höchster revolutionärer Sprengkraft. Die Gegenüberstellung ist zwar schon mit der Entstehung des Absolutismus aufgekommen und wurde von den katholischen Staatstheoretikern verwendet, um die souveränen Fürsten auf Grund ihrer Qualität als Menschen der potestas indirecta des Heiligen Stuhles zu unterwerfen[64], aber zur Blütezeit des Absolutismus war diese Gegenüberstellung nur gebräuchlich, um den Fürsten an seine moralischen Pflichten zu gemahnen, immer unter der Voraussetzung, daß der Sachbereich der Politik dem moralischen Reich zwangsläufig übergeordnet sei[65]. Von der bürgerlichen Gesellschaft wurde die Gegenüberstellung von Mensch und Fürst erneut aufgegriffen, und in ihren Händen verwandelt sie sich zu einer der schärfsten und wirksamsten ideologischen Waffen[66]. Dies zeigt das Verfahren Turgots in folgenden Fällen.

Turgot, der als strikter Vorkämpfer der Toleranz großes Mißfallen am Hofe Ludwigs XVI. auf sich gezogen hatte, forderte als Minister 1775 ein Toleranzedikt. Ein Blick auf die Weltkarte zeige eine Unzahl von Religionen, schreibt er dem König, und jede glaube sich im Besitz der alleinseligmachenden Wahrheit. Aber, so meint Turgot, der religiöse Glaube sei ebenso sicher nur auf das Jenseits bezogen, er sei eine reine Gewissensfrage und betreffe nur die in ihrer Seele isolierten Privatmenschen. Dies zu beweisen sei eigentlich Zeitverlust, aber die gegenteilige Ansicht — die der Intoleranz — koste immer noch Blut und unendliches Elend. In den Dingen der Religion sei der Mensch niemals dem politischen Zugriff des Fürsten zu unterwerfen. Um den König hiervon zu überzeugen, stellt Turgot Mensch und Fürst im Souverän gegenüber. „Déplorable aveuglement d'un prince d'ailleurs bien intentionné, mais qui n'a pas su distinguer ses devoirs comme homme de ses droits comme prince.“ [67] Ein katholischer Fürst, konzediert Turgot, sei zweifellos der Kirche unterworfen, „mais c'est comme homme dans les choses qui intéressent sa religion, son salut personnel. Comme Prince, il est indépendant de la puissance ecclésiastique.“ Die Kirche kann nur dem Menschen im Fürsten befehlen, als Fürst ist er ihr nicht unterworfen. Turgot beruft sich als Vertreter der „Menschen“ auf den „Fürsten“ im Fürsten, da der Mensch im Fürsten nicht unter die seinen zählt, weil er katholisch ist und intolerant[68]. Er appelliert noch an den entscheidungsfähigen Souverän, der als Fürst über den religiösen Parteien steht, und verbleibt damit im Raum des Staatlichen. Die religiöse Toleranz würde, kraft der fürstlichen Autorität, zum Bereich einer Neutralität im Staate und wäre insofern letztes Symptom für denjenigen Staat, der den religiösen Bürgerkrieg beendet hat[69].

Wird Schutz vor religiöser Verfolgung im Bereich des Staatlichen gefordert, dann wird also der Fürst im Fürsten angerufen. Ist der Bezugspunkt des Gewissens aber nicht mehr das Jenseits mit seiner ewigen Gerechtigkeit, wie dies Turgot in seinem Memorandum über religiöse Toleranz ausdrücklich hervorhebt, sondern die irdische Gerechtigkeit, der Staat selber, seine politische und soziale Struktur, dann wechselt die Argumentation plötzlich ihren Akzent. Der vom Staat zu tolerierende unpolitische Mensch verwandelt sich unversehens in eine humanitäre Autorität, ganz außerhalb religiös-kirchlicher Toleranz, nämlich im Bereich der politischen Forderungen. Aber auf Grund der dualistischen Begrifflichkeit wird der politische Anspruch mit dem Pathos der moralischen Dignität vorgetragen, in dem der politische Akzent dieses Anspruches hinter der Allgemeinheit menschlicher Forderungen verborgen bleibt. Der Vertreter der Menschen beruft sich dann nicht mehr auf den „Fürsten" im Fürsten, sondern auf den „Menschen" im Fürsten. Bei Antritt seines Ministeriums schreibt Turgot dem König: „Votre Majesté se souviendra que ... c'est à elle personnellement, à l'homme honnête, à l'homme juste et bon, plutôt qu'au Roi, que je m'abandonne." [70] Die Berufung auf die Humanität — moralisch, wie sie ist —, stellt die absolute Souveränität in Frage, scheinbar ohne sie zu berühren, indem nicht der (politische) Fürst hervorgekehrt wird, sondern der (moralische) Mensch. Als absoluter Fürst konnte der Fürst tolerant sein oder intolerant, ohne seine Souveränität durch die jeweilige Entscheidung zu verletzen, indem vielmehr die Souveränität gerade in der jeweiligen Entscheidung manifest wurde. Als Mensch war der Fürst determiniert, er durfte nur eins sein, nämlich menschlich, Exekutor der Humanität. Fiel seine Entscheidung nicht im Sinne der Vertreter der Humanität aus, dann mochte sich der Fürst zwar auf seine Qualität als Fürst berufen, aber sie war dann vor dem Forum der Menschheit nicht mehr die Entscheidung eines Fürsten, sondern die eines Despoten, eines Tyrannen oder, menschlich gesehen, unmenschlich [71].

Halten die Fürsten dennoch an ihrer rechtschaffenden absoluten Souveränität fest, dann bestätigen sie sich nur als die ihnen zugesprochene Negation der moralischen Position, sie werden zu einem Schandfleck in der moralischen Welt der Gesellschaft. Bis in unscheinbare Satzwendungen hinein wirkt also die der indirekten Gewaltnahme zugeordnete dualistische Weltauffassung. Sie war eine unsichtbare und ätzende, langsame, aber tödliche Macht, mit der die Bürger das absolutistische Gefüge — gleich ob bewußt oder unbewußt — von innen her aufzehrten. War der Fürst als der Repräsentant des Staates einmal auf die moralische Kategorie des Menschen reduziert, dann ergab sich aus der dem moralischen Dualismus innewohnenden Dialektik, daß diese moralische Kategorie zu einer, wenn auch nicht als solcher angesprochenen, politischen Größe werden mußte. Die politische Funktion, die der Fürst als Fürst innehatte, ging zwangsläufig über auf den „Menschen" [72]. Das bis dahin dem Souverän ausschließlich zustehende politische Entscheidungsrecht weitete sich durch die Einführung der moralischen Legitimität potentiell auf alle Vertreter der Gesellschaft, auf alle Menschen aus. Daß es in dieser seiner Allgemeinheit politisch anonym blieb, war zunächst die situationsgebundene Antwort auf das absolutistische System: in ihm war die politische Entscheidungsgewalt so eindeutig in der Hand des Monarchen konzentriert, daß jede Intention, diese Instanz zu moralisieren, bereits eine politische, und zwar oppositionelle und in Ansatz schon revolutionäre Bedeutung erhielt[73]. Das historische Gebot der Ausgangssituation, sich in politischer Anonymität konstituieren zu müssen, trieb aber durch den moralischen Dualismus, der dieser Lage entsprach, eine über die Situation hinausweisende Antwort hervor, die den Staat zwar indirekt, aber dafür um so grundsätzlicher, in Frage stellte.

Nachdem der Bürger einmal in seiner außerstaatlichen Position festgelegt war, wuchsen ihm gerade hier seine überlegenen Waffen zu. Die moralische Totalität und der daraus entspringende Ausschließlichkeitsanspruch: sie sind die spezifische Antwort auf das absolutistische System, die es gesprengt haben, und die darauf das politische Leben selber bestimmen sollten.

Durch die Untersuchung und dann die Berufung auf feststehende Gesetzlichkeiten in der Moral, in der Natur, in der Vernunft, wurde eine geistige Position bezogen, die absolut ist, unantastbar und unveränderlich[74], eine Position, die der gesellschaftlichen Welt dieselben Qualitäten sicherte, die der absolutistische Fürst im Bereich des Politischen ebenfalls zu besitzen beanspruchte. „Wahr ist, was keinen Widerspruch duldet." Die Vertreter der moralischen Positionen sind zwar politisch machtlos, gewinnen aber dafür eine überwältigende Kraft der Ausschließlichkeit. An den Gesetzen der moralischen Welt gemessen, ist die soziale und politische Wirklichkeit nicht nur unvollkommen, beschränkt oder veränderlich, sondern zugleich unmoralisch, unnatürlich oder unvernünftig. Die zunächst abstrakte und unpolitische Ausgangsbasis gestattete es, die auf jeden Fall reformbedürftige Wirklichkeit in einer forcierten und totalen Weise anzugreifen.

Der politisch neutrale Anspruch einer feststehenden, ewig gültigen Moral ist in sich notwendig so total, daß alle Handlungen und Haltungen in der politischen Welt, wenn sie erst einmal dem moralischen Urteil unterworfen sind und vor diesem nicht bestehen können, in ein totales Unrecht geraten. Die moralische Totalität entzieht jedem, der sich ihr nicht unterordnet, die Existenzberechtigung. Eine unmoralische Regierung ist dann, wie Dupont, der Adlatus von Turgot, es formulierte, „la partie adverse de chacun"[75]. Er benutzte damit einen Topos, mit dem die bürgerliche Gesellschaft die Regierung kritisierte, sie ist die „Partei gegen jeden". Der moralische Ansatz stempelte erstens die herrschende Gewalt zu einer Partei, zu einer Machtgruppe mit „Sonderinteressen" — darin lag der sachliche Ansatz der Kritik, die die Gesellschaft am Träger der Staatsgewalt ausübte —, aber gleichzeitig zu einer Partei, die innerhalb der moralischen Totalität der Gesellschaft gar keinen Platz findet. Die Regierung wird zu einer Partei gegen jeden, zu einer Partei also, die per definitionem gar keine „Partei" sein kann. Bereits im Ansatz der Kritik ist der herrschende Staat schon verurteilt, schon vernichtet. Damit war die scheinbar selbstverständliche Konsequenz aus dem absolutistischen System gezogen worden. Der Fürst, als Repräsentant aller, wird unter den Richtsprüchen der nivellierenden Kritik zur „Partei gegen jeden".

Dem politischen Absolutismus entstand also ganz dialektisch ein total moralischer Gegner, durch den er sich moralisch total in Frage gestellt sah. Wurde einmal die zur Moral polarisierte bestehende Herrschaft der moralischen Urteilsinstanz unterworfen, so verwandelte sich der Staat in einen Raum persönlich unverbindlicher, aber moralischer Totalitätsansprüche. Die intendierte Moralisierung der Politik im achtzehnten Jahrhundert bedeutete de facto eine totale Politisierung der geistigen Welt, ohne sie als solche in den Blick zu rücken.

Hinter der offenen Spannung zwischen Moral und Politik schwelte latent die politische Krise; die Frage, ob weiterhin der Staat herrscht oder der „Geist", die Gesellschaft. In dieser durch die Kritik beunruhigten Situation ging Turgot an die Arbeit. Aber als nun wirklich die moralische Kritik und ihr Herrschaftsanspruch den politischen Raum handelnd betreten, als ein Mensch dieser Moral, mit dem Souverän verbündet, um eine Neuordnung ringt, da schreckt der König zurück[77]. Es ist sein rigoroser Moralismus, wegen dessen viele Aufklärer ihre Hoffnung in Turgot gesetzt hatten[78], auf Grund dessen aber auch Galiani ihm seinen baldigen Sturz prophezeite. Turgot wird bald gehen oder muß gehen, schrieb er im September 1774[79], „et on reviendra une bonne fois de l'erreur d'avoir voulu donner une place telle que la sienne dans une monarchie telle que la vôtre, à un homme très vertueux et très philosophe". Und Turgot mußte gehen. Solange er mit seinem unbequemen und rigorosen Moralismus den Ministersessel innehatte, trat für die kurze Zeitspanne seines Ministeriums die eigentliche, aber verborgene Frage an das Tageslicht: herrschen tatsächlich die Gesetze der Gesellschaft oder weiterhin der absolutistische König, der vordergründig mit seinem Parlament im Streit lag[80]. Es war eben nicht nur die wirtschaftliche Notlage, die zu beheben den Bürgerkrieg verhindern hieß, sondern letztlich bedeutete die Reform, die moralisch legitimierte Rettung aus dem finanziellen Bankrott, die Aufhebung des bestehenden Staates auch in seiner politischen Struktur. Das feudale Parlament und die Hofkamarilla zum Teil haben dies sicher gewußt, und auch der König wird dies bemerkt haben, als er sich der moralischen Bevormundung durch Turgot[81] entzog und sich wieder auf die Seite seines Parlaments schlug. Damit wurde die Krise auch faktisch verschärft.

Mit Turgots Ministerium scheiterte der einzige Versuch, auf indirekte Weise, d. h. formal auf dem Boden des absolutistischen Staates und im Bunde mit dem König, die Forderungen der Gesellschaft zu befriedigen[82]. Seit seinem Abgang, der in die Tage der amerikanischen Unabhängigkeitserklärung fällt, die dann in Frankreich vor allem von der rapide anwachsenden Freimaurerei propagiert wurde[83], konsolidierten sich hinter den wirtschaftlichen Ansprüchen der Gesellschaft immer stärker ihre politischen Postulate, der Wunsch nach einer „Verfassung". Die Spannung, die Turgot noch indirekt zu lösen suchte, verschärfte sich bis zur direkten Auseinandersetzung zwischen dem Bürgertum und dem absolutistischen Staat, sie führte zum Bürgerkrieg.

Der *Bürgerkrieg*, dieses unerwartete Ende des aufgeklärten Jahrhunderts, war seit langem gerechtfertigt. Die dem moralischen Dualismus innewohnende revolutionäre Sprengkraft erweist sich gerade darin, daß er den Bürgerkrieg nicht offen, aber indirekt um so sicherer legitimiert. Sogar Turgot, der ihn als praktischer Staatsbeamter zu verhüten suchte, nahm als philosophischer Bürger eine entsprechende Stellung zum Bürgerkrieg ein.

War für den Absolutismus die Unterordnung der Moral unter die Politik das Ordnungsprinzip, das den Bürgerkrieg beendete und niederhielt, so wurde für Turgot gerade dieses Prinzip zum Fanal des Bürgerkrieges selber.

Handelt der Souverän entgegen den Gesetzen des moralischen Gewissens, gegen die Rechte der Humanität, so heißt das nunmehr „se préparer un titre pour dépouiller à son tour l'autorité légitime“ [84]. Das Gewissen dem politischen Gebot unterwerfen heißt für Turgot nicht mehr wie für Hobbes, den Bürgerkrieg verhindern, sondern genau umgekehrt: es heißt ihn gerade heraufbeschwören: „S'opposer à la voix de la conscience, c'est toujours être injuste, c'est toujours justifier la révolte, et par conséquent toujours donner lieu aux plus grands troubles.“ [85] Mit der Berufung auf das die Menschen wie Fürsten in gleicher Weise bindende Gewissen verbindet Turgot eine doppelte Feststellung. Gegen die Stimme des Gewissens handeln, moralisch ungerecht sein, heißt schon den Bürgerkrieg rechtfertigen und zugleich heißt es ihn heraufbeschwören. Beide Schlüsse, die Turgot aus dem Gewissen auf die politische Situation zieht, richten sich an die Adresse des souveränen Herrn, und beide Male trägt Turgot den wachsenden Ansprüchen der Gesellschaft Rechnung. Die sich auf die Moral berufende Gesellschaft zu mißachten legte einmal schon den Weg frei zu Streit und Wirren, bedrohte tatsächlich den Staat. Damit berief sich Turgot, der wie wenige einen scharfen Blick für die soziale Struktur hatte, auf die der Gesellschaft wirklich zukommende Bedeutung, die zu verkennen für den Staat sich selbst in Frage stellen hieß. Aber dem schon zuvor heißt es — durch die Berufung auf das Gewissen — jede Revolte moralisch zu legitimieren, die gerade dann ausbricht, wenn sich der Souverän dem Gewissen nicht unterordnet. Unmoralisch sein ist nicht nur „immer ungerecht“ sein, sondern die Unmoralität rechtfertigt als solche schon den Aufstand. Mit dieser Gleichung erweist sich Turgot, der als Staatsbeamter den Bürgerkrieg zu verhindern suchte, als revolutionärer Philosoph. Der Dualismus von Moral und Politik sicherte dem Bürger die völlige Unschuld für den Fall, daß sich der Staat der Moral nicht unterwirft und es „folglich“ zur „Revolte“ kommt [86].

Es mag dahingestellt sein, wann der Träger des Gewissens revoltiert, aber wenn er revoltiert, ist er schon im Recht. Die Unschuld des reinen Gewissens überträgt sich auf die Aktion, die Aktion — selber zwar nicht mehr gewaltlos — ist damit legitimiert[87]. Die Rollen der Schuld und Unschuld sind für den Ernstfall schon verteilt. Der Ernstfall aber ist potentiell gegeben, solange sich der Souverän nicht der Moral unterwirft.

Der moralische Neuansatz ist so grundsätzlich dem absolutistischen System entgegengesetzt, daß gerade die politische Legitimation des Staates, nämlich die „Moral" der souveränen Entscheidung unterzuordnen, zur Legitimation der Revolution wird. Andererseits beschwört die souveräne Gewalt, solange sie sich auf den Rechtstitel der souveränen Entscheidungsfreiheit beruft, als solche schon den Bürgerkrieg herauf. „Die souveräne Gewalt", sagt Holbach, „ist nichts weiter, als der Krieg eines Einzelnen gegen die Gesamtheit, sobald der Monarch die Grenzen übertritt, welche ihm der Wunsch des Volkes vorschreibt."[88] Die absolutistische Herrschaft ist — vom Standpunkt der moralisch-gesellschaftlichen Totalität aus betrachtet — selber schon der Bürgerkrieg. Von dieser radikalen Formulierung Holbachs unterscheiden sich die Ansichten Turgots nur dem Grad nach, nicht im Prinzip. Was Holbach direkt und offen ausdrückt: die souveräne Herrschaft eines absoluten Monarchen ist als solche schon der (Bürger-)Krieg, spricht Turgot nur indirekt aus, indem er die Revolte gegen diese Herrschaft moralisch legitimiert[89]. Diese indirekte Rechtfertigung ist von Turgot keineswegs direkt politisch gemeint, er liefert sie nicht, weil er das absolutistische System stürzen wollte; wenn er für eine Revolution war, dann für eine fortschrittliche Umwälzung der bestehenden Verhältnisse, für eine gesteuerte Revolution von oben. Dennoch steht Turgot in dem Trend der dualistischen Begriffe, die die Revolution — die Turgot persönlich zu dirigieren, d. h. als politischen Umsturz zu verhindern suchte — gerade als politischen Umsturz moralisch legitimierten. — Es liegt also in der indirekt politischen Funktion des moralischen Dualismus, den die Gesellschaft in dem absolutistischen Staat entwickelte, daß die Krise, die sich in der scharfen Gegenüberstellung von Moral und Politik ankündigt, durch diesen Dualismus in einer spezifischen Weise vorwärtsgetrieben wird. Die dualistische Begriffsbildung ermöglichte es, über die radikale Kritik und über die gleichzeitig damit verbundene indirekte Okkupation des Staates hinaus, indirekt auch die Revolution zu legitimieren. — Turgot, der die Drohung des kommenden Bürgerkrieges zwar erkannt hatte, ihn aber zugleich indirekt legitimierte, ist ein typischer Fall, an dem die verborgene Sprengkraft der aufklärerischen Denktechnik als Vorzeichen einer kommenden Entscheidung sichtbar wird.

III

Das Jahrhundert der Kritik und des moralischen Fortschritts hat die „Krise“ als zentralen Begriff nicht gekannt. Und infolge der dem antithetischen Denken innewohnenden Dialektik, die mit dieser Denkstruktur intendierte Entscheidung zu verbergen, ist dies auch begreiflich. Auch als die kritische Polemik gegen den Staat in bewußt vorgetragene Forderungen im Bereich des Politischen umschlug, auch als eine politische Entscheidung dem Bürger unentrinnbar bevorzustehen schien, blieb die Wirklichkeitserfassung, mit der die herrschende Spannung erfahren wurde, weiterhin eingebettet in den Dualismus. Es ist die Situation, in der, wie L. S. Mercier sagte[91], die Stimme der Philosophen ihre Macht verloren hatte, in der mit anderen Worten den Bürgern zu Bewußtsein kam, daß die Macht des Geistes, die Macht der Moral bereits so sehr angewachsen war, daß sie sich nunmehr als Macht auf dem offenen Feld des Politischen zu erweisen hatte. Damit war der Weg in die Zukunft nicht allein mehr unendlicher Fortschritt, sondern die Zukunft barg in sich die offene Frage einer noch ausstehenden politischen Entscheidung. Wie die Bürger auf diese Frage reagiert haben, wie sie in dieser krisenhaften Situation den moralischen Dualismus verwandelt und auf ihre Weise politisiert haben, also wie sie einerseits die Krise sehen, aber dennoch die Krise aus dem moralischen Dualismus heraus verstanden haben, ist jetzt zu zeigen.

Die Wirklichkeit der Krise ist für die geistigen Vertreter der neuen Gesellschaft nichts anderes als ein in das Politische übertragener Kampf vermeintlich polarer Kräfte. Die moralische Gerichtsbarkeit bestimmt sein aufkommendes politisches Bewußtsein, und die Krise wurde dadurch um so mehr verschärft, als die Dialektik des aufspaltenden Dualismus seitdem das politische Leben selbst zu bestimmen anfing. Die politische Entscheidung wird zum

Entscheid eines moralischen Prozesses. Auch damit wurde die Krise moralisch verschärft, blieb aber als politische Krise verdeckt. Diese Verdeckung als diese Verdeckung zu verschleiern ist die geschichtliche Funktion weiterhin der bürgerlichen Geschichtsphilosophie. Die Geschichte wird nur geschichtsphilosophisch erfahren. Daß die ausstehende Entscheidung tatsächlich im Sinne eines moralischen Urteils ausfällt, daß die „machthabende praktische Vernunft", wie Kant sagte[92], die „authentische" Interpretation der Geschichte zu liefern vermag, der Geschichte also als eines moralisch gesetzlichen Prozesses, ist die geschichtsphilosophische Rückversicherung, mit der die Bürger das Ende der Krise vorwegnehmen. Damit wurde der Bürgerkrieg im gleichen Maße beschworen, wie sein Ausgang bereits feststeht, d. h. also, wie die Krise als politische Krise verdeckt bleibt. Dies zu zeigen ist die letzte Aufgabe der Untersuchung.

Rousseau, der als erster seine Kritik nicht nur gegen den bestehenden Staat, sondern mit gleicher Schärfe gegen die den Staat kritisierende Gesellschaft gerichtet hatte, erfaßte ihr Wechselverhältnis auch als erster unter dem Begriff der Krise. „Vous vous fiez à l'ordre actuel de la société", schreibt er 1762 im Émile, „sans songer que cet ordre est sujet à des révolutions inévitables, et qu'il vous est impossible de prévoir ni de prévenir celle qui peut regarder vos enfants."[93] Die Gesellschaftsordnung sei zwangsläufigen Umwälzungen ausgesetzt, und man berufe sich darauf, diese Umwälzungen weder vorhersehen noch sie verhüten zu können; er aber, Rousseau, hält „es für eine Unmöglichkeit, daß die großen Monarchien Europas noch lange dauern"[94]. Die Revolution, die Rousseau prognostiziert, wird die bestehende Herrschaftsordnung stürzen; die Staaten werden nicht unpolitisch absterben, fortschrittlich umgewandelt in einer glücklichen Revolution, deren Zeuge nicht mehr sein zu können Voltaire so bedauerte[95], sondern mit dem Umsturz beginnt das Stadium einer Krise. „Nous approchons de l'état de crise et du siècle des révolutions."[96]

Rousseau hat in seine Revolutionsprognose den entscheidenden Begriff der *Krise* eingebaut. Damit unterschied er sich von der bisherigen Aufklärung, die mit der „Revolution" auf vertrautem Fuße stand, die sie oft prophezeit hat, als Revolution aber, die, in den Fortschrittsglauben eingebettet, ihren politischen Sinn aus der moralischen Antithese zum „Despotismus“ bezog, deren Politicum also: der Bürgerkrieg, gerade verschleiert blieb[97]. Durch die Erkenntnis der Krise erweist sich Rousseau, wie auch sonst, als ein politischer Denker[98]. Er sehnte nicht — wie andere — die Revolution utopistisch herbei, er sah sie nicht nur — wie andere ebenfalls — herannahen, sondern er erwartete mit ihrem Hereinbrechen einen Zustand der Unsicherheit und Ungewißheit, der alle Menschen überfällt, wenn die herrschende Ordnung einmal zerbricht: „Qui peut vous répondre de ce que vous deviendrez alors?“[99] Die Krise ist erkannt. Die Revolution, die Rousseau vor Augen hat, ist eine Revolution des Staates und der Gesellschaft zugleich, die in diesem Staate lebt; mit ihrer Heraufkunft findet nicht nur ein „grand changement“[100] statt, keine bloße Veränderung, die den gesellschaftlichen Interessen zum Siege verhelfen wird, sondern das entscheidende Merkmal, das die von Rousseau prophezeite Revolution von einer fortschrittlichen Umwälzung unterscheidet, ist die Krise. Das kommende Jahrhundert wird Revolutionen in Vielzahl bringen, der eine Zustand der Krise wird dauern.

Der Ausdruck „Krise“ ist durch seinen diagnostischen und prognostischen Gehalt Indikator eines neuen Bewußtseins. Die Künder des Fortschritts, befangen im politischen Selbstverständnis einer indirekten Gewaltnahme, konnten, auch wenn sie den Tatbestand ähnlich scharf erfaßten wie d'Argenson oder Turgot[101], das Phänomen der Krise als solches nicht in den Blick bekommen. Jede Krise entzieht sich der Planung, rationaler Steuerung, die von der Fortschrittsgläubigkeit getragen ist. Nicht in den Publikationen der Fortschrittler taucht der Terminus auf, sondern bei den Philosophen mit zyklischer Geschichtskonstruktion: bei Rousseau, der mit dem „Despotismus“ den Kreis sich schließen sah, der zu einem neuen Naturzustand führen werde[102]; und bei seinem gehaßten Freunde Diderot, der schon vom Menschen selber sagte, daß er sein Leben lang einen Bürgerkrieg austrage in seinem Innern[103]. Die zyklische Vorstellung von der Geschichte erlaubte es eher, einen Wendepunkt, eine Peripetie zu konzipieren, für die im gezielten Progreß kein Platz ist. Aber diese — zunächst formale — Voraussetzung reicht nicht hin, um den Begriff der Krise bei Rousseau zu klären. Zuvor muß die geschichtliche Rolle bestimmt werden, die Rousseau in dem bisher geführten Prozeß übernommen hat.

Rousseau, als Genfer ein Ausländer im französischen Staat und als Kleinbürger ein Fremdling in der guten Gesellschaft, dieser erste Demokrat war prädestiniert, den hektischen Prozeß zwischen Staat und Gesellschaft in einem neuen Licht zu sehen. „Ceux qui voudront traiter séparément la politique et la morale n'entendront jamais rien à aucune de deux." [104] Rousseau, der die Revolution, die er herannahen sah, immer gefürchtet hat, hat auch als erster den säkularen Dualismus als Fiktion durchschaut. Und dennoch hat Rousseau, indem er die aufgeklärte Moral mit dem Staat vereinen wollte, mit dieser Staatskonzeption wie kein zweiter der Revolution den Weg bereitet. Auch er bleibt verstrickt in die Dialektik der Aufklärung, die proportional zum Prozeß der Entlarvung sich ihren politischen Sinn verdunkelt. Gerade Rousseau war bei aller politischen Scharfsinnigkeit, die er bewies, der utopischen Fiktion erlegen, der die Aufklärer in ihrem hypokritischen Stadium nachgejagt waren.

Rousseau stellte sich die Frage nach der Staatsordnung, „durch die jeder mit allen vereinigt dennoch nur sich selbst gehorcht und außerdem frei bleibt wie zuvor" [105]. Das heißt, Rousseau konzipierte die Verfassung, in der die neue Gesellschaft zwar die Staatsgewalt okkupiert, aber dennoch bleibt, was sie ist. Die Lösung dieses Paradoxons, das aus der historischen Genese verständlich wird, liefert Rousseau in seinem „Contrat social". Mitglied der bayleschen Gelehrtenrepublik, konnte Rousseau sich die Aufhebung des zermürbenden Widerspruches zwischen Untertan und Mensch gar nicht mehr anders vorstellen als durch die Unterwerfung aller unter jeden und eines jeden unter alle. Was zu tun sich die frühen Aufklärer noch gescheut haben, Rousseau in seiner Einfalt nimmt es ernst. Die République des lettres, in der jeder über jeden Souverän ist, okkupiert den Staat [106]. Seitdem beginnt die Gesellschaft gegen sich selbst zu prozessieren auf der Jagd nach einem unerfüllbaren Soll. Im „Wunderwerk", in dem niemand herrscht, dennoch alle gehorchen und zugleich frei sind [107], ist die Revolution Souverän. Jede repräsentative Instanz entfällt, dafür gewinnt die Gesellschaft, als Staatsvolk verstanden, das Recht, seine Verfassung und seine Gesetze umzustürzen, wann, wie und wo sie will [108]. Das Wissen von Bayle ist in Vergessenheit geraten, aber seine Republik ist dabei, zu siegen. Sie verwirklicht sich auf eine unvermutete Weise: in der permanenten Revolution.

Ohne es zu ahnen, hat Rousseau die permanente Revolution auf der Suche nach dem wahren Staat entfesselt. Was er suchte, war die Einheit von Moral und Politik, und was er fand, war der totale Staat, das heißt die permanente Revolution im Gewande der Legalität. Der entscheidende Schritt, den Rousseau vollzogen hat, bestand darin, den souveränen Willen, den die bisherigen Aufklärer aus ihrer allgemeinen Gesetzlichkeit ausgespart hatten, gerade für die moralische Eigengesetzlichkeit der Gesellschaft in Anspruch zu nehmen. Der eine und bedingungslose Wille, auf den die souveräne Entscheidung des absoluten Herren zurückgeführt wurde, wird von Rousseau der Gesellschaft vindiziert. Das Ergebnis ist die Volonté générale, der absolute Gemeinwille, der sich selbst das Gesetz gibt. Der sichtbare Herrscher, als Träger der Macht zur Korruption verdammt, wird entthront, aber der souveräne Wille als politisches Entscheidungsprinzip wird beibehalten. Er wird auf eine Gesellschaft übertragen, die als Gesellschaft über diesen Willen gar nicht verfügt. Denn die Summe von voluntativen Individuen entwickelt sowenig einen Gesamtwillen wie die Addierung von Einzelinteressen ein Gesamtinteresse ergibt[109]. Vielmehr ist die Volonté générale Emanation einer Gesamtheit, Ausdruck des Staatsvolkes, das sich erst in diesem Willen als Staatsvolk konstituiert. Das logische Paradox von Hobbes, daß der Staat zwar auf einem Vertrag beruht, dann aber als autonome Größe weiterexistiert, war politisch vollziehbar, weil dadurch der souveräne Wille des den Staat repräsentierenden Herrschers freigesetzt wurde. Die Paradoxie von Rousseau aber, daß das Staatsvolk einen Gesamtwillen habe, durch den es erst zu einem Staatsvolk wird, ist dagegen politisch nicht unvermittelt vollstreckbar: sie setzt einen Willen frei, der zunächst gar keinen Vollstrecker hat. Undelegierbar, unrepräsentierbar[110] verschwindet der Wille als Souverän im Unsichtbaren. Die Identität von Staat und Gesellschaft, von souveräner Entscheidungsinstanz und Gesamtheit der Bürger ist von Anbeginn dazu verurteilt, ein Mysterium zu bleiben.

Der reine Wille als solcher, der sich selbst Ziel seiner Erfüllung ist, ist der wahre Souverän. Die Metaphysik der permanenten Revolution ist damit vorweggenommen. Das Ergebnis ist der totale Staat. Er beruht auf der fingierten Identität von bürgerlicher Moral und souveräner Entscheidung. Jede Willensäußerung der Gesamtheit ist ein generelles Gesetz, weil sie nur die eigene Totalität intendieren kann[111]. Über das Staatsvolk herrscht die Volonté générale, der absolute Gemeinwille, der keine Ausnahme kennt. Dieser Souverän ist allein kraft seiner Existenz immer schon das, was er sein soll — und das immer ganz[112]. Der absolute Gemeinwille, der keine Ausnahme kennt, ist die Ausnahme schlechthin.

Die Souveränität von Rousseau enthüllt sich damit als eine permanente Diktatur[113]. Sie ist gleichursprünglich mit der permanenten Revolution, in die sich sein Staat verwandelt hat. Die Funktionen der Diktatur erfüllt der, dem es gelingt, den hypostasierten Gemeinwillen zu vollstrecken. Die vorausgesetzte Volonté générale als das neue politische Prinzip verändert den Träger dieses Prinzips, nämlich die Gesellschaft, radikal. Sie wird verstaatlicht zum Kollektiv[114]. Das Kollektiv entsteht aus der Summe der Individuen, nachdem sie den Staat absorbiert haben, der sie als politische Individuen erst hat entstehen lassen. Das Staatsvolk, das Kollektiv, das sich selbst beherrscht, setzt so sehr den Gemeinwillen voraus, wie dieser in einem Kollektiv gründet, das er erst schafft. Indem Rousseau die eine Größe durch die andere erklärt, vermag er die postulierte Einheit beider als in sich geschlossene Wirklichkeit erscheinen zu lassen. Aber diese rationale Totalität hat einen Sprung, durch den sich die pure Tatsächlichkeit anmeldet. Der Bürger gewinnt seine Freiheit nur, wenn er teil hat am Gesamtwillen, aber als Mensch kann dieser Bürger nie wissen, wann und wie sein inneres Selbst mit dem Gesamtwillen verschmilzt. Die Individuen können irren, die Volonté générale nie[115]. Die rationale Totalität des Kollektivs und ihrer Volonté générale erzwingt daher eine ständige Korrektur der Wirklichkeit: der lebenden Individuen nämlich, die in das Kollektiv noch nicht aufgegangen sind[116]. Diese Korrektur der Wirklichkeit zu vollziehen ist Aufgabe der Diktatur. Es ist die Diktatur, die sich so sehr vom Absolutismus unterscheidet, als der private Innenraum, den Hobbes aus dem Staat ausgespart hatte, erfaßt werden soll. Der absolutistische Staat geht zugrunde an dem unbewältigten Rest, der aus dem religiösen Bürgerkrieg in ihn hineinragte und der jetzt — in der veränderten Situation — die Revolution wieder in Bewegung setzen wird. Das Volk, selbst in seiner Mehrheit unfähig, seinen wahren Willen zu erkennen[117], bedarf der guides, der chefs. Der Führer herrscht nicht kraft eigener Entscheidung, sondern weil er über den hypostasierten Allgemeinwillen besser aufgeklärt ist als die Summe der Individuen. Aufgabe des Führers ist es, die fiktive Identität von Moral und Politik zu schaffen. Das Volk will immer das Gute, aber es weiß nicht darum. Um es zum Guten zu leiten, bedarf es — ganz im Sinne der Logen — mehr als absolutistischer Herrschaft, die nur das Äußere erfaßt. „L'autorité la plus absolue est celle qui pénètre jusqu'à l'intérieur de l'homme." [118] Nicht nur die Aktionen, vor allem die Gesinnungen müssen ausgerichtet werden. Ist einmal die Herrschaft des fürstlichen Willens durch die Herrschaft des Allgemeinwillens ersetzt, so muß konsequenterweise die Einheit von Innen und Außen erzwungen werden. „C'est sur les volontés encore plus que sur les actions, qu'il (le véritable homme d'état) étend son respectable empire." [119] Das anfängliche Postulat des Kollektivs — und gerade hier erweist sich sein fiktiver Charakter — muß durch Gleichschaltung der Individuen verwirklicht werden. Ihr Weg ist der Terror und ihre Weise die Ideologie. War der „Machiavellismus" der absolutistischen Herren, der auf der Trennung von Moral und Politik beruhte, noch Ausfluß des dadurch freigesetzten souveränen Verhaltens: die Fürsten konnten auch anders verfügen, so steht der Chef der rousseauschen Demokratie unter einem permanenten Zwang zur Ideologisierung, um die fiktive Einheit von Gesinnung und Tat zu erzwingen. Der Führer muß dem Volk, das seinen wahren Willen nicht kennt, dauernd den Weg weisen, indem er ihm die Dinge zeigt, wie sie sind — oder wie sie ihm erscheinen sollen [120]. Die so lange ersehnte Herrschaft der Gesinnung, der öffentlichen Meinung, verwirklicht sich nur, indem jeweils festgesetzt wird, was an Gesinnung als gut zu gelten hat. Nachdem die Aufklärung jeden Unterschied zwischen Innen und Außen beseitigt hat, alle arcana entlarvt hat, wird die Öffentlichkeit zur Ideologie. Die Gesinnung herrscht, indem sie hergestellt wird. Die moralische Zensur hat sich bei Rousseau verstaatlicht, der öffentliche Zensor wird zum Chefideologen [121].

Bei Rousseau wird es offenbar, daß das Geheimnis der Aufklärung, ihre Macht zu verschleiern, zum Prinzip des Politischen geworden ist. Die Macht der Aufklärung, die sich unsichtbar und im geheimen entfaltet hat, ist ihrer eigenen Tarnung erlegen. Auch an die Macht gekommen, und gerade dann, verbirgt die Öffentlichkeit den Souverän. Die wichtigste Aufgabe des neuen Gesetzgebers, von der alles andere abhänge, besteht darin, die Autorität durch die Macht der Öffentlichkeit zu ersetzen. Dieser Aufgabe unterzieht der Chef sich nur im geheimen[122]. Und seine höchste Leistung hat er vollbracht, wenn er dem Volk seine eigene Macht so verbirgt und es so friedvoll zu lenken weiß, als ob der Staat gar keiner Führung bedürfe. „Il est certain, du moins, que le plus grand talent des chefs est de déguiser leur pouvoir pour le rendre moins odieux, et de conduire l'état si paisiblement qu'il semble n'avoir pas besoin de conducteurs."[123] Die Aufklärung als solche herrscht nur, indem sie ihre Herrschaft verdunkelt. Die postulierte Identität von moralischer Freiheit und politischem Zwang, mit der Rousseau die Übel des absolutistischen Systems zu beseitigen hoffte, erweist sich als die ideologische Diktatur der Tugend, deren Herrschaft hinter der Maske eines Allgemeinwillens verschwindet. Die vermeintliche Einheit von Mensch und Bürger enthüllt sich als der Prozeß einer zwanghaften Identifizierung. Der Souverän ist immer schon das, was er sein soll. Wer er sein soll, glaubt jeder zu wissen, aber gerade deshalb weiß niemand, wer er ist. Aus dem Untertan wird ein Bürger, aber die Differenz zwischen Mensch und Bürger hat Rousseau so wenig beseitigt, als vielmehr jeder Mensch in dem schlechten Gewissen lebt, was er als Bürger eigentlich sei. Die volonté générale hat immer schon recht, und als solche äugt sie dem souveränen Bürger ständig über die Schulter in sein Privatleben. Es ist der Gemeinwille, über den scheinbar der Mensch als Bürger, in Wirklichkeit die jeweiligen Führer verfügen, die es verstehen, ihre wahre Macht durch allseitigen Konformitätsdruck zum Verschwinden zu bringen. Moral der Bürger und Politik des Staates sind dadurch so wenig zur Deckung gebracht, als der ideologische Schein ihrer Identität ständig zu zerreißen droht. Um den Schein als wirklich aufrechtzuerhalten, werden die Mittel der Identifizierung: Terror und Ideologie perpetuiert, das heißt, die Diktatur, der Ausnahmezustand verewigt. Der Souverän ist immer schon das, was er sein soll.

Alle Elemente der permanenten Revolution, die die Krise seit 1789 in wechselnder Stärke, aber insgesamt zunehmend bestimmen, sind von Rousseau konsequent aus der bisherigen Prozeßführung entwickelt worden, indem er die bisher gefällten Richtsprüche ernster genommen hat als die moralischen Richter selbst; er hat ihre stets sich überholenden Urteile als Vorurteile verewigt. Die Denkbarkeit und Wünschbarkeit des immer rechthabenden Allgemeinwillens einmal als existent gesetzt, erzwingt den Terror und die Ideologie: die Waffen der Diktatur, um die eigentliche Wirklichkeit, die sich störend aufdrängt, zu korrigieren. Damit ist die Methode der fortschrittlichen Kritik, das rational Geforderte als die wahre Realität anzusprechen, vor der die Gegenwart verschwindet, zum politischen Prinzip erhoben. Beständig werden ungedeckte Wechsel auf die Zukunft gezogen. Auf der Jagd nach der Fiktion einer rational durchgeplanten Wirklichkeit wird sich die Revolution so sehr vorantreiben, wie sie immer wieder die Diktatur aus sich gebiert, um die ungedeckten Wechsel einzulösen.

Insofern ist Rousseau der erste Vollstrecker der Aufklärung, der die junge Generation am Vorabend der Revolution beherrscht hat. Rousseau hat die polemischen Fiktionen zur politischen Wirklichkeit erhärtet, und daß ihm dieser verschleierte Betrug entgangen ist, zeugt von der Gewalt der Utopie, die sich gerade dann entfaltet, wenn sie sich selbst als politisch versteht.

Das beweist auch der Begriff der Krise, wie ihn Rousseau verstanden hat. Nicht in der Vision seines perfekten Staates hat er die Krise vermutet, er hat sie erkannt nur als kritischer Richter des bestehenden Zustandes. Bei der damals herrschenden Auffassung des Staates als eines Körpers hätte es an sich schon nahegelegen, den medizinischen Ausdruck der Krise auf das Gebiet des Politischen zu übertragen. Aber erst Rousseau war es, der diese Übertragung öffentlich vollzog: die Krise, von der er spricht, wird den großen politischen Körper erfassen, den „Corps politique“ [124]. Mit dem Sturz der bestehenden Herrschaftsordnung stürzt nicht nur die augenblickliche Herrschaft: „le grand devient petit, le riche devient pauvre, le Monarque devient sujet“ [125], sondern darüber hinaus zerfällt die staatliche Ordnung selber. Die Krise ist der Zustand der Herrschaftslosigkeit, der Anarchie [126]. Der „état de crise“ hat für Rousseau einen politischen Sinn, er impliziert la crise de l'État.

Insoweit ist der Begriff der Krise ein Begriff, der eine Geschehenseinheit erfaßt, der keinen Raum läßt für dualistische Aufspaltungen, die einen außerstaatlichen Bereich unberührt lassen. Aber der Begriff der Krise mit dem Sinn der politischen Anarchie, den

Rousseau damit verbunden hat, die Krise als Auflösung jeder Ordnung, als Zusammensturz aller Besitzverhältnisse, der mit Erschütterungen und unvorhersehbaren Unruhen verbunden sein wird, die Krise als politische Krise des gesamten Staates war nun keineswegs die zentrale Bedeutung des Begriffs, in dem sich das bürgerliche Krisenbewußtsein niedergeschlagen hätte. Das vorrevolutionäre Krisenbewußtsein speist sich vielmehr aus der dem Bürgertum im absolutistischen Staat spezifischen Art der politischen Kritik. Dies wird ebenfalls deutlich, wenn man Rousseau folgt, wie er zu seiner Krisenprognose gelangt ist, d. h., wie er den Begriff einer politischen Krise erfaßt und formuliert hat.

Rousseau beruft sich, bevor er — mit Hobbes zu reden — den Rückfall der Staaten in den Naturzustand ihrer Herkunft prophezeit, ausdrücklich auf die Furcht vor dem Tode, die wie bei Hobbes den Menschen durchherrscht. Die Natur gebiete dem Menschen, alle Mittel zu verwenden, wenn er nur mit ihnen dem Tode entrinnen kann [127]. Aus diesem der Furcht vor dem Tode entsprungenen Naturgebot schließt nun Rousseau nicht mehr wie Hobbes auf die Pflicht, sich in den Staat zu retten, sondern er stellt umgekehrt fest: die tödliche Bedrohung kommt vom Staate selber [128].

Rousseau hat die im Schutze der staatlichen Ordnung vollzogene Aufwertung des Naturzustandes radikal auf die Spitze getrieben [129]; der Naturzustand ist für ihn kein Bürgerkrieg mehr, sondern das Reich der Tugend und Unschuld, mit dem er den herrschenden Staat, aber auch die Gesellschaft, polemisch konfrontiert.

> „S'il est quelque misérable État au monde, où chacun ne puisse pas vivre sans mal faire, et où les citoyens soient fripons par nécessité, ce n'est pas le malfaiteur qu'il faut pendre, c'est celui qui le force à le devenir." [130]

Rousseau schließt aus dem Reich der Natur, durch das er Émile bisher geleitet hat, dialektisch auf die Unmenschlichkeit des bestehenden Staates. Vom Standpunkt der moralischen Unschuld aus betrachtet, stellt sich heraus, daß es gerade der bestehende Staat ist, der den Menschen hindert, seine natürliche Tugend auszuüben, der ihn hindert „zu leben", und das heißt polemisch gesagt, der ihn zwingt, alle Mittel zu verwenden, sein Leben zu erhalten und damit die unmoralische Herrschaft zu stürzen.

Damit ist der reine moralische Dualismus verlassen und schlägt um in einen politischen Dualismus. Die Gegnerschaft zum Staat wird aus ihrem indirekten Verhältnis herausgelöst. Die aufgeklärte Gesellschaft empfand die Herrschaft als unmoralisch, sie selbst aber war sich gerecht. Rousseau geht einen Schritt weiter: nicht nur die Herrschaft ist unmoralisch, sondern sie zwingt auch die Gesellschaft dazu, den Menschen selbst, unmoralisch zu sein. Der bestehende Staat korrumpiert den Menschen. Nun kann Rousseau nicht mehr anders, als den Sturz der Staaten offen herauszufordern. Er tat also genau das, was er persönlich gar nicht wollte. Vollstrecker der Aufklärung, ist er ihrer Hypokrisie erlegen.

Rousseau beschwört das Bild des ursprünglichen, natürlichen und nur als solchen moralischen Menschen, neben dem die bestehende Gesellschaft und der herrschende Staat zusammenschmelzen. Diese utopische Vision des homme isolé, der von der ursprünglichen Unschuld seiner außerstaatlichen Herkunft besessen ist, ist der fiktive Leitfaden, an dem sich Rousseaus Prognose entfaltet. Mag er auch den Begriff der Krise streng politisch gefaßt haben, der Ton und Duktus seiner Prophezeiung der Krise gleicht der Beschwörung einer moralischen Urteilsvollstreckung. Herren und Knechte sind gleich, in der Krise werden die Menschen auf ihre Ursprünglichkeit zurückgeworfen, die Menschen werden innerlich und äußerlich geprüft, und nur der wahre, der tugendhafte Mensch, der arbeitende Mensch wird bestehen[131].

Die politische Krise des Staates, vor der Rousseau in seinen aktuellen Schriften immer wieder gewarnt hat[132], hat er aus dem unschuldigen „état d'homme" heraus als eine moralische Krise beschworen. Und damit brachte er zum Ausdruck, was seine Zeitgenossen verstanden und schließlich hören wollten.

Der Ausdruck der Krise in diesem herausfordernden Sinn ist tatsächlich erst aufgetaucht, als der von den Aufklärern ständig gefällte Urteilsspruch auf Grund der sich dahinter meldenden politischen Postulate auch eine Vollstreckung erheischt. Das unpolitische bzw. indirekt politische Verhalten der neuen Elite zum Staat, das aus der Monopolisierung der Macht in den Händen des absoluten Souveräns dialektisch hervorgetrieben wurde, tritt in Frankreich um 1770 in das Stadium eigenständiger politischer Bewußtheit[133]. Zu der theoretischen Bindung der obersten Staatsgewalt an die

Interessen der Gesellschaft tritt zunehmend der Wille, die politische Herrschaft — auf dem Umweg über die Parlamente oder in Form einer Verfassung — auch tatsächlich an die ewigen Gesetze zu binden, die die Gesellschaft entdeckt und verkündet. Die neue Elite betritt mit ihren Postulaten das Feld der politischen Auseinandersetzung mit dem bestehenden Staat. Indes wurde die innere Überlegenheit und Unschuld sichernde moralische Position keineswegs aufgegeben, sondern weiterhin ausgebaut. Die kritische Disjunktion zwischen einem naturhaft-guten Reich und der durch diese Scheidung zum Bereich purer Gewalt erklärten Staatenpolitik wird verschärft. Sie dient jetzt dazu, die Unschuld des Angriffs zu sichern. Bisher, heißt es in einer Schrift aus dem Jahre 1780[134], hätten sich in Frankreich die Kräfte im Gleichgewicht gehalten — das Bürgertum versteht sich bereits als selbständiger politischer Faktor —, die „action de la force et la réaction des volontés" bildeten ein „balancement des puissances". Die neue Gesellschaft tritt dem ancien régime mit dem Bewußtsein politischer Ebenbürtigkeit gegenüber auf, der bürgerliche Wille verbirgt aber dabei seine Aggressivität weiterhin hinter der Notwendigkeit und Unschuld bloßer Reaktion. Gerade daß sie sich als bloße „Reaktion" versteht, ist das revolutionäre Ferment der bürgerlichen Ideologie. Denn die Unschuld verpflichtet — und hier meldet sich der Einfluß Rousseaus, der zu den fortschrittlichen Aufklärern hinzutrat und die Kräfte des Herzens und des Gefühls und der „volonté générale" für die politische Auseinandersetzung bereitstellte —, sie erzwingt die Revolution. Nicht durch die Unzufriedenen und Aufklärer drohe der Bürgerkrieg, seine Drohung tritt auf in Gestalt des tugendhaften Menschen. Sein moralisches Urteil verbleibt nicht mehr im Bereich politischer Unverbindlichkeit, sondern verpflichtet ihn, es auch zu verwirklichen.

> „Car la vertu s'aigrit et s'indigne jusqu'à l'atrocité. Caton et Brutus étoient vertueux; ils n'eurent à choisir qu'entre deux grands attentats, le suicide ou la mort de César."[135]

Die Gesellschaft erhebt sich nicht nur — um sich selbst zu erhalten[136] — zum moralischen Richter, sondern darüber hinaus sieht sie sich gezwungen, um überhaupt noch existieren zu können, ihren Urteilsspruch auch zu vollstrecken. Selbstmord oder Tod des Herrn, so heißt die Wahl, und damit hat sich postulatorisch der moralische Dualismus zur aktuten Entscheidungsfrage verschärft. Die polaren Kategorien werden auf die politische Lage übertragen und, indem sie diese bestimmen, schaffen sie eine Situation des ausweglosen Entweder-Oder. Die Krise wird bestimmt durch den moralischen Dualismus. Wie sehr dies zutrifft, erweist sich aus den Prognosen, die das Bürgertum für die ungewisse Zukunft stellt.

Die *Prognosen* des Bürgertums zeugen zwar von der Tatsächlichkeit der Krise, sie haben aber zugleich, und zwar entscheidend, das Wesen dieser Krise fixiert. — Die Köpfe haben sich erhitzt, schreibt *Diderot*[137] an die Fürstin Daschkoff nach Petersburg, als Ludwig XV. 1771 das Parlament aus Paris vertrieb und damit den letzten Rest eines Rechtsschutzes vor der arbiträren Gewalt zu beseitigen schien. Aber das Feuer breite sich aus, und die Prinzipien der Freiheit und Unabhängigkeit, bisher nur in den Herzen denkender Menschen verborgen, etablierten sich jetzt offen und unverhüllt. Er wirft einen Blick auf die vergangene Zeit, der Geist des Jahrhunderts sei der der Freiheit, und nunmehr sei es unmöglich, ihren Angriff aufzuhalten.

> „Une fois que les hommes ont osé d'une manière quelconque donner l'aussaut à la barrière de la religion, cette barrière la plus formidable qui existe comme la plus respectée, il est impossible de s'arrêter. Dès qu'ils ont tourné des regards menaçants contre la majesté du ciel, ils ne manqueront pas le moment d'après de les diriger contre la souveraineté de la terre." [138]

Der bisherige Prozeß der Aufklärung und das heißt der Kritik an Staat und Kirche, die den dualistischen Widerpart gestellt hatten, an dem sich das bürgerliche Selbstbewußtsein entfaltete[139], bedroht offen und unverblümt die bestehende Herrschaft. Und mit der Bedrohung der fürstlichen Souveränität wird die politische Krise erkannt. „Telle est notre position présente, et qui peut dire où cela nous conduira?" Die Sicherheit schwindet dahin, und die kritische Lage beschwört die Frage an die Zukunft herauf. Diderot hat die Antwort bereit, seine Antwort ist eindeutig. Sie ist dualistisch, ihre Eindeutigkeit liegt in der Dualität: „Nous touchons à une crise qui aboutira à l'esclavage ou à la liberté." [140] Aus dem „Pour et

Contre“ des kritischen Prozesses wird, nachdem einmal der Staat in den Prozeß verwickelt ist, das Entweder-Oder einer Krise, die die politische Entscheidung unentrinnbar herbeizwingt.

Die Krise ist hier für Diderot nicht nur eine Zeit der Herrschaftslosigkeit, der Anarchie[141], sondern durch die politische Krise hindurch wird bereits eine dualistische Auswahlprognose gestellt[142], die das mögliche Ende vorwegnimmt. Das Ergebnis der Krise ist Freiheit oder Sklaverei, das heißt, das Ende der Krise entspricht dem gegenwärtigen Selbstverständnis, dem die Prognose entspringt. Die Krise als Anarchie, als Zustand der Unsicherheit: als Bürgerkrieg wird in der Prognose zwar mit gemeint, aber das Wesen dieser Krise bestimmt sich von ihrem Ende her. Es ist tatsächlich nur das Ende des kritischen Prozesses, den die aus dem Staat sich aussparende Gesellschaft gegen diesen Staat angestrengt hat. Die Krise wird zum moralischen Gericht, dessen Gesetze in den Herzen der bürgerlichen Kritiker geschrieben stehen[143]. Mit dem Beginn der Krise bricht nicht nur politische Unsicherheit herein, deren Ende — wie bei Rousseau — nicht vorherzusehen wäre, die politische Krise ist vielmehr ein transitorisches Moment, dessen Ausgang in den Kategorien der bürgerlichen Kritik bereits beschlossen liegt. Die kritische Scheidung zwischen der moralischen Unschuld und der dadurch zur unmoralischen Gewalt gewordenen Macht bestimmt die politische Entscheidung. Wie sie ausfällt und zu wessen Gunsten, scheint bei Diderot offenzubleiben, aber wenn sie fällt — und sie fällt bestimmt —, dann gibt es nur zwei Möglichkeiten: Despotie oder Freiheit. Das politisch indirekte, das moralische Selbstverständnis der neuen Elite, das bisher die Kritik bestimmt hat, bestimmt ebenfalls, nachdem sich die Elite anschickt, dem Staat direkt gegenüberzutreten, das Ende der Krise. Die dualistischen Auswahlprognosen und die entsprechenden Beschwörungen, sich radikal für Freiheit oder Sklaverei zu entscheiden, sind zahllos; der damit verbundene politische Tatbestand der Krise, der Krise als Bürgerkrieg, wird selten genannt[144].

In dieser Ambivalenz: einerseits dem herrschenden Staat nicht mehr indirekt, sondern direkt gegenüberzutreten, eine innerstaatliche Auseinandersetzung zu beschwören, diesen politischen Prozeß aber weiterhin als moralisches Gericht zu verstehen, dessen Entscheid — so oder so — das politische Ergebnis bereits vorwegnimmt, liegt das aus der politischen Kritik her bestimmte Krisenbewußtsein des aufgeklärten Bürgertums beschlossen.

War durch die rigorose Kritik die Existenz der bestehenden Herrschaft bereits zum „crime", zum Verbrechen, geworden, dann ergab sich für den Bürger, daß der Sturz dieser Herrschaft, die „crise", nichts anderes sein kann, denn ein Gericht. Bisher, sagt z. B. der Abbé Raynal, habe die herrschende Balance einen Umsturz und Gewalttätigkeiten verhütet, „a prévenu ces éclats, ces violences, d'où résulte ou la tyrannie, ou la liberté populaire" [145]. Aber jetzt, schreibt er 1780, können die Despoten nicht mehr mit ewiger Straflosigkeit rechnen, die Gesellschaft und die Gesetze würden sich vielmehr an ihnen rächen: „Ainsi, quand la société et les loix se vengent des crimes des particuliers, l'homme de bien espère que le châtiment des coupables peut prévenir de nouveaux crimes." [146] Die dualistische Auswahlprognose, in der sich die Ungewißheit des drohenden Bürgerkrieges niederschlägt, enthüllt sich als eine ultimative Zwangsprognose, die das moralisch gefällte Urteil über die alte Welt voluntativ als vollstreckt vorwegnimmt. Das Ende der Krise liegt in der Züchtigung der Verbrecher beschlossen. Der Bürgerkrieg wird damit in der Gegenwart so sehr beschworen, wie sein Ablauf als der Vollzug einer moralischen Jurisdiktion verstanden wird.

Die dualistische Interpretation, die die „Philosophen" der Krise angedeihen lassen, die Auswahl-Prognosen, die auf ein Entweder-Oder zugespitzt werden, sind nichts anderes als eine Übertragung der forensischen Kategorien des aufgeklärten Gewissens, der rigorosen Urteilssprüche einer moralischen Justiz auf die Geschichte. Die Krise wird zum moralischen Prozeß. Damit war die Fragwürdigkeit der kritischen Situation beseitigt, die Krise verschleiert und durch die Verschleierung verschärft. Die Verdeckung der Krise als einer politischen Krise ist ihre Verschärfung, wie sie gerade in der Verschärfung verdeckt bleibt. Die Krise des achtzehnten Jahrhunderts liegt so sehr in den dualistischen Kategorien beschlossen, die das Politische scheinbar eliminierten, daß man sagen kann: die Krise entspringt der Dialektik von Moral und Politik und ist diese zugleich, das heißt die Krise war nur deshalb eine solche, weil sie als politische Krise im Grunde verdeckt blieb.

Diese Verdeckung als diese Verdeckung zu verschleiern ist die geschichtliche Funktion der utopischen Geschichtsphilosophie. In ihr liegt die gleichsam zusätzliche Verschärfung der Krise, weil sie die Evidenz liefert, daß die ausstehende Entscheidung tatsächlich im Sinne eines moralischen Urteils ausfällt. Sie erweist die Zwangsläufigkeit der Geschichte, mit der sich die Bürger identifizieren, um im Bunde mit der geschichtsphilosophisch erfaßten Geschichte ihr moralisches Urteil zu vollstrecken. Die Geschichtsphilosophie leistet es, daß die Bürger Elan und Sicherheit gewinnen, die Krise als ein moralisches Gericht herbeizuführen.

Um dies zu verdeutlichen, soll ein Mann zu Wort kommen, der in den beiden Dezennien vor der großen Revolution von allergrößter Wirkung war: es ist der *Abbé Raynal*[147]. Raynal war ein echter Prophet der Krise, und zwar in beiderlei Sinn: der Krise als des drohenden Bürgerkrieges und zugleich der Krise als des moralischen Gerichtes, das er beschwört in der geschichtsphilosophischen Gewißheit, daß die Krise auch tatsächlich im Sinne seiner Zwangsprognose abläuft. „J'ai cru m'entretenir avec la Providence", bemerkte Friedrich der Große über Raynal nach einer Unterhaltung, deren Ironie dem Flüchtling vor der französischen Polizei völlig entgangen war[148]. Raynal war ein typischer „philosophe de l'histoire", der zwar kaum einen genuinen Gedanken gehabt hat, aber als überall gesehenes Mitglied der Pariser Salons hat er eifrig die dort kursierenden Ansichten kompiliert[149]. Gerade als Gemeinschaftswerk führender Vertreter der République des lettres ist sein opus ein Gradmesser für die allerseits herrschende Geschichtsphilosophie, die das Bürgertum bestimmt hat. In seinen privaten Wünschen und Hoffnungen war Raynal fortschrittlich und gemäßigt, er trat für eine solide und langsame Umwandlung der bestehenden Verhältnisse ein — mit dem Ziel einer Constitution tempérée[150]. In seiner politischen Theorie dagegen stand er schon auf dem Boden Rousseaus, plädierte für eine ungeteilte Volkssouveränität[151] und war auch — obwohl ein Geistlicher — Künder der natürlichen Religion des Herzens[152]. Als tugendhafter Mensch schließlich erhob sich der „Inquisitif", wie ihn seine Freunde nannten, zum moralischen Richter, teilte die Welt in zwei Hälften und unterwarf sie dann seinem Urteil. „Il s'agit avant tout d'être vrais, et de ne pas trahir cette conscience pure et droite qui préside à nos écrits et nous dicte tous nos jugements."[153] Der Sprung von der moralischen Gerichtsbarkeit zur geschichtsphilosophischen Rückversicherung wird bei Raynal deutlich. Das stete Urteil, das aus der Position der Moral über den Despotismus gefällt wurde, bekommt bei ihm den Rang eines Weltgerichtes[154].

1770 veröffentlichte er erstmals und noch anonym seine „Histoire philosophique et politique des établissements et du commerce des Européens dans les deux Indes". Sie ist eine geschichtsphilosophische Verarbeitung der politischen Krise. Der Impuls, der dieses Werk bestimmt hat, ging aus von der kritischen Situation. „Tout est changé et doit changer encore", so eröffnet Raynal sein Werk[155]. „Mais les révolutions passées et celles qui doivent suivre, ont-elles été, peuvent-elles être utiles à la nature humaine?" Es ist eine Frage der Pariser Salons, und es ist die Frage der Krise. Man fragt nach dem „Nutzen" der Revolution, und die Antwort gibt die Geschichte. Die Geschichte aber wird erfaßt mit den Kategorien der moralischen Kritik.

Raynal schreibt die Geschichte zweier Welten, der alten und der neuen Welt. Das natürliche und unschuldige Reich der transozeanischen Wildnis, bisher das große Reservoir einer indirekten Kritik am Despotismus[156], übernimmt die historische Rolle der neuen Gesellschaft. Raynal spricht nicht direkt vom französischen Staat und seinen „natürlichen", am idealen Leitbild des bon sauvage geschulten Gegnern, sondern er schildert die Historie zweier Kontinente, um indirekt den état actuel de l' Europe zu treffen[157]. Im Zuge der vorgetragenen Wirtschafts- und Kolonialhistorie der europäischen Staaten in Übersee verwandelt sich die Weltgeschichte in ein Weltgericht. Die natürliche Unschuld jenseits des Atlantiks und die Tyrannis diesseits des Meeres stehen sich als zwei manichäische Reiche gegenüber, „séparés par une mer immense"[158].

Geschieden durch den Ozean, beginnt mit der Entdeckung der neuen Welt ein einziger gewaltiger Prozeß zwischen Amerika und Europa. Der historische Ablauf dieses Prozesses vollzieht sich ganz nach dem Schema, das bisher die indirekte politische Kritik geleitet hatte. Der polemische Gegensatz zwischen der moralischen Unschuld und dem unmoralischen Despotismus wird nur geographisch verortet und in die Vergangenheit projiziert, um nun mit historischer Notwendigkeit, die eine moralische Notwendigkeit ist, auf eine endgültige Entscheidung zuzusteuern. Unterdrückt und ausgebeutet, arbeitet sich die neue Welt — tugendhaft und mit ursprünglichen Rechten versehen — aus der despotischen Herrschaft ihrer kolonialen Zwingherren heraus. Der Aufstieg der neuen Welt und der Untergang der alten Welt des Despotismus sind eine einzige zusammenhängende Gegenbewegung. Beide Kontinente, Amerika und Europa, gleichen zwei Schalen, deren eine steigt und deren andere sinkt. Die Zeit der Wende, des Umschlags, ist mit der Gegenwart erreicht. Das Werk endet mit der Darstellung der schwelenden Unabhängigkeitsbewegung der amerikanischen Kolonisten und gipfelt in der Prognose ihrer endgültigen Freiheit[159]. Um ein übriges zu tun, kamen über 25 000 Exemplare des raynalschen Werkes in den amerikanischen Kolonien zur Verteilung[160]. Der unbesiegbare Widerstand der naturnahen und zugleich aufgeklärten Siedler wird das Joch der überseeischen Despoten abschütteln. „Réduit à opter entre esclavage et la guerre“ [161], werden sie zu den Waffen greifen, und der Sieg ist der amerikanischen Unschuld gewiß. Die kommende politische Selbständigkeit der tugendhaften Siedler wird das Ende sein eines historisch verschlüsselten, tatsächlich moralischen Prozesses, der zwischen der alten und der neuen Welt ausgetragen wurde. Die kritische Scheidung zwischen der Moral und Politik führt auf dem geographisch so evidenten Umweg über die Scheidung zwischen Europa und Amerika zum Sieg der neuen Gesellschaft.

Alle historischen und geographischen Fakten gewinnen also Sinn und inneren Zusammenhang durch das geschichtsphilosophische Ferment, das dieses Werk durchsetzte. Raynals Weg, den latenten Entscheidungszustand in Frankreich sichtbar zu machen und zu verstehen, bleibt indirekt. Er bedient sich eines doppelten Umweges, des Umweges über den Globus und des Umweges über die Historie. Es ist der Umweg der Geschichtsphilosophie, um die gegenwärtige Krise zu verstehen und sie — zu beschwören[162].

Das ganze letzte Kapitel, das Raynal 1770 verfaßt hat, ist eine indirekte Darstellung der französischen Zustände und zugleich eine Herausforderung, der geförderten amerikanischen Bewegung nachzueifern. Mit jedem Satz führt er seinen Leser zwischen den überseeischen Kolonien und der idealen neuen Gesellschaft in Frankreich hin und her, schildert er ihr Verhältnis zu der Metropole London und meint den französischen Hof.

Die brutale Steuergesetzgebung des englischen Parlaments (des französischen Hofes) erzeugte in den Staaten eine vorbildliche „résistance indirecte et passive"[163] der unschuldigen Siedler. Sie werden bestraft, ohne Verbrechen begangen zu haben, solange sie sich nicht selbst besteuern — das Ziel der französischen Bürger[164]. Die Differenz zwischen dem ancien régime und der neuen Gesellschaft wird aus der sozialen Vertikale herausgedreht und geographisch verkleidet. Der moralische Dualismus, der bisher die Kritik leitete, erweitert sich zur atlantischen Differenz zwischen der Alten und Neuen Welt. Die atlantische Differenz wird zum welthistorischen Signal der Krise, die einen endgültigen Umschlag herbeizwingt. In der Verschlüsselung einer globalen Geschichtskonstruktion wird also der Untergang der alten Welt beschworen. So unüberbrückbar der Abstand ist zwischen Amerika und Europa, so moralisch gewiß ist der Sieg der neuen Gesellschaft über den Despotismus.

> „Hélas! . . . les crimes des rois et les malheurs des peuples rendront même universelle cette fatale catastrophe qui doit détacher un monde de l'autre. La mine est préparée sous les fondements de nos empires chancelants; les matériaux de leur ruine s'amassent et s'entassent du débris de nos loix, du choc et de la fermentation de nos opinions, du renversement de nos droits qui faisoient notre courage . . . de la haine à jamais irréconciliable entre des hommes lâches qui possèdent toutes les richesses et des hommes robustes, vertueux même qui n'ont plus rien à perdre que leur vie."[165]

Zwei Welten brechen auseinander. Im gleichen Maße, wie der moralische Dualismus sich so sauber an der geographischen Polarität aufweisen läßt, ist er auch in der sozialen Welt unüberbrückbar. Völlig im Widerspruch zu den tatsächlichen Verhältnissen, in Frankreich sowohl wie in Amerika, gibt es nur zwei Klassen: Reiche und Arme, Besitzer und Habenichtse, „c'est à dire les maîtres et les esclaves"[166]. Die sozialen Schichten werden nach dem dualistischen Weltbild der sehr wohl besitzenden, aber politisch machtlosen Bürger in die Krise verwickelt, die es denen, die unter die Gruppe derer fallen, die tugendsam sind, aber nicht herrschen, ermöglicht, wie die Amerikaner zu siegen. Die Gegensätze sind unüberbrückbar wie der Atlantik, der die Tugend von der Untugend trennt. „En vain . . . d'établir un traité de paix entre ces deux conditions."[167]

Die Spannung zu schlichten oder zu heben, sei ein Irrwahn, sie wird behoben durch eine radikale Entscheidung.

Das moralische Gericht, das auf dem Umweg einer globalen Geschichtsphilosophie von Raynal beschworen wird, ist in der konkreten Situation, daran läßt er keinen Zweifel: der Bürgerkrieg.

> „Gardons nous en effet de confondre la résistance que les colonies Angloises devroient opposer à leur métropole, avec la fureur d'un peuple soulevé contre son souverain par l'excès d'une longue oppression. Dès qu'une fois l'esclave du despotisme auroit brisé sa chaîne, auroit commis son sort à la décision du glaive, il seroit forcé de massacrer son tyran, d'en exterminer la race et la postérité, de changer la forme du gouvernement dont il auroit été la victime depuis des siècles. S'il osoit moins, il seroit tôt ou tard puni de n'avoir eu qu'un demi courage ...“ [168]

Der Bürgerkrieg, den Raynal als hoffnungsfreudiger Fortschrittler umgehen zu können hoffte, wurde von ihm durch seine moralische Reduktion der bestehenden Verhältnisse auf zwei radikale Gegensätze offen legitimiert. „Les partis extrèmes et les moyens violents“ — an sich nicht gerechtfertigt — werden durch die Unmoral der Herrschaft gerecht [169]. Der moralische Dualismus, der bisher immer noch im Rahmen des bestehenden Staates eine indirekte Gewaltnahme geleitet und eine überlegene Kritik ermöglicht hatte, rechtfertigt, wenn einmal die Tugend das Feld der politischen Aktion betreten will, automatisch den Bürgerkrieg. Der Bürgerkrieg ist ein unschuldiges Ereignis. Er führt zwar zu Gewalttätigkeiten und Mord, aber sein Wesen wird bestimmt durch die politische Kritik. Mit der moralischen Verurteilung des Staates, mit der durch die dualistische Aufspaltung der Wirklichkeit gegebenen Identifizierung des Staates mit der puren Gewalt, mit seiner Abstempelung zum Sklavenhalter verwandelt sich ein Aufstand gegen diese Herrschaft in ein moralisches Gericht. Der Bürgerkrieg ist für den Staat eine Krise, die Krise aber ist für den „Bürger“ ein Gericht. Die innere Garantie, daß in dem drohenden Zustand der Unsicherheit die politische Krise ein günstiges Ende finden wird, liegt in der politischen Unschuld einer Geschichtsphilosophie, die diese Krise nicht als Bürgerkrieg, sondern den Bürgerkrieg als ein moralisches Gericht heraufbeschwört.

Der Ablauf des von Raynal prophezeiten Umsturzes erhielt durch die geschichtlichen Ereignisse in Amerika bald seine gewünschte Bestätigung. *Thomas Paine* begleitete die Ereignisse von 1776 bis 1783 durch seine publizistischen Kommentare, die mit einer radikalen Aggressivität die Position der Freiheit verteidigten. Er wählte für seine Zeitschrift den Namen „The Crisis". Mit der instinktiven Sicherheit eines propagandistischen Popularisators, der in seiner Art auch Raynal in Frankreich war [170], komprimierte er in diesem Wort den doppelten Sinn eines Bürgerkrieges, der zugleich der Vollzug eines moralischen Gerichtes war, das mit derselben Sicherheit, wie zwei Kontinente auseinanderbrechen, auch zum Sieg der Unschuld und der Freiheit führt. Mit dem Unabhängigkeitskrieg beginnt die Zeit, da Tugend und Untugend sich scheiden, da die menschlichen Herzen gewogen werden. „These are the times that try men's souls." [171] Der Bürgerkrieg zwischen den Kolonisten und den Truppen der britischen Mutterinsel war für Paine eine moralische Krise, und mit dem Ende des Krieges — 1783 — war auch die Entscheidung zugunsten der Moral gefallen: Die Tyrannei — wie die Hölle nicht leicht zu besiegen [172] — war gestürzt, „and the greatest and completest revolution the world ever knew, gloriously and happily accomplished" [173].

Die moralische Gewißheit, daß das Ende der Krise in der kritischen Scheidung zwischen Moral und Unmoral bereits beschlossen liegt, wurde durch den amerikanischen Unabhängigkeitskrieg für die bürgerlichen Streiter zu einer historischen Tatsache und politischen Wahrheit. Auch bei Gewaltanwendung war der Sieg an die Fahnen der Unschuld geheftet — „the harder the conflict, the more glorious the triumph" [174], das Ende der kriegerischen Auseinandersetzung lag tatsächlich schon in der moralischen Startposition festgelegt, und damit war auch ein Bürgerkrieg von seinem moralisch gewissen Endergebnis her zu rechtfertigen [175] —, diese Lehre bot das amerikanische Beispiel.

Die weltweite Übersteigerung der polemischen Antithesen, die Raynal vollzogen hatte, indem er den moralischen Dualismus geschichtlich und global ausweitete, erhielt also durch den amerikanischen Unabhängigkeitskrieg eine handfeste historische und geographische Rückendeckung. Raynal übernahm ganze Abschnitte, und zwar die revolutionärsten Abschnitte der Paineschen Kommentare in sein Werk, die nunmehr in insgesamt vierundfünfzig Neuauflagen gierig von dem französischem Publikum verschlungen wurden[176]. Die manichäischen Kategorien der alten und der neuen Welt und der mit ihnen verbundene Zwang, wie in Amerika eine endgültige Entscheidung herbeizuführen, wurden damit auch in Frankreich virulent. Das so lange verborgene Geheimnis sei nun an das Licht getreten. „Leur cause est celle du genre humain tout entier: elle devient le nôtre ...“ [177] Und nach dem amerikanischen Beispiel darf man füglich hoffen, daß die drohende Krise auch tatsächlich im Sinne eines moralischen Prozesses abläuft[178]. Der bevorstehende Bürgerkrieg in Frankreich, der als solcher durchaus von Raynal erkannt wurde, erhielt durch die Glorifizierung des amerikanischen Aufstiegs die Weihe einer allen Beteiligten transzendenten, gleichsam transozeanischen Notwendigkeit[179]. Eine bewaffnete Auseinandersetzung zwischen dem ancien régime und der neuen Gesellschaft blieb, wenn sie stattfinden sollte, aufgehoben und geborgen in der globalen Geschichtsphilosophie, die in der zwangsläufigen Krisis zweier Welten gipfelte.

Die kritische Frage der Ausgangssituation: „Sind Revolutionen nützlich?“, hat Raynal also auf einem geschichtsphilosophischen Umweg beantwortet. Die indirekte politische Kritik, die von Anbeginn auf eine utopistische Zukunft verwiesen wurde, hat ihre Scheinerfüllung gefunden in einer Geschichtsphilosophie, die die Vollstreckung der bürgerlichen Urteilssprüche sicherstellt. Fortschrittliche Siegesgewißheit und eschatologische Visionen des Jüngsten Gerichts schlossen sich dabei so wenig aus, als vielmehr beide in der unpolitischen Selbstgewißheit bürgerlicher Urteilsakte gründeten. Diese werden in die Zukunft projiziert und bestimmen für den Aufgeklärten auch Ablauf, Wesen und Ende der Krise. Die Zukunft scheint bereits eingeholt zu sein. Durch die kritische Scheidung von Gesetzen und der herrschenden Gewalt war der bestehende Staat schon so sehr verurteilt, daß die Entscheidung, die die Krise herbeiführen mußte, nur noch einer Exekution gleichkam, die den moralischen Urteilsspruch der Bürger vollstrecken wird. Es ist der Geist der Gerechtigkeit, sagt Raynal, „l'esprit de justice, qui se plait à compenser les malheurs passés par un bonheur à venir“[180]. Und indem die Antithese von Moral und Politik in naturalistischer Drastik auf die Kontinente Amerika und Europa übertragen wurde, fand die utopische Gewißheit ihre zusätzliche Erhärtung. Übersee und Zukunft sind für Raynal der fiktive Entlastungsraum, der indirekt einen Sieg der Moral garantiert. Die Krise war damit geschichtsphilosophisch bewältigt. In einer derartigen Bewältigung lag aber gerade ihre Verschärfung. Die Kolonialgeschichte Raynals, in der der drohende Bürgerkrieg bereits erkannt wurde, war zugleich eine geschichtsphilosophisch abgeschirmte Beschwörung des Umsturzes. Krise und Geschichtsphilosophie erweisen sich damit als eine gegenseitig sich ergänzende, innerlich zusammenhängende Erscheinung. Ihr Zusammenhang gründet in dem kritischen Prozeß, den das Bürgertum gegen den Staat angestrengt hatte. Aus der Kritik entspringt die Geschichtsphilosophie, die Kritik ist der Vorbote der Krise. Die Eigenart der Krise, von den Bürgern gesehen und doch nicht gesehen, gewollt und doch nicht gewollt zu sein, beruht auf der Ambivalenz der Aufklärung, die proportional zu ihrem Prozeß der Entlarvung politisch verblindet. Die Ungewißheit der Krise ist identisch mit der Gewißheit der utopischen Geschichtsplanung. Das eine fordert das andere heraus und umgekehrt, und beide zusammen perpetuieren seitdem den Prozeß, den die bürgerliche Intelligenz ahnungslos gegen den absolutistischen Staat eröffnet hatte.

Die bürgerliche Utopie ist das „natürliche Kind“ der absolutistischen Souveränität. Damit ist der Staat seinen eigenen Bedingungen erlegen. Der Staat als Antwort auf die sich zersetzende christliche Katholizität war ein formales Ordnungsgefüge, das den Menschen als Menschen bewußt ausklammern mußte, wenn er seine Form wahren wollte. Der Untertan wurde als Mensch privatisiert. Um seine Souveränität zu gewährleisten, ging es dem absolutistischen Staat darum, jenseits von Religion und Politik einen Raum der Indifferenz freizulegen, der den Menschen vor den Schrecken eines Bürgerkrieges sichert und ihn in Ruhe seinen Geschäften nachgehen läßt. Der desintegrierte Mensch als Untertan schließt sich — zunächst in den Spitzen seiner Intelligenz — zur bürgerlichen Gesellschaft zusammen und sucht im apolitischen, areligiösen Bereich seine Heimat zu finden. Er findet diese Heimat in der Moral, dem Produkt der privatisierten Religion im formvollendeten Staat. Ihr Aktionsfeld ist die eine und grenzenlose Welt. Das absolutistische Staatensystem ist dem indirekten Ansturm einer Gesellschaft erlegen, die sich gerade auf die weltweite Moral berief, die der Staat aussparen mußte, und mit der sie — scheinbar ohne das absolutistische System politisch zu tangieren — eben dieses System zwangsläufig von innen her sprengte. Die Konzentrierung der Macht in den Händen des absoluten Souveräns ermöglichte, indem sie ihr politischen Schutz gewährte, die Bildung einer Gesellschaft, die der Absolutismus als politisches System nicht mehr zu integrieren vermochte. Der Staat als das zeitbedingte Produkt der religiösen Glaubenskämpfe, dessen Formalität die konfessionellen Gegensätze mediatisiert hatte, ist das Opfer seiner geschichtlichen Evidenz geworden.

Die Auflösung des Absolutismus vollzieht sich in einem impetuosen Prozeß, in den die bürgerliche Kritik die Geschichte gerissen hatte. Die Richtsprüche des moralischen Innenraums erkennen in der herrschenden Wirklichkeit nur noch ein unmoralisches Sein, das seine Verurteilung so lange und so sehr provoziert, als die moralischen Richter selber machtlos sind, ihre Urteile zu vollstrecken. Im gleichen Maß aber wuchs der neuen Elite das Bewußtsein zu, das wahre, das moralische, also das eigentliche Sein zu verkörpern. Die Geschichte wird von ihrer Faktizität entblößt, um die bürgerliche Moral ins Recht zu setzen. Die apolitischen, der Geschichtlichkeit entfremdeten Bürger stellen es als das Natürlichste der Welt hin, daß die Geschichte als der Sündenfall der Natur rückgängig gemacht werden müsse. Nun kann die Geschichte gar nicht mehr anders erfahren werden als geschichtsphilosophisch, als ein Prozeß der Unschuld, die sich zu verwirklichen hat. Aus der souveränen Kritik entspringt scheinbar ungehindert die Souveränität der Gesellschaft. Als Autor schon glaubte der bürgerliche Intelligenzler Urheber von Autorität zu sein. Der drohende Bürgerkrieg, dessen Ende so unübersehbar blieb, wie es faktisch noch ausstand, war für den Bürger moralisch schon entschieden. Die Gewißheit des Sieges lag gerade in dem außer- und überpolitischen Bewußtsein, das sich — zunächst eine situationsbedingte Antwort auf den Absolutismus — zur utopischen Selbstgarantie gesteigert hatte. Der Bürger, der zu einer unpolitischen Rolle verurteilt war, findet seine Zuflucht in der Utopie. Sie lieferte ihm seine Sicherheit und seine Macht. Sie war die indirekt politische Macht katexochen, in deren Namen der absolutistische Staat gestürzt wurde.

Im bellum omnium contra omnes der Gelehrtenrepublik erfand die Moral immer und immer neue Gründe, um der souveränen Aktion zuvorzukommen, für die es im eigentlichen Sinn des Wortes keinen Grund gibt. Sie lebte vom beständigen Wechsel der Argumentation, weil ihr der Zugang zur Macht wesensmäßig versagt war. Schließlich mußte sie den Monarchen dekapitieren. Aus ihrer Verzweiflung darüber, daß sie das Wesen der Macht nicht zu erkennen vermag, nimmt sie ihre Zuflucht zur schieren Gewalt. Sie usurpiert die Macht mit dem schlechten Gewissen eines Moralisten, daß es der Sinn der Geschichte sei, die Macht überhaupt überflüssig zu machen.

Die Utopie als Antwort auf den Absolutismus eröffnet damit den Prozeß der Neuzeit, der längst seine Ausgangssituation hinter sich gelassen hat. Aber das Erbe der Aufklärung ist noch omnipräsent.

Die Verwandlung der Geschichte in einen forensischen Prozeß beschwor die Krise so sehr herauf, als der neue Mensch seine moralische Selbstgarantie unbesehen auf Geschichte und Politik übertragen zu können glaubte, d. h., als er Geschichtsphilosoph war. Der Bürgerkrieg, unter dessen Gesetz wir heute noch leben, wurde zwar erkannt, aber verharmlost durch eine Geschichtsphilosophie, für die die intendierte politische Entscheidung nur das absehbare und zwangsläufige Ende darstellte eines überpolitischen moralischen Prozesses. In der Verharmlosung aber lag gerade die Verschärfung der Krise. Das aus einem dualistischen Weltbild heraus konzipierte Postulat der bürgerlichen Streiter: die Moralisierung der Politik war um so mehr eine Entfesselung des Bürgerkrieges, als in dem Umsturz, in der „Revolution", gerade kein Bürgerkrieg erblickt wurde, sondern eben die Erfüllung moralischer Postulate. Verdeckung und Verschärfung der Krise sind ein und derselbe Vorgang. In der Verdeckung liegt gerade die Verschärfung und umgekehrt.

Die Kritik hat diesen Prozeß initiiert, und indem die kritischen Richter zu der dualistisch ausgegrenzten Politik in einem indirekten Verhältnis blieben, verblindeten sie für das Wagnis und Risiko aller politischen Handlungen und Entscheidungen, in denen sich dennoch alle geschichtlichen Bewegungen aktualisieren.

Daß ihnen diese Einsicht entging, war auch eine Tücke der Situation. Die Aufklärung, zur politischen Camouflage gezwungen, erlag ihrer eigenen Mystifikation. Die neue Elite lebte in der Evidenz einer moralischen Gesetzlichkeit, deren politischer Sinn zwar in der Antithese zur absolutistischen Politik lag — die Spaltung von Moral und Politik leitete die überlegene Kritik und legitimierte eine indirekte Gewaltnahme, deren tatsächliche politische Bedeutung aber für die Akteure — eben auf Grund ihres dualistischen Selbstverständnisses — weiterhin verdeckt blieb. Diese Verdeckung als diese Verdeckung zu verschleiern war die geschichtliche Funktion der Geschichtsphilosophie. Sie ist die Hypokrisie der Hypokrisie, zu der die Kritik entartet war. Damit war ein qualitativer Sprung vollzogen worden, der es allen Beteiligten verwehrt, die Einsicht in ihre eigene Verblendung zu gewinnen. Die politische Anonymität der Aufklärung erfüllt sich in der Herrschaft der Utopie. Die Fragwürdigkeit und Offenheit aller geschichtlich noch zukünftigen Entscheidungen scheinen seitdem beseitigt, oder sie treten zutage in dem schlechten Gewissen derer, die ihnen ausgesetzt sind. Denn das indirekte Verhältnis zur Politik: die Utopie, die seit der geheimen Frontbildung der Gesellschaft gegen den absoluten Souverän dialektisch zum Vorschein kam, verwandelte sich in den Händen des neuzeitlichen Menschen in einen politisch ungedeckten Wechsel auf die Zukunft. Der Wechsel wurde eingefordert erstmals in der Französischen Revolution.

ANMERKUNGEN

Erstes Kapitel

I

1 Zur Genese des modernen Staates vgl. *Werner Näf*, Frühformen des „modernen Staates“ im Spätmittelalter, HZ 171, 1951; *ders.*, Die Epochen der Neueren Geschichte, Staat und Staatsgemeinschaft vom Ausgang des Mittelalters bis zur Gegenwart, 2 Bde., Aarau 1945, bes. I, 296 ff. Neuerdings *Fritz Hartung* und *Roland Mousnier* in ihrem Bericht über „Quelques problèmes concernant la monarchie absolue“ in: Storia Moderna, Relazioni del X. Congresso Internazionale di Scienze Storiche, Firenze 1955, Vol. IV., 1–55.

2 Vgl. *W. Näf*, Die Epochen . . . I, 411 ff.

3 *Paul Hazard*, La Crise de la Conscience Européenne, dtsch.: Die Krise des europäischen Geistes, Hamburg 1939, bes. 108 ff.; *Felix Rocquain*, L'Esprit Révolutionnaire avant la Révolution 1715–1789, Paris 1878, bes. 1–34.

4 *Paul Janet*, Histoire de la science politique dans ses rapports avec la morale, 2 Bde., 3. Aufl., Paris 1887; *Friedrich Meinecke*, Die Idee der Staatsräson, München 1957, ed. W. Hofer; *Carl Schmitt*, Die Diktatur, 2. Aufl., München 1928, und seine Auseinandersetzung mit Meinecke in: Arch. f. Soz.-Wiss. u. Soz.-Pol., Bd. 56, 1926.

5 *Montesquieu*, Esprit des Lois, Livr. III, c. 5.

6 Vgl. *Barclays* verschlüsselte Mahnung an den französischen König: „Caeterum cum virtutes ac vitia non plus ex merito aestimentur quam ex populari judicio, nihil mirum, si consuetudo et peccantium claritas, atque successus nobilitaverit hanc culpam. Quam si premi et eripi cupis, revocanda est paulatim ad suorum natalium vilitatem. Hic autem efficies, primum nominis veri dedecore; ut apud te perduellio, conjuratio, perfidia, nominetur; Non ut solet, magnitudo animi, prudentia, societas, publici boni cura.“ Joannis Barclaii Argenis, Editio V, Frankfurt 1626, 245.

7 Vgl. *Dilthey*, Ges. Schr., 5. Aufl., Stuttgart und Göttingen 1957, Bd. II, 95, 107, 260 ff.

8 *Hans Freyer*, Weltgeschichte Europas, 2. Aufl., Stuttgart 1954, 516 ff.; *Roman Schnur*, Die französischen Juristen im konfessionellen Bürgerkrieg des 16. Jahrhunderts. Ein Beitrag zur Entstehungsgeschichte des modernen Staates (in Maschinenschrift).

9 *Bodin*, De rep. libri sex, zit. nach Meinecke: a. a. O., S. 72. Vgl. hierzu *Carl Schmitt*, Politische Theologie, Vier Kapitel zur Lehre von der Souveränität, 2. Aufl., München und Leipzig 1934, und die beiden

Aufsätze von *K. Th. Buddeberg*, Descartes u. der pol. Absolutismus, in: Arch. f. Rechts- u. Soz.- Phil. XXX, Berlin 1936/37, und: Gott und Souverän, in: Arch. d. öff. Rechts, NF. Bd. 23, 1937.

10 Vgl. *Richard Garnett*, Barclay, in: Dict. of Nat. Biogr., Oxford 1921/22.

11 *Barclay*, a. a. O., 245. „Aut illos in libertatem restitue, aut domesticam praesta quietem, propter quam libertatem reliquerunt."

12 Vgl. hierzu die zeitgenössischen Stimmen, aufgeführt von *G. Hanotaux*, Hist. du Cardinal de Richelieu, 5 Bde., Paris 1893 ff., I, 542 ff., und *v. Albertini*, Das politische Denken in Frankreich zur Zeit Richelieus, Beiheft 1 zum Arch. f. Kult.-Gesch., Marburg 1951, zusammengefaßt 196 ff.

13 Vgl. III. Buch der Argenis, Kap. 4 u. 6 mit Card. *de Richelieu*, Testament politique, éd. Louis André, Paris 1947, Teil I, Kap. 5, 2; Teil II, Kap. 5 u. 8.

14 *Barclay* a. a. O. „Nam si rei non fuerunt sumptis armis, certe tu reus in quem illa sumpserunt."

15 A. a. O. 261.

16 „Sçachez que presque tous les hommes en sont reduits à ce poinct, ou d'estre en mauvais mesnage avec la conscience, ou avec les affaires du siecle: mais pour ce qu'il n'y a point de félicité parfaite, les sages voyans persecuter la liberté de leurs pensees, s'enfuyent aux cachettes du cœur, et quand votre conscience ne se peut unir aux conditions du temps, fuyez à ces cachettes des sages, asservissant à vous mesmes les choses desquelles vous estes le juge, et aux autres celles qui tombent leur jugement. Vos actions exterieures peuvent estre jugees par ceux qui dominent, et pource qu'ils en ont la cognoissance, vous ne pouvez empescher que cette partie ne soit de leur gibier, qu'ils n'exercent sur elles la recompense et la punition, mais ils ne peuvent executer sur vos pensees, ausquelles ils ne peuvent faire le procez. Je di ces choses pour vous et pour moy, Monsieur, pour vous prier que les combats de nos consciences ne sortent point dehors, et si la conscience picque pour esclatter, ne la pouvant rendre morte, il la faut pour le moins endormir." (*Agrippe d'Aubigné*, La confession du Sieur de Sancy, Œuvr. compl., éd. Réaume et Caussade, Paris 1877, II, 369 f.)

17 De Sancy, aus der Juristenfamilie der Harleys, war 1597 konvertiert und Superintendant der Finanzen geworden. Als solcher konnte er alle Opportunisten unter seinen ehemaligen Glaubensgenossen zur Annahme des Ediktes von Nantes bewegen (siehe *A. Garnier*, Agrippe d'Aubigné et le Parti Protestant. Contribution à l'hist. de la réforme en France, 3 Bde., Paris 1928, II, 255).

18 *d'Augibné* a. a. O. „La raison en est facile: ceux qui sont morts on voulus laisser vivre leur conscience, et elle les a tuez."

19 Vgl. *Ranke*, Franz. Gesch., Buch X, Kap. 7 (Meisterwerke, München

und Leipzig 1924, 6. Bd., Teil 3, 147 ff.), und *C. J. Burckhardt*, Richelieu, Der Aufstieg zur Macht, München 1935, 107 242 512 ff.

20 Vgl. zu diesem Abschnitt *Richelieu*, Testament politique, éd. L. André, Paris 1947, II, c. 4: „... il est plus important de prévenir l'avenir que le présent...", Ziel jeder guten Politik sei, den Übeln zuvorzukommen, anstatt sich von ihnen überraschen zu lassen.

21 *Dilthey* a. a. O., bes. 273 ff.

22 *Spinoza*, Tract. Pol. 1, § 2.

23 Clarendon gibt die Argumente wieder, denen sich Karl I. beugen mußte, um den Prozeß des Parlaments gegen Strafford zu legalisieren. „That there was a private and a public conscience; that his public conscience as a king might not only dispense with, but oblige him to do that which was against his private conscience as a man..." „That the king was obliged in conscience to conform himself, and his own understanding, to the advice and conscience of his parliament": „which was a doctrine newly resolved by their divines, and of great use to them for the pursuing their future counsels", fügt Clarendon rückblickend hinzu (*Clarendon*, The History of the Rebellion and Civil Wars in England, 6 Bde., Oxford 1888, I, 321, 338 ff.).

24 *Spinoza*, Tract. theol. pol., c. 19; über den Zusammenhang mit dem religiösen Bürgerkrieg vgl. c. 16 und Ethica IV, 37.

25 *Dilthey* a. a. O. 362.

II

26 Die Veröffentlichung von „de cive" geht bekanntlich aus diesem Grunde der methodisch eigentlich vorgeordneten Physik und Anthropologie voraus; vgl. De cive, Ep. ded. und Praef., Lev. II, c. 18 in fine. Er habe den dritten Teil zuerst veröffentlichen können, stellt Hobbes fest, „praesertim cum eam (partem) principiis propriis experientia cognitis innixam, praecedentibus, indigere non viderem". Bereits seine erste politische Studie, die Übersetzung des Thukydides, veröffentlichte Hobbes, um an dem Beispiel des griechischen Bruderkrieges vor dem drohenden Bürgerkrieg zu warnen. Sie erschien 1628, im Jahre, als das Parlament dem König die Petition of Rights abgezwungen hatte (Engl. Works VIII).

27 *Hobbes*, Behemoth, 1682, ed. Tönnies, London 1889, V.

28 *Descartes* ebnet sich den Weg in die innere Unabhängigkeit durch einen bewußten Verzicht auf äußere Neuerungen (Disc. de la Meth., c. II). Die erste Regel seiner „morale par provision" heißt ihn die Gesetze und Gewohnheiten seines Landes befolgen (ebd. c. III). Hobbes polemisiert heftig gegen „Custome and Example" (Lev. c. 11 passim), weil sie, wie die Gegenwart beweise, der Vernunft widerstreiten. Gerade Moral und Politik seien dem menschlichen Zugriff unterworfen. „... politica

et ethica, id est scientia justi et injusti, aequi et iniqui, demonstrari a priori potest", denn, sagt Hobbes — darin Vico vorwegnehmend —, „justitiae causas, nimirum leges et pacta ipsi fecimus" (de hom. X, 5).

29 De cive, Praef.

30 De cive, Ep. ded., Praef.; De corp. I, 1, 7.

31 Lev. I, 6. Vgl. dazu *Leo Strauß,* The political philosophy of Hobbes, its basis and its genesis. Oxford 1936, 15 ff.

32 *Hannah Arendt* hat zuletzt in meisterhafter Weise die radikalen Konsequenzen aus dem individualistischen Ansatz von Hobbes gezogen (in: Elemente und Ursprünge totaler Herrschaft, Frankfurt a. M. 1955, 232 ff.). Indem sie aber den Leviathan als totale Gesellschaft zu verstehen sucht, übergeht sie Hobbes' geschichtlichen Ansatz. Er deduzierte die absolute Souveränität zum Schutze des „Menschen", nicht des Besitzes; die Souveränität war Emanation einer Auctoritas, nicht Vehikel eines „Mehrheitswillens". Erst im Schutze des absolutistischen Staates konnte sich die Gesellschaft als eine Gesellschaft der Wölfe so weit entfalten, daß sie dieses Staates entraten konnte, indem sie ihn absorbierte. Diese Wendung hat Hobbes bei aller logischen Konsequenz, der Hannah Arendt nicht nachsteht, weder vorhergesehen, noch konnte er sie im Horizont des konfessionellen Bürgerkrieges voraussehen.

33 Lev. I, 11.

34 Lev. I, 13; De cive, Ep. ded.

35 Lev. I, 13.

36 De cive III, 31.

37 De cive V, 1, 1.

38 Vgl. *Raymond Polin,* Politique et Philosophie chez Thomas Hobbes, Paris 1953, 129 ff., passim, und *Z. Lubienski,* Die Grundlagen des ethisch-politischen Systems von Hobbes, München 1932.

39 De cive III, 29; Lev. II, 26 Himmel und Erde mögen vergehen, paraphrasiert Hobbes Lukas 21 Vers 33; das Naturgesetz, das zugleich das Moralgesetz ist, bleibe bestehen.

40 De cive III, 30; Lev. I, 16. Vgl. dazu *Polin* a. a. O. 170 ff.

41 „The names of just, unjust, justice, injustice, ace equivocal, and signify diversly . . . that when injustice is taken for guilt, the action is unjust, but not therefore the man; and when justice is taken for guiltlessness, the actions are just, and yet not always the man. Likewise when justice and injustice are taken for habits of the mind, the man may be just, or unjust, and yet not all his actions so" (The Elements of Law, Cambridge 1928, 64. I, 16, 4). Vgl. dazu die näheren Ausführungen in De cive III, 5 und Lev. I, 4 u. 15.

42 *Shakespeare,* Henry IV., Pt. 2, I, 1.

43 Hobbes kennt noch nicht den heute im Englischen üblichen Unterschied zwischen „Conscience" (Gewissen) und „Consciousness" (Bewußtsein). In den Elements of Law (II, 6, 12) definiert er „Conscience"

als „nothing else but a man's settled judgment and opinion". „Men, when they say things upon their conscience, are not therefore presumed certainly to know the truth of what they say ... Conscience therefore I define to be opinion of evidence" (ebd. I, 6, 8). Im Leviathan (I, 7) liefert Hobbes eine Wortgeschichte, die zeigt, daß er nur ungern auf den Wortgebrauch verzichtet: „... it was, and ever will be reputed a very Evill act, for any man to speak against his Conscience; or to corrupt or force another to do so ... Afterwards, men made use of the same word metaphorically, for the knowledge of their secret facts, and secret thoughts ... And last of all, men, vehemently in love with their own new opinions (though never so absurd), and obstinately bent to maintain them, gave those their opinions also that reverenced name of Conscience, as if they would have it seem unlawfull, to chance or to speak against them ..." Konsequenterweise verzichtet Hobbes im Leviathan so weit als möglich auf den Ausdruck. Auch dort, wo er ihn wie „private conscience" in den Elements noch gebraucht, ersetzt er ihn später durch „opinion", „inward thought", „heart" u. ä.

44 Vgl. De cive II, 1, wo Hobbes das entscheidende Kriterium seiner Methode, die Überparteilichkeit formuliert. „Methodus scilicet, qua incipitur a definitionibus et exclusione aequivoci, propria eorum est qui locum contra disputandi non relinquunt."

45 Vgl. De corp. I, 1, 7: „Causa autem horum (das Übel eines Bürgerkrieges) non est quod homines ea velint, voluntas enim nisi boni saltem apparentis est ...", und De cive III, 32: „... quamquam consentiant omnes in laude dictarum virtutum, tamen dissentiant adhuc de earum natura ..." Hobbes sieht dasselbe Phänomen wie Augustin, der sagte: „Non ergo ut sit pax nolunt, sed ut ea sit quam volunt" (De Civ. Dei XIX, 12).

46 Hobbes leugnet nicht subjektive Lauterkeit und möglichen Nutzen der verschiedenen Morallehrer, „sed quae pronunciatae ab illis universaliter, non tamen plerumque universaliter verae sunt" (De corp. I, 1, 7).

47 El. of Law II, 6, 13: „The truth is apparent, by continual experience, that men seek not only liberty of conscience, but of their actions; not that only, but a farther liberty of persuading others to their opinions; not that only for every man desireth, that the sovereign authority should admit no other opinions to be maintained but such as he himself holdeth." De cive I, 5: „... cum maximum sit certamen ingeniorum, necesse est oriri ex ea contentione maximas discordias."

48 Diese erstaunliche Wendung, die den unterirdischen Zusammenhang zwischen dem religiösen Bürgerkrieg und der Französischen Revolution andeutet, befindet sich in dem später fortgelassenen Schluß des Kap. VIII im Buch IV des Contrat social (Manuscrit de Genève, zit. nach der Édition von M. Halbwachs, Paris 1943, 448).

49 De cive III, 27.

50 Lev. II, 29; vgl. El. of Law II, 8, 5 und De cive 12, 1 ff.
51 El. of Law II, 7, 2; De cive 12, 1.
52 Die Trennung von Innen und Außen, oder wie Hobbes sagt, von „externall acts" und „inward thought", von „action" und „habits of mind" (Lev. I, 15; III, 38, 40 passim) steht tief in der abendländischen Tradition. Sie ist angelegt im stoischen wie im christlichen Weltverständnis, und in der Zweiweltenlehre des Augustin war sie dem ganzen Mittelalter gegenwärtig. Für *Thomas von Aquin* war es selbstverständlich, daß Menschen nur über äußere Taten richten können, Gott allein durchschaue das Innere (Summa Theol. Prim. Sec. Qu. 100, Art. 9: Homo autem qui est legislator humanae, non habet judicare nisi de exterioribus actibus ... Sed solius Dei qui est lator legis divinae, est judicare de interioribus motibus voluntatum). Aber Innen und Außen bildeten so lange keinen reinen Gegensatz, als die sichtbare Institution der Kirche beides zusammenhielt. Mit der Auflösung der kirchlichen Klammer hatte sich der Bruch bereits vertieft. Bezeichnend sind dafür die Reformatoren, die das Gewissen von der alten Kirche befreien, aber auf den Staat rekurrieren mußten. *Luther* machte in seiner Schrift „Von weltlicher Obrigkeit, wie weit man ihr Gehorsam schuldig sei" (1523, W. A. II, 245 ff.) den Gegensatz von Innerlich und Äußerlich geradezu thematisch. Die innerlich Frommen, die wahren Christen brauchen kein Gesetz, „dürffen keyns welltliche̅ schwerdts noch rechts" (249). Das Gesetz, sei es des Staates, sei es des Alten Testaments, dient nur der äußeren Ordnung. Es hindert die Unchristen, die Bösen, daß sie „eußerlich yhr bossheytt mitt wercken nicht thüren nach yhrem muttwillen vben" (250). Gerade weil die Menge immer unchristlich sein und bleiben wird, ist es auch unmöglich, die Welt nach dem Evangelium zu regieren. Wer dies versuche, „würde den wilde̅ bößen thieren die band vn̅ keten aufflößen, das sie yderman zu ryssen und zu byssen vn danebe̅ furgeben es weren feyne zame korre thierlin" (251). Darum müsse man beide Regimente mit Fleiß scheiden, das wahrhaft geistliche, das keinem weltlichen Herrscher untertan ist, und das weltliche, „das eußerlich frid schaffe vnd bösen wercken weret" (252). Luthers Scheidung von Innerlich und Äußerlich, seine Trennung des spiritualen Reiches von der Welt, in der das „äußerliche" Amt der Herrscher für Ruhe und Gerechtigkeit zu sorgen hat, scheint also zu einem ähnlichen Ergebnis zu führen, dem auch Hobbes zustrebte. Hobbes hat die Herrschaft des alttestamentlichen Gesetzes, dessen Vollzug für Luther auch dem Fürsten zustand, in die Herrschaft des absoluten und als solchem gesetzmäßigen Souveräns potenziert. Beide sind sich darin einig, daß das Innere, sei es das Reich des Heiligen Geistes, oder sei es eine religiöse oder moralische „Gesinnung", in dieser Welt nicht herrschen könne, seine Herrschaft vielmehr Streit und Elend mehr als je zuvor herbeiführen würde. Denn der Mensch bleibt ein „wildes böses Tier" — homo homini lupus.

Er bedarf um des äußeren Friedens willen der Herrschaft, des Gesetzes; sein Innenraum, sein Glaube oder die Gesinnung werden dadurch nicht berührt. Soweit steht auch die Gegenüberstellung von Innen und Außen bei Hobbes in der christlichen Tradition; auf diesen Zusammenhang hat neuerdings *Kurt Schilling* nachdrücklich hingewiesen (Naturrecht, Staat und Christentum bei Hobbes, in: Zeitschrift für philosophische Forschung II, 2/3, 1948, 286 292 ff.). Schilling beruft sich dabei auf den Inhalt der hobbesschen Moralphilosophie, der das Gewissen binde. Der Staat sei nur die notwendige Bedingung dafür, „den Geboten Gottes, des Urhebers des Vernunft- oder Naturrechts, und den damit identischen Geboten des eigenen Gewissens gemäß frei und offen zu leben". So richtig diese inhaltliche Ableitung der Hobbesschen Morallehre aus der Tradition und die ihr entsprechende, auch augustinische, Auffassung des Hobbesschen Staates als eines äußeren Friedensinstitutes sind, so sehr verfehlt diese Interpretation die eigentliche geschichtliche Leistung von Hobbes, die in Anbetracht der faktisch herrschenden Pluralität der religiösen und moralischen Lehren gerade in der funktionalistischen Neuinterpretation der Gewissensphänomene bestand. Auch die Trennung von Innen und Außen, von Gesinnung und Tat hat daher geschichtlich einen völlig neuen Sinn. Ein andeutender Vergleich mit den Reformatoren macht dies klar. Luthers Trennung von Innerlich und Äußerlich entspringt dem absolut gewissen Offenbarungsbewußtsein, durch das er sein Inneres von dieser Welt unterschieden weiß. Und aus der inneren Notwendigkeit, das im Gewissen objektiv hörbare Gotteswort auch verkünden zu müssen, greift er nach außen über. Die Trennung, spiritual erfahren, wird, wie *Kühn* gezeigt hat (Toleranz und Offenbarung, Leipzig 1923, 94), von dem Propheten überstiegen. So wird auch das weltliche Amt dem spiritualen Reich, an dem das Gewissen teilhat, untergeordnet, das Gemeinwesen wird zur „Erziehungsanstalt des christlichen Volkes", und das „ist ohne Intoleranz undenkbar". Hobbes ist „intolerant" aus genau dem entgegengesetzten Grund. Er stattet den Staat mit seiner Allmacht aus, gerade um Schutz zu finden vor jenen Verkündern der Offenbarung (Lev. I, 2 passim), die — im Unterschied zu Luther — das weltliche Amt völlig absorbieren zu können glaubten. Dabei abstrahiert er gerade von dem religiösen Innenraum, um ihn als politischen Faktor zu analysieren. Wie Luther hat auch *Calvin* den Gegensatz von Innen und Außen nur aus der Heilsgeschichte heraus verstanden (Inst. Christ. Rel. lib. IV, c. 20, 1–3 u. ff.). Innen und Außen stehen so lange in keinem absoluten Widerspruch, als das Außeninstitut des Staates seiner Schutzfunktion nachkommt, d.h. solange es vom christlichen Innenraum hinreichend durchherrscht ist. Innen und Außen sind keineswegs identisch mit christlich und nichtchristlich, vielmehr kann dieser eigentliche Gegensatz, der heilsgeschichtliche, nur ertragen werden durch eine christliche Zuordnung von

Gewissen und Staat. Erst im Zuge der weiteren reformatorischen Bewegung wurde Innen und Außen zum reinen Gegensatz simplifiziert: einerseits durch die Puritaner, die offenbarungsgewiß jeden Außenhalts entbehren zu können glaubten, und andererseits durch die Politiker, die auf der Suche nach einer religionspolitischen Neutralität mehr und mehr Gebiete als „things indifferent" zu verstehen suchten. (Vgl. *R. Hooker,* Of the Laws of Ecclesiastical Polity, ed. Ch. Morris, London 1954, Book I, IX, X, Preface, 102 und *James* VI., The Basilikon Doron, 2 Bde., ed. J. Craigle, Edinburgh and London 1944, I, 15 ff., 33 ff.) „This hath bred high terms of separation between such (as the Puritans) and the rest of the world; whereby the one are named The brethren, The godly, and so forth; the other, wordlings, time-servers, pleasers of men not of God, with such like" (Hooker a. a. O.). So entstand im Effekt ein Gegensatz, bei dem die Glaubensstreiter den Innenraum mit ihrem guten Gewissen und den Rest mit der bösen Welt gleichsetzten. Gegen dieses Selbstverständnis richtete sich der Kampf von Hobbes. Der Gegensatz von Innen und Außen verwandelte sich unter seinen Händen in einen heuristischen Griff, um die psychologischen Motivationen zu entdecken, die in ihrer Gesetzlichkeit alle Menschen unterschiedslos in eine staatliche Gesetzlichkeit überführen können. Insofern unterscheidet sich Hobbes auch grundsätzlich von den Independenten, mochte er sich auch, wie Lips gezeigt hat, in kirchenpolitischen Fragen mit ihnen berühren (*Lips,* Die Stellung des Thomas Hobbes zu den politischen Parteien der großen englischen Revolution, Leipzig 1927, 48 ff.).

53 De cive III, 27–33; Lev. I, 15 in fine. Vgl. *F. Tönnies,* Thomas Hobbes, Leben und Lehre, Stuttgart 1925, 229 f., und *L. Strauß,* a. a. O. 99.

54 Lev. II, 18.

55 Lev. II, 26.

56 Lev. II, 18.

57 Vgl. *Tönnies* a. a. O. 249.

58 *Carl Schmitt,* Die Diktatur, München 1921, 21 f.

59 De cive, Praef., III, 31.

60 Vgl. *Hegel,* Phänomenologie des Geistes, ed. Hoffmeister, Leipzig 1949, 148.

61 Lev. I, 14; De cive V, 1: „sufficitque ad impletionem legis naturalis (id est moralis) ut quis paratus animo sit ad pacem habendam, ubi haberi potest ..." Das Vernunftgebot gilt für Gesinnung und Aktion in gleicher Weise: „Ratio tamen eadem neque finem mutat, quae est pax et defensio, neque media nempe animae virtutes" (De cive III, 29).
Über die Genese der Vernunft aus der Furcht vor dem Tode — der geschichtliche Einsatzpunkt von Hobbes — vgl. *F. Tönnies* a. a. O. 448 und *L. Strauß* a. a. O. 15 ff., passim.

62 De cive III, 27 ann. „Breviter, in statu naturae, Justum et Injustum

non ex actionibus, sed ex consilio et conscientia agentium aestimandum est. Quod necessario, quod studio pacis, quod sui conservandi causa fit, recte fit." Der Vertrag aller mit allen und die gleichzeitige Übertragung ihrer Rechte auf den Souverän ist hierin begründet. Vgl. auch *Strauß* a. a. O 26; *Lubienski* a. a. O. III, c. 3, IV.

63 Zur Konzeption des „Leviathan" im Unterschied zu den vorangegangenen Schriften vgl. *Tönnies* a.a.O. 237 ff., 248; *Polin* a.a.O. 92 f.

64 *Polin* a.a.O. 172 ff.

65 Lev. II, 17. Die Absetzung vom hegelschen Staatsbegriff, die Polin nicht berücksichtigt hat (77 175), findet sich bei *C. Schmitt*, Leviathan, Hamburg 1938, 168.

66 El. of Law, Ep. ded.; Lev. I, 5.

67 De cive I, 1.

68 Lev. II, 22 u. 30, A Review and Conclusion. Vgl. *C. Schmitt*, Der Staat als Mechanismus bei Hobbes und Descartes, in: Arch. f. Rechts- u. Soz.-Phil. XXX, 4, 1937, 163.

69 Vgl. *Tönnies* a.a.O. 222; *Polin* a.a.O. 103.

70 Vgl. *C. Schmitt*, Leviathan, 103.

71 Über das Verhältnis von Hobbes zu Richelieu vgl. *Polin* a.a.O. 75; zu Friedrich d. Gr. vgl. *R. Koser*, Die Epochen der absoluten Monarchie in der neueren Geschichte, HZ 61, 279.

72 De cive, Ep. ded. Die Elemente des Fortschritts, die in Hobbes' Philosophie aufzuweisen sind (vgl. dazu *Horkheimer:* Die Entstehung der bürgerlichen Gesch.-Phil., Stuttgart 1930, 68), bestimmen keineswegs seine Auffassung von der Geschichte. Gewiß schließt Hobbes aus der wissenschaftlichen Tätigkeit der Vernunft und aus der zunehmenden Beherrschung der Natur auf einen „Fortschritt". „Reason is the pace: Encrease of science the way; and the Benefit of mankind the end" (Lev. I, 6). Das Licht der Vernunft verleiht Hobbes auch ein strenges Überlegenheitsbewußtsein über die ganze Vergangenheit, über ihre Unwissenheit und ihren Aberglauben. Die Vernunft und der Wille sind nur in die Zukunft gerichtet, in die Zukunft dieser einen Welt ohne Jenseits und Unsterblichkeit (Lev. III, 38). Aber Glückseligkeit kann auf dieser Welt nicht erreicht werden; der Güter höchstes ist „ad fines semper ulteriores minime impedita progressio" (De hom. 11, 15). Der auch durch die Erfahrung zu fördernde Fortschritt ist ihm ein ständiger Prozeß des Fortschreitens ohne Ende. Würde der Mensch sein Ziel erreichen, so wäre er wunschlos, „et non sentire est non vivere". Die Entfaltung der Vernunft ist eine Aufgabe der Menschen, die zwar aus der triebhaften Natur herauswächst, aber nur durch eine Regulierung der sinnen- und affektgeladenen Natur geleistet werden kann. Sie kann gefördert werden durch eine vernünftige Erziehung an den Universitäten, um deren Reform H. sich bemühte, oder durch einen Monarchen, wenn er seine Rechtsprechung in aufgeklärter Weise zur Erziehung der

Menschen einsetzt. Dieser aus der Vernunft abgeleitete Auftrag des Menschen zum Fortschritt ist aber nicht die Bestimmung einer vernünftigen Geschichte, sondern eine Bestimmung des Staates (vgl. *Polin* a.a.O. 104 ff.). Der Staat aber ist endlich und bleibt bedroht so sehr von dem Naturzustand seiner Herkunft, wie er sich von ihm abgelöst hat. „Nam vita motus est perpetuus, qui, cum recta progredi non potest, convertitur in motum circularem" (De hom. 11, 15). *Rosenstock* hat darauf hingewiesen, daß Hobbes im Behemoth (ed. Tönnies, 204) auch tatsächlich die Zeit von 1640 bis 1660 als eine solche „Revolution", als „circular motion" verstanden hat, die von der könglichen Souveränität Karls I. über zwei Usurpatoren hinweg wieder zur Souveränität Karls II. führte (Revolution als politischer Begriff der Neuzeit, in: Abh. d. Schles. Ges. f. vaterl. Lit.; Geisteswiss. Reihe, H. 5; Festgabe f. P. Heilborn; Breslau 1931, 90 ff.).

73 Einerseits anerkennt Hobbes moralische Gesetze, die auch ohne staatliche Sanktion ihre Geltung haben (De cive III, 28 ff.). An diese Gesetze sind die Staaten gebunden, die sich gemeinsam im Naturzustand befinden (De cive XIV, 4; Lev. II, 21); und sie liefern den Individuen ein ursprüngliches Menschenrecht, nämlich Selbstschutz zu suchen, wenn der Staat versagt (Lev. II, 21). Im Hinblick auf diese vorstaatlichen Gesetze fungiert der Staat als eine große Maschine, die die Erfüllung der Naturgesetze sicherstellt. Hierauf beruft sich die liberale Tradition bei Hobbes. Andererseits engt Hobbes den Gesetzesbegriff so konsequent auf die souveräne Willensäußerung ein, daß die Naturgesetze – nachdem der Staat einmal aus ihnen abgeleitet wurde – den Charakter eigener Gesetzlichkeit verlieren (De cive III, 33; De hom. XIII, 9; Lev. I, 15; II, 27). *Gierke* konnte deshalb von der „naturrechtlichen Vernichtung des Naturrechts" durch Hobbes sprechen (Johannes Althusius . . ., 3. Aufl., Breslau 1913, 300). Auf diese Absorbierung des Naturrechts durch das Juristisch-Politische beriefen sich die absolutistischen Staatstheoretiker. Jeden Konflikt zwischen Gewissen und Befehl – „ut tam obedientia nostra, quam inobedientia sit peccatum" (De cive XII, 2) – löst Hobbes zugunsten des Befehls. Der formale Gehorsam aber hat für Hobbes nicht nur eine legale, sondern deshalb auch eine moralische Qualität. Er potenziert die Vielheit einzelner Willen über die Einheitlichkeit vieler Willen hinaus in den einen Willen, der allein den Frieden garantiert (De cive V, 4). Der Staat ist nicht nur eine große Maschine, sondern auch ein künstlicher Mensch, dessen Seele die Souveränität ist. Hier setzte bekanntlich die demokratische Theorie Rousseaus ein. – Erst nachdem man von dem obersten Friedensgebot als dem Fluchtpunkt des hobbesschen Systems absah, konnten die verschiedenen Ebenen isoliert werden. Sie wurden dann in dem Maße gegeneinander ausgespielt, als sich die verschiedenen Richtungen verselbständigten.

74 De cive, Praef.; De hom. 13, 9: „Quare etsi actiones quaedam, quae in una civitate justae sunt, in alia sint injustae, justitia tamen, id est non violare leges ubique, ubique eadem est et erit."

75 Durch diese Scheidung allein war es Hobbes möglich, die moralischen und die politischen Gesetze zusammenzudenken, ohne sie utopisch identifizieren zu müssen. In De hom. XIII, 9 schildert H. die Tugenden, die in der außerstaatlichen Gesinnung wurzeln: „... non sunt illae civium virtutes, sed ut hominum." H. abstrahiert dabei so sehr von den herkömmlichen Morallehren, daß er „vis et dolus" als die Kardinaltugenden des vorstaatlichen Individuums bezeichnet: es sind die Tugenden des Menschen als Bürgerkriegswesen. „Justitia et injustitia" dagegen sind „qualitates non hominis, sed civis" (ebd.). Gegen diese Trennung richtete sich später die demokratische Kritik von Rousseau und Marx. Sie übernahmen zwar den absoluten Souveränitätsbegriff von Hobbes, stellten ihn aber in den Dienst des „Menschen". Damit war die Grenze zum Utopismus überschritten; die Souveränität wurde selber revolutionär. – Über die Aufspaltung des Menschen in ein ens morale und ein ens juridicum im Anschluß an Hobbes bei Thomasius und Pufendorf vgl. *Rommen* a.a.O. 47 75, und *Erik Wolf*, Grotius, Pufendorf, Thomasius, Tübingen 1927, 90.

76 Lev. II, 18.

77 De cive VI, 13 ann.

78 Lev. II, 30 31.

79 El. of Law II, 6, 3; De cive XII; Lev. III, 32, IV, 46; Behemoth (ed. Tönnies, 62): „A state can constrain obedience, but convince no error, nor alter the minds of them that believe they have the better reason. Suppression of doctrine does but unite and exasperate, that is, increase both the malice and power of them that have already believed them."

80 De cive III, 32 f.; Lev. I, 16 in fin.

81 Die absolute Macht des Herrn – und so den restlosen Gehorsam – mit der Vernunft und Moral zu identifizieren heißt zwar einen Schluß ziehen, den Hobbes anbietet, aber selber zu ziehen sich gescheut hat. Indem *Polin* (a.a.O. 174 247) diese Identifizierung im Hinblick auf Hegel vollzieht, stempelt er Hobbes um einer logischen und historischen Konsequenz willen zum Utopisten.

82 El. ob Law II, 6, 3: „No human law is intended to oblige the conscience of a man, but the actions only." Lev. II, 31: „Private, is in secret free." Vgl. Lev. III, 40.

83 Lev. II, 29.

84 „Je me soumettrai à la loi", wird im folgenden Jahrhundert *Diderot* sagen, „et je réclamerai contre elle ... Mais si cette réclamation, prohibée par la loi même, est un crime capital? ... Je me tairai ou je m'éloignerai ..." (Œuvr. Compl., Éd. Assézat-Tourneux, Paris 1875 ff., XI, 122).

85 De hom. XI, 6.

85a Vgl. *Johannes Kühn*, Toleranz und Offenbarung, Leipzig 1923, 468 f.
86 Kor. 2. 15: „ὁ δὲ πνευματικὸς ἀνακρίνει μὲν πάντα, αὐτὸς δὲ ὑπ' οὐδενὸς ἀνακρίνεται." „Ils sont juges", beschreibt *Voltaire* die Kritiker, die vermutlich Glücklichsten in der Gelehrtenrepublik, „et les autres sont jugés" (Art. „Gens de lettres" der Enzyklopädie, Œuvr. Compl., Paris 1877 ff.). Das Bewußtsein, das Erbe der Geistlichkeit anzutreten, war den Aufklärern nicht verborgen: „(La philosophie) doit tenir lieu de divinité sur la terre", sagte Raynal in seiner Hist. phil. et politique..., éd. 1780, XIX, c. 13. 87 *Polin* a. a. O. 81 ff.
88 *Richard Peters*, Hobbes, Harmondworth 1956, 171; zur zeitgenössischen Kritik vgl. *John Bowle*, Hobbes and his critics, London 1951; *Dilthey* a. a. O. 462.

III

89 Vgl. *Werner Bahner*, Der Friedensgedanke in der Literatur der französischen Aufklärung, in: Grundpositionen der Französischen Aufklärung, Berlin 1955, 141–207.
90 „Le mot de vertu emporte l'idée de quelque chose d'estimable à l'égard de toute la terre; le vice au contraire", sagte *Vauvenargues* 1746 (Introduction à la connaissance de l'Esprit humain, Œuvres, éd. P. Varillon, Paris 1929, I, 64), und fast die gesamte Aufklärung wird ihm das nachsprechen. »Il n'y a qu'une morale... comme il n'y a qu'une géométrie«, sagt sein Freund *Voltaire* im Dict. Philosophique (éd. J. Benda, Paris 1954, 325). „On ne peut trop répéter que tous les dogmes sont différents, et que la morale est la même chez tous les hommes qui font usage de leur raison." Zur „morale universelle" bei *Diderot* vgl. neuerdings *Hans Hinterhäuser:* Utopie und Wirklichkeit bei Diderot, Heidelberger Forschungen, Heft 5, 1956, 67 87. Ferner *Paul Hazard*, Die Herrschaft der Vernunft (La Pensée Européenne au XVIII siècle de Montesquieu à Lessing), Hamburg 1949, 235 ff. Ein wahrer Kritiker, heißt es in dem Artikel „Critique" der Enzyklopädie, „doit considérer non-seulement chaque homme en particulier, mais encore chaque république comme citoyenne de la terre... il ne doit avoir la société en général, que comme un arbre immense dont chaque homme est un rameau, chaque république une branche, et dont l'humanité est le tronc. Delà le droit particulier et le droit public, que l'ambition seule a distingués, et qui ne sont l'un et l'autre que le droit naturel plus ou moins étendu, mais soumis aux mêmes principes. Ainsi le critique jugeroit non-seulement chaque homme en particulier suivant les mœurs de son siécle et les loix de son pays, mais encore les loix et les mœurs de tous les pays et de tous les siècles, suivant les principes invariables de l'équité naturelle.«

91 Vgl. Kap. II.
92 Vgl. Kap. III.
93 „Il n'y a qu'une seule morale pour tous les hommes; elle est la même pour les Nations et pour les Individues; pour les Souverains et les Sujets; pur le Ministre et pour le Citoyen obscur ..." (*Holbach,* Système social..., Londres 1773, II, 131).
93a Eine Geschichte des Begriffs der Politik wäre noch zu schreiben. In jedem Fall kann gesagt werden, daß das Wort „politique", „Politik" usw. im achtzehnten Jahrhundert oft in einem scheinbar neutralen, sachbezogenen Sinn gebraucht wird. So zum Beispiel, wenn Diderot in der Enzyklopädie sagt: „La philosophie politique est belle qui enseigne aux hommes à se conduire avec prudence." Diese Politik sei seit Aristoteles vielen Wandlungen unterworfen worden, daß man feststellen müsse: „de toutes les parties de la philosophie la politique est celle qui a le plus éprouvé de changements ..." Was aber unter Politik verstanden wurde, d. h. der Begriff der Politik, kann im achtzehnten Jahrhundert nur aus der jeweiligen — meist universalen — Moralphilosophie erschlossen werden. Dann erweist sich, daß die freie fürstliche Entscheidung als das politische Prinzip des Absolutismus gerade ausgeschlossen wurde. In diesem Sinne teilt Diderot seinen Artikel „Politique" in zwei Teile. Die zweite Bedeutung der Politik sei „faire grâce, faire des grâces" etc., und eine moralische Staatsform schließe diese Bedeutung aus: „La vertu, principe des républiques, les exclut ..." (Œuvr. XVI). Wenn in der folgenden Untersuchung der Begriff der Moral und der Politik konfrontiert werden, so ist immer diese zweite Bedeutung gemeint und der Vorgang, der damit verbunden ist. Die Politik als Bereich verantwortungsvoller Entscheidung rückt in dem Maße aus dem Blick, als die Moral das Staatliche überwuchert und damit die aktuelle Politik zu einer höfischen Verfallserscheinung wird.
Diese allgemeine Abwertung der Politik läßt sich zeigen durch einen Vergleich von Bayle zu Beginn des Jahrhunderts und Beaumarchais an seinem Ende. Bayle übernimmt einen Topos aus dem 17. Jahrhundert: „Politica est ars tam regendi quam fallendi homines." „Les politiques ont un langage à part et qui leur est propre; les termes et les phrases ne signifient pas chez eux les mêmes choses, que chez les autres hommes." (Diss. sur les lib. diff.). Der Eigenbereich der Politik wird von Bayle sarkastisch registriert, aber als solcher nicht angetastet. Beaumarchais legt seinem Figaro jene bekannte Definition in den Mund, nach der der Politiker alles und jedes mystifiziere, ohne ein wahres Geheimnis zu haben: was dahinterstehe, sei reine Erbärmlichkeit. Die absolutistische Politik ist der aufklärenden Moral erlegen.
94 Über die Personifizierung der Staaten vgl. *C. Schmitt,* Der Nomos der Erde im Völkerrecht des Jus Publicum Europaeum, Köln 1950, 115 ff.

95 „Keine Bearbeitung des philosophischen Völkerrechts hat so allgemeine Billigung gefunden als Vattels ‚Droit des Gens' . . . Es bietet das eigentümliche Schauspiel eines fast zum positiven Gewohnheitsrecht gewordenen Lehrgebäudes" (*Eisenhart*, Vattel, in: A. d. B., 39/512).
96 *E. de Vattel*, Le Droit des Gens ou Principes de la Loi Naturelle . . ., London 1758. Published by the Carnegie Institution of Washington 1926, Préface X. Über den Einfluß des hobbesschen Naturrechts auf das damalige Völkerrecht vgl. *Tönnies* a. a. O. 198, 209, 234.
97 *Hobbes*, De cive, Ep. ded., XIV, 4; Lev. II, 30 in fin. Vgl. *C. Schmitt* a. a. O. und *H. Rommen*, Die Staatslehre des Franz Suarez, M.-Gladbach 1926, III, 2, bes. 276 291, der die Umwandlung der mittelalterlichen Rechtsordnung zur modernen zwischenstaatlichen Ordnung am Beispiel von Suarez herausarbeitet. Ferner: *v. Albertini* a. a. O. 159 ff.
98 *Quincy Wright*, A Study of War, 4. Aufl., Chicago 1944, I, c. 13, 329 ff. und *C. Schmitt* a. a. O.
99 *Meinecke* a. a. O. 100 f., 122 ff., passim; *Qu. Wright* a. a. O. I, 329.
100 „And Law was brought into the world for nothing else, but to limit the naturall liberty of particular men, in such manner, as they might not hurt, but assist one another, and joyn together against a common Enemy" (*Hobbes*, Lev. II, 26). — *Meinecke* führt eine Reihe von Staatstheoretikern an (a. a. O. 227 f.), die im Krieg eine ständige Einrichtung zur Verhinderung feudaler oder religiöser Aufsplitterung sahen. Zu nennen wäre noch *Vico*, der 1725 eine dem Menschen ewige Eigentümlichkeit darin sieht, daß die „Kriege geführt werden, damit die Völker sicher leben mögen im Frieden". Dieser Gedankengang war natürlich nur möglich, weil sich die Unterscheidung von Bürgerkrieg und Krieg, von Innen und Außen und damit das „Principio della ‚guistizia esterna' . . . delle guerre" (*Vico*, Opere, ed. F. Nicolini [Scienza nuova], Milano, Napoli 1953, 383 386) bereits durchgesetzt hatte. Durch die formale Anerkennung des Gegners unterscheidet sich die juristische Argumentation des absolutistischen Zeitalters von den analogen Gedankengängen in der Vergangenheit. Das Wissen darum, daß Friede im Innern und Krieg nach außen einander korrespondieren können, gewann in der Antike Evidenz durch den vorgegebenen Gegensatz von Griechen und Barbaren (vgl. *W. W. Tarn*, Alexander the Great and the Unity of Mankind, in: Proceedings of the British Academy, XIX, 1933, 125), im Mittelalter durch den von Christen und Heiden. Immer verlieh ein räumlicher Gegensatz dem politischen Gegensatz seine Richtung und ein Gefälle. Erst das europäische Völkerrecht führte für einen gemeinsamen Raum, nämlich für Europa selbst, die gegenseitige Anerkennung der Staaten als Gegner ein. Carl Schmitt hat gezeigt, wieso auch dies nur ermöglicht wurde durch den überseeischen Entlastungsraum, in den europäischen Energien abgeleitet werden konnten. Mit der totalen Erfassung des Gobus scheint jede Möglichkeit eines räumlichen

Außen zu entfallen. Insofern haben die Marxisten auf die veränderte Lage konsequent reagiert, als sie nur noch den Krieg nach „Innen", den Bürgerkrieg, für erforderlich und zulässig halten.

101 Ein Krieg zwischen den Staaten ist kraft der absoluten Souveränität dieser Staaten von vornherein ein bellum justum, ein „guerre en forme", der geführt wird „indépendamment de la justice de la cause" (Vattel a. a. O. III, 4, § 68). Vgl. *C. Schmitt* a. a. O. Abschn. III. Ferner *Rommen* zur Verlagerung der Kriegsgrundlehre aus dem Gebiet des Naturrechtlich-Moralischen in das Juristische, das wesentlich von dem Naturrecht des Hobbes bestimmt wurde (301), und *Qu. Wright* a. a. O. 338.

102 *Vattel* a. a. O. Prél., § 4: „... les Nations, ou les États souverains doivent être considérés comme autant de personnes libres, qui vivent entr'elles dans l'état de nature"; II, 1, § 7: „Il appartient à tout État libre et souverain, de juger en sa conscience, de ce que ces devoirs exigent de lui, de ce qu'il peut ou ne peut pas faire avec justice."

103 Prel., § 7 ff.

104 III, 12, § 188.

105 III, 3, § 40.

106 Dieses Recht ist nicht in göttlichen oder natürlichen Gesetzen niedergelegt, die das Gewissen binden, die Bindung ist nur – wie bei der Aktionsmoral von Hobbes — „externe", und zwar im Hinblick auf die anderen Menschen „entant qu'on la considère relativement aux autres hommes, et qu'elle produit quelque droit entr'eux" (Prél., § 17).

107 III, 12, § 188.

108 II, 1, § 7.

109 III, 4, § 56 ff.

110 Vgl. u. S. 206, Anm. 86.

111 Vgl. Instrumentum pacis Osnabrugense 1648, Art. XVII, §§ 4–6 (ed. *K. Zeumer*, Quellensammlung zur Gesch. d. Dt. Reichsverfassung in Mittealter und Neuzeit, Tübingen 1913, 432). Wie sehr dieser Zusammenhang in das allgemeine Bewußtsein gedrungen war, beweist noch ein Satz, den Schiller 1789 geschrieben hatte: „Und so mußte es durch einen seltsamen Gang der Dinge die Kirchentrennung sein, was die Staaten unter sich zu einer engern Vereinigung führte" (Sämtl. Werke, Stuttgart und Berlin 1904 ff., Bd. 15, 4).

112 Freilich pflegten die Aufklärer die religiöse Toleranz bereits als ihre alleinige Leistung hinzustellen: „Si la religion n'enfante plus de guerres civiles, c'est à la philosophie seule qu'on en est redevable" (Voltaire, Art. Dieu, in: Dict. Phil., Œuvr. compl. XVIII, 380; ähnlich im Art. „Gens de lettres" in der Enzyklopädie); vgl. den Art. Philosophie, Sect. IV, in: Dict. Phil., wo er auch die Beendigung des religiösen Bürgerkrieges in England und des Dreißigjährigen Krieges in Deutschland der Philosophie zugute schreibt.

113 Um eine zwischenstaatliche Ordnung herzustellen und zu sichern,

darf der moralisch verpflichtende Droit des Gens nécessaire nicht rückhaltlos befolgt werden. Gewiß, ein Staat „ne doit jamais perdre de vue le droit nécessaire, toujours obligatoire dans la conscience: Mais lorsqu'il s'agit d'examiner ce qu'il peut exiger des autres États, il doit respecter le droit des gens Volontaire, et restreindre même ses justes prétentions, sur les règles d'un droit dont les maximes sont consacrées au salut et à l'avantage de la Société universelle des Nations", III, 12, § 188.

114 „On comprendra maintenant sans difficulté, pourquoi le droit est toujours imparfait, quand l'obligation qui y répond dépend du jugement de celui en qui elle se trouve... Notre obligation est toujours imparfaite par rapport à autrui..." (Prél., § 17). Die Aufhebung menschlicher Gegensätze in souveräne Staaten ist für ihn daher auch kein Schritt, der, fortschrittlich weiterführend, die verschiedenen Staaten in einer civitas maxima zusammenbinden müßte, wie er mehrfach gegen Wolff betont (Préf., XVII ff.; vgl. hierzu den analogen Gedanken bei Hobbes im Lev. II, 17).

115 III, 12; vgl. Prél., § 21: „... l'effet de tout cela est d'opérer, au moins extérieurement et parmi les hommes, une parfaite égalité des droits entre les Nations... sans égard à la justice intrinsèque de leur conduite, dont ils n'appartient pas aux autres de juger définitivement... Il est donc nécessaire, en beaucoup d'occasions, que les Nations souffrent certaines choses, bien qu'injustes et condamnables en elles-mêmes, parce qu'elles ne pouvroient l'y opposer par la force, sans violer la liberté de quelqu'une et sans détruire les fondemens de leur Société naturelle."

116 *Schiller*, S. W. 13, 3 f. „Wir haben nicht so lange Frieden, weil man den Krieg verabscheut, sondern weil man durch die Waffen nicht viel zu gewinnen glaubt, und könnte man unseren Frieden nicht mit Recht einen immerwährenden Krieg nennen, da er nur durch eine Million bewaffneter und stäts zum Angriff rüstiger Knechte erhalten werden kann?" — so lautet eine der analogen, damals allgemeine Evidenz besitzenden Aussagen, in denen der völkerrechtlich geordnete „Naturzustand" zum Ausdruck kommt (*Joseph Maria Babo*, Politische Nummern, Enthaltend eine kurze Übersicht der gegenwärtigen Angelegenheiten Europas... Nr. II, Frankfurt/Mayn 1786). Babo liefert hier eine Verteidigung Karl Theodors und seiner zunächst zwischen Preußen und Österreich schwankenden Politik während des österreichischen Tauschprojektes. Er begründet seine Rechtfertigung durch einen knappen Abriß der „berühmten Staatsräson (sonst auch Staatsrecht, raison d'état, Staatssystem, Zeiterfordernis, Konvenienz etc. genannt)". Auch die internationale Ordnung leitet er aus der Staatsräson ab, die sich aller Moral überordne. „Das, was uns moralischer Weise gerade gegeneinander zu streben scheint, harmoniert in der Politik ganz gut miteinander" (§ 30).

„Im Kleinen gilt — oder soll gelten — Recht; im Großen gilt Staatsräson" (§ 8). „Was von absoluter Billigkeit in der Politik übrig ist, besteht darinn, daß sie sich ohne Unrecht von den gemeinen Begriffen der Billigkeit entfernen kann" (§ 12). „... Handlungen, die einzig aus dem Staatssystem herzuleiten sind, (darf man) nie der Privatdenkart der Monarchen zuschreiben ... Ein jeder, der mit der Geschichte nur ein wenig bekannt ist, hat sich gewiß schon dieser frommen Delikatesse entwöhnt" (§ 11). Der Zusammenhang dieser Lehre mit dem religiösen Bürgerkrieg bleibt auch bei Babo noch deutlich (§§ 43—45). Die Kirchen — einmal befriedet — werden in die herrschende Balance eingebaut, d. h. politisch gleichsam ausgewertet. „Dieses sollten die Religionsvereiniger bedenken; sie rauben", wenn sie die Staaten „durch Meinungen" von „nothwendigen Schritten abhalten" wollen, „dem politischen Sistem eine Schwingfeder." Die wahren Politiker hielten sich nicht an solche Meinungen, sondern „sie temporisieren mit tiefer politischer Einsicht" (§ 38).

117 Man kann das *Bewußtsein der äußeren Ruhe* — im Unterschied zu einer fanatischen und deshalb unruhigen und blutigen Vergangenheit — im achtzehnten Jahrhundert nicht hoch genug veranschlagen. „Si on n'a pu bannir du monde le monstre de la guerre, on est parvenu à le rendre moins barbare", stellt Voltaire 1769 fest (Œuvr., XXVIII, 103 ff.). „Nous ne voyons plus les horreurs de la rose rouge et de la rose blanche, ni les têtes couronnées tomber ..." Zahllos sind die Äußerungen, aus denen hervorgeht, daß die damaligen Bürger den Krieg der Staaten zwar verabscheuten, aber als zivilisiert empfanden. „Dank sei der Vorsehung", ruft Henry Home aus, „daß der Krieg gegenwärtig ein weniger wildes Ansehen hat; wir verschoenen einzelne Personen und führen Krieg gegen die Nation; die Unmenschlichkeit und Grausamkeit weichen der Großmut; und die Soldaten werden aus viehischen Menschen in Helden verwandelt" (Sketches of the History of man, dtsch.: Versuche über die Gesch. der Menschen, Leipzig 1774, 484 ff.). Trotz der moralischen Sinngebung, die H. dem Krieg bereits angedeihen läßt, indem er ihn wie damals häufig als moralisches Stimulans des Fortschritts interpretiert, bezieht seine These ihre geschichtliche Evidenz aus dem Krieg als einem Mittel nur zwischenstaatlicher Politik. Ebenso knüpfen sich Turgots Fortschrittshoffnungen daran: „Dans ces balancements tout se rapproche peu à peu de l'équilibre, et quand à la longue une situation plus fixe et plus tranquille ... la guerre ne désole plus que les frontières des empires" (Œuvr., II, 599 ed. Daire). „Il paraît qu'enfin nos politiques sont parvenus à calculer l'effet qu'a sur eux la réaction de la ruine des nations étrangères et surtout de celles qui leur sont voisines", schreibt sein Adlatus, Dupont, 1788 an Edelsheim, als Frankreich seine holländischen Mißerfolge einstecken mußte, die nach Napoleons Urteil zum Ausbruch der Revolution führten (K. Fr. v.

Baden, Pol. Corresp. I, 285, Heidelberg 1888). Hertzberg ging ähnlich wie Schiller so weit, aus der Balance einen ewigen Frieden abzuleiten: „Die Geschichte wird nicht mehr interessant sein", sagte er, denn durch das Gleichgewicht seien nunmehr die Hoffnungen des St. Pierre erfüllt (zit. nach *Dilthey:* Ges. Schr., III, 195). — Diesen Zeugnissen einer rationalen Kriegsführung, die immer zugleich Dokumentationen des bürgerlichen Fortschrittsglaubens sind, entspricht die ebenso allgemeine Feststellung, daß auch im *Innern* der Staaten Ruhe eingekehrt ist. Seit 1660 „fängt die innere Ruhe an", heißt es in den Considérations sur la Population de la France par Mr. Moheau, Paris 1778 (bespr. in Schlözers Briefwechsel meist historischen und politischen Inhalts, XX, 23 118 ff.). Man höre Kanonenschüsse nur noch zu Festen, die Kriege fänden an den Grenzen statt, und das Entscheidende: die, die geführt würden, „dies waren keine Bürgerkriege". „Im Ganzen genommen", heißt es einmal in dem Gött. Magazin II, sind „die europäischen Nationen durch die wachsende Macht der Könige viel freyer geworden, als sie es unter dem Despotismus des Adels und der Geistlichkeit des Mittelalters waren". Wenn diese Sätze auch aus dem englisch-hannoverschen Raum stammen, so stimmen doch im Hinblick auf die Ruhe und Sicherheit sogar die radikalen Aufklärer zu. Im gegenwärtigen Jahrhundert, stellt Helvetius fest, „ist eine glückliche Ruhe so vielen Stürmen gefolgt... die Vulkane des Aufruhrs sind überall erloschen" (De l'Esprit, Paris 1758). Friedrich der Große ging 1740 so weit, zu glauben, daß „die Sitte der Aufstände und Revolution in unseren Tagen völlig abgekommen zu sein scheint" (im Antimachiavell, Œuvr., VIII, 243). Selbst ein so radikaler Schrittmacher der Französischen Revolution wie L. S. Mercier schreibt noch 1783 in seinem Tableau de Paris: „Une émeute qui dégénerait en sédition est devenue moralement impossible" (vgl. die Zusammenstellung analoger Äußerungen vor der Französischen Revolution bei *D. Mornet:* Les sources intellectuelles de la Révolution française, 449 ff.).
118 *Rousset* in seinen Anmerkungen zu Mablys „Le droit public de l'Europe" 1748, dtsch. (anonym): Umständliche Geschichte der europäischen Friedensschlüsse..., Frankfurt/Main 1756, 114.

Zweites Kapitel

I

1 *John Locke*, An Essay concerning Human Understanding, ed. C. Fraser, Oxford 1894, II, 28, § 4.
2 Ebd. §§ 7—10.

3 In der ersten Auflage gibt Locke eine Erklärung, warum er das moralische Gesetz als philosophisches bezeichnet: „... not because philosophers make it, but because they have most busied themselves to inquire after it, and talk about it ... which though it be more talked of possibly than either of the others, yet how it comes to be established with such authority as it has, to distinguish and denominate the actions of men, and what are the true measures of it, perhaps, is not so generally taken notice of« (§ 10).

4 Vgl. die Anmerkungen Frasers und die Erweiterungen des Vorwortes, die nur zu Lockes Lebzeiten gedruckt wurden. Ed. Fraser, 17 ff.

5 § 10.

6 Diese — entscheidende — Formulierung findet sich erst in der zweiten Auflage, in der sich Locke im Zuge der Kontroversen über das „Philosophical Law" zu deutlicheren Feststellungen durchgerungen hat. Vgl. dazu *Baron Cay v. Brockdorff,* Die englische Aufklärungsphilosophie, München 1924, 58 ff.

7 § 10.

8 Das Gesetz der öffentlichen Meinung wird bestimmt durch societies, tribes clubs, sects. Die räumliche, zeitliche und personale Relativität sowie die soziale Gebundenheit der Moralauffassungen, die Hobbes gerade zum Anlaß nahm, um die absolute Souveränität zu deduzieren, wird jetzt von Locke betont, um umgekehrt die Vorherrschaft der gesellschaftlichen Kräfte herauszuarbeiten.

9 § 14, § 10.

10 § 11.

11 § 12.

12 § 13.

13 Vgl. die Kontroverse mit Lowde in der „Ep. to the Reader", 17 ff.

14 Dieser bezeichnende Satz findet sich erst in der zweiten Fassung des § 10.

15 § 12.

16 Vernünftige Kritik und moralische Zensur entsprechen ihrer Herkunft nach soziologisch etwa der gebildeten Gelehrtenwelt und der Geschäftswelt. Aber beide Begriffe tauchen im achtzehnten Jahrhundert gern zusammen, sich ergänzend oder gegenseitig erläuternd, auf: „censurer et critiquer" (vgl. Rousseau Œuvr., V, 394, passim).
Sam. Johnson erklärt in seinem Dictionnary (London 1755) „To criticise" mit „to censure"; „a critick" ist ein „censurer", oder — gesteigert — „a nice censurer", wie es bei Bailly in seinem Englischen Dictionnary heißt (London 1731, 5. Aufl. und noch 1782, 24. Aufl.).
Die Enzyklopädie erklärt beide Begriffe für synonym (Art. „Critique, Censure"), läßt aber auch Schwerpunkte im Wortgebrauch erkennen: „Critique s'applique aux ouvrages littéraires: censure aux ouvrages théologiques, ou aux propositions de doctrine, ou aux mœurs."

17 *Schiller*, Sämtl. Schr., Hist.-krit. Ausg. hrsg. v. K. Goedecke, Stuttgart 1867 ff., III, 509.
18 Bezeichnend auch, daß der Begriff des Politischen für Locke nicht an die höfische Welt gebunden war. „Moral" und „politic" bildeten in England keinen Gegensatz. Die Gesellschaft ist selber eine „politic society", die bestehen bleibt, auch wenn die Regierung, the Government, sich auflöst (vgl. Of civil Government, II, 19). Der Begriff des Politischen ist für Locke nicht mehr nur mit staatlicher Herrschaft verbunden. Umgekehrt bezeichnet er — mit Hobbes — die Befolgung der von der Regierung erlassenen Gesetze als ein moralisches Verhalten, wobei er freilich nur formal mit den absolutistischen Staatstheoretikern übereinstimmt, da die spezifisch moralischen Gesetze, wie der besprochene Abschnitt zeigt, nur von der Gesellschaft selber bestimmt werden. „There is scarcely any man in England", heißt es bald darauf im Freeholder, Nr. 53, „of what denomination soever, that is not a free-thinker in politics, and hath not some particular notions of his own by which he distinguishes himself from the rest of the community. Our island, which was formerly called a nation of saints, may now be called a nation of statesmen" (zit. nach *W. E. Lecky,* A History of England in the 18th century, London 1892, I, 75).
19 Vgl. dazu *K. Loewenstein,* Zur Soziologie der parlamentarischen Repräsentation in England vor der ersten Reformbill; Erinnerungsgabe für Max Weber, 1923, II, 92 ff., und neuerdings *Kurt Kluxen,* Das Problem der politischen Opposition, Freiburg und München 1956.
20 Locke a. a. O. § 12.
21 „Il arrivera en France", schreibt *Voltaire* 1763 an Helvetius, „ce qui est arrivé en Angeleterre ... le petit nombre de penseurs se fera respecter. Soyez sûr que tant que les gens de bien seront unis, on ne les entamera pas. C'est l'intérêt du roi, c'est celui de l'État, que les philosophes gouvernent la société"; nicht sie, sondern die Fanatiker seien die wahren Unruhestifter ... „notre morale est meilleure que la leur, notre conduite plus respectable ... conservons nos avantages; que les coups qui les écraseront partent de mains invisibles et qu'ils tombent sous le mépris public" (Œuvr., XLII, 570 f.).

II

22 Alle warteten auf den Tod Ludwigs XIV., schrieb *St. Simon,* „les uns, en espérance de figurer, de se mêler, de s'introduire, étoient ravis de voir finir un règne sous lequel il n'y avoit rien pour eux à attendre; les autres, fatigués d'un joug pesant, toujours accablant ... étoint charmés de se trouver au large; tous en général, d'être délivrés d'une gêne continuelle et amoureux de nouveautés" (St. Simon, Mémoires, éd.

St. Beuve, Paris 1857, XIII, 104). Vgl. dazu *Philippe Sagnac,* La formation de la société française moderne, t. II, Paris 1946.

23 Über die Rolle des Adels seit 1715 vgl. *B. Fay,* La Franc-Maçonnerie et la Rév. intell. du XVIII siecle, Paris 1935, Kap. II: „La Révolte des Grands Seigneurs"; und *Taine,* Les origines de la France contemporaine, dtsch. v. Katscher, I, 54 ff. T.s Charakteristik des Adels gipfelt in der Feststellung: „So klar sie in ihrer Gesellschaft sehen, so irre sind ihre Augen in politischer Hinsicht" (210).

24 *M. Guys,* Recueil des Pièces de Poésie et d'Éloquence ... zit. nach *B. Groethuysen,* Die Entstehung der bürgerlichen Welt und Lebensanschauung in Frankreich, 2 Bde., Halle/Saale 1927, II, 147. In diesem Band auch die geistige und soziale Charakteristik der neuen Wirtschaftsschicht. Ferner Taine a. a. O. I, 359 ff., und Sagnac a. a. O.

25 Über die Methoden, durch verschleierte Bankrotte die Schulden zu senken, vgl. den Überblick bei *v. Böhn,* Rokoko, Frankreich im 18. Jahrhundert, Berlin 1921, 17 ff. 287 ff.; und *M. Göhring,* Geschichte der Großen Revolution, Tübingen 1950, I, 101 ff. 251 ff. 385 393.

26 *Rivarol* Mémoires ed. par M. Berville, Paris 1824, 2 ff. Über den wachsenden Reichtum der Bourgeoisie, so daß man trotz der wirtschaftlichen Krisen im ancien régime von einer „Révolution de la prospérité" 1789 sprechen kann: *C. E. Labrousse,* La crise de l'économie française à la fin de l'ancien régime et au début de la Révolution; Paris 1944, I, XLVIII passim.

27 Vgl. *Weiß* Histoire des réfugiés protestants de France, Paris 1853, I, 272 über die Anzahl der Flüchtlinge; ihre geistige Charakteristik bei *P. Hazard,* La crise de la conscience européenne; dtsch.: Die Krise des europäischen Geistes, Hamburg 1939. H. schildert die Entstehung des europäisch-bürgerlichen Geistes, verbleibt aber unausgesprochen innerhalb des kontinentalen Horizontes, indem er die englische Sonderentwicklung nicht berücksichtigt. Besonders der Ausdruck „Krise" ist nur aus dem französischen Selbstverständnis gewonnen, das an dem Niedergang der absolutistischen Macht Ludwigs XIV. orientiert bleibt (vgl. 508 f.). Soweit man die französische Klassik als den vorherrschenden Maßstab benutzt, ist es berechtigt, von der „crise de la conscience européenne" in der Wende zum achtzehnten Jahrhundert zu sprechen; wird aber der „Geist" in den konkreten politischen Zusammenhang gestellt, so kann man erst in der zweiten Hälfte des Jahrhunderts von einer Krise sprechen, und zwar dann in einer vollen, auch England einschließenden, politisch-existenziellen Bedeutung, siehe unten S. 208 f. — Über den englischen Einfluß auf Europa vgl. bes. die minutiöse Studie von *J. Texte.* J. J. Rousseau et les origines du cosmopolitisme littéraire, Paris 1895.

28 Über die Rolle der Intelligenz vgl. das grundlegende Buch von

D. Mornet, Les sources intellectuelles de la Rév. franç., Paris 1933; und immer noch *Felix Rocquain,* L'Esprit révolutionnaire avant la Révolution, Paris1878.

29 Als sich während der Notabelnversammlung 1787 eine Justiz- und Verwaltungsreform anzubahnen schien, schrieb *Dupont de Nemours* an Edelsheim: Die Verwaltung des Landes „était soumise à un despotisme arbitraire. Cette même administration aura l'organisation la plus parfaite qui a (sic!) encore existé" (in K. Fr. v. Baden, Pol. Corresp. I, 275). Es folgt eine siegesbewußte Schilderung, wie von nun an die junge Generation die Ressorts der Steuern, des Handels, der Kultur und der Polizei selbständig in die Hand nehmen würde. — Der absolutistische Verwaltungsapparat wahrte über die Revolution hinweg die Kontinuität des Staates, stellte aber zugleich einen Grundstock des modernen Bürgertums; vgl. hierzu *de Tocqueville,* Œuvr. compl., Paris 1952, tom. II. L'ancien Régime et la Révolution, II, ch. 3—5. Über die bürgerliche Rolle des deutschen Beamtentums vgl. *Valjavec,* Die Entstehung der politischen Strömungen in Deutschland 1770—1815, München 1951, I, 2, „Widerstände gegen den aufgeklärten Absolutismus", 77 ff.

30 Marquis *d'Argenson,* Mémoires . . . publiés par R. d'Argenson, Paris 1825, 230. (Zur Quellenfrage der Erinnerungen siehe die Notice sur les Manuscrits et des œuvres du M. d'Argenson von A. Brette in: La France au milieu du XVIIIe siècle d'après le Journal du M. d'Argenson, Paris 1898, 371 ff.)

31 *D'Argenson,* Mémoires, Notice 95. Eine Aufzählung der noch fast durchweg adligen Mitglieder a. a. O. 248 ff. „Nous étions ce qu'on appelle fort communicatifs entre nous", so schildert d'A. den Charakter dieses Clubs, „qualité essentielle et qui est l'âme de pareilles sociétés; elle vient de la confiance et de l'estime réciproques, d'une liaison où le cœur a autant de part que l'esprit. Elle tourne au profit commun."

32 Über d'Argenson vgl. *H. Sée,* L'évolution de la pensée politique en France au XVIIIe siècle, Paris 1925. Den Reformplan innerhalb der Considérations behandelt *G. Ritter* in: Der Freiherr vom Stein und die politischen Reformprogramme des Ancien régime in Frankreich (HZ 137 [1927] 456 ff.). D'Argenson wollte eine Verwaltung durch vom Volk gewählte Beamte einführen, die der herrschenden Korruption Einhalt geböten. „Es gilt, eine dritte Klasse von Leuten zu finden", sagte er in diesem Zusammenhang, „die von selbst arbeiten (travaillent par eux-mêmes)" und die nicht anders behandelt werden, als ihnen nach persönlichem Verdienst und Reputation zukomme. D'Argenson denkt offensichtlich an Männer, die im Sinne des dritten Gesetzes von Locke, des „Law of Reputation", leben.

33 Über St. Pierre und den Klub vgl. *Janet,* Histoire de la science politique dans ses rapports avec la morale, 2 Bde., 3. Aufl., Paris 1887, II, 11 ff., und *Hettner,* Geschichte d. französischen Literatur im achtzehn-

ten Jahrhundert, Braunschweig 1894, 79 ff. — Die „Polysynodie" war schon unter Ludwig XIV. entstanden, konnte aber erst nach dessen Tode veröffentlicht werden. — *Rousseau* faßte in seinem résumé den Plan zusammen: „Chez tous les Peuples, qui ont un Roi, il est... absolument nécessaire d'établir une forme de Gouvernement qui se puisse passer du Roi; et dès qu'il est posé qu'un Souverain peut rarement gouverner par lui-même, il ne s'agit plus que de savoir comment il peut gouverner par autrui" (Œuvr. compl., V, 463). – Der Vorwurf des „Visirat" wird 1787 im Pariser Parlament gegen Calonne und Ludwig XVI. wieder aufgenommen (siehe *Göhring*, Weg und Sieg der modernen Staatsidee in Frankreich, Tübingen 1946, 187).

34 *Rousseau* a. a. O. 93 100 ff.

35 „Il se trouvait là comme en un pays que l'on a souhaité long-temps et inutilement de voir, et où l'on se trouve enfin. Ses systèmes... ne respirent que bureaux de découvertes, que conférences politiques" (*d'Argenson* a. a. O. 255).

36 „Il est très vrai que tout le monde savait nos jours", erzählt d'Argenson. „Quelle nouvelle?" fragte man, „car vous venez de l'Entresol... C'est donc là ce que pense l'Entresol de tel événement?" (260). Meinungsverschiedenheiten zwischen dem Hofe und der privaten Gesellschaft über Fragen der Außenpolitik führten zu Protesten der diplomatischen Vertreter: „Qu'est-ce donc que cet Entresol qui blâme si hautement votre conduite, et dont il sort de tels mémoires?" fragten sie den Kanzler, „de quoi se mêlent-ils? Qui les a chargés de ce soin?" (263). Dieser indirekt politische Einfluß des Klubs war der entscheidende Grund, der zu seinem Verbot führte.

37 Der Brief des Kanzlers zit. nach d'Argenson a. a. O. 265.

38 D'Argenson forderte immer wieder Verschwiegenheit: „Je disais: ‚Contentons-nous-en pour nous-mêmes, faisons nous oublier' (261) ... car nous frondions parfois bien ouvertement. Rien au surplus ne doit être imputé à trahison", stellte er abschließend fest: „L'indiscrétion a tout fait" (263).

39 Die Argumente des M. le garde des sceaux, die das Verbot begründeten, faßte d'A. folgendermaßen zusammen: „Que nous étions une Académie politique; qu'il ne convenait pas qu'un pareil établissement existât sans que le gouvernement y participât, pour en régler les matières", die geregelte Arbeit, die große Anzahl der Mitglieder und vor allem „le bruit que leurs occupations faisaient dans le public" erlaubten es nicht, der société einen privaten Charakter zuzusprechen, sie sei vielmehr eine „véritable académie politique" und daher ohne staatliche Autorisation unstatthaft (268).

Aus dem Jahre 1731 datiert auch die erste Revolutionsprognose, die d'Argenson dem französischen Staat gestellt hat und die er seitdem unentwegt wiederholte (siehe La France au milieu... Journal, ed.

Brette, 106 130 133 139 passim). Während d'Argenson seine Prognosen noch wesentlich an die tagespolitischen Ereignisse knüpfte, faßte Rousseau, ein Gesinnungsverwandter und Verehrer des Marquis, die Spannung zwischen Staat und Gesellschaft bereits grundsätzlich unter den Begriff der Krise. Der Ausdruck taucht bei ihm erstmals 1760 in einem politischen Sinne auf und bezeichnenderweise in einer Auseinandersetzung mit einem Mitglied des Club de l'Entresol.
Rousseau lieferte mit seinem Jugement de la Polysynodie die Kritik an der politischen Kritik des St. Pierre. „Il donne aux Conseils la délibération des matières et laisse au Roi seul la décision" — so St. Pierre. „Ne sentoit-il pas", fragt Rousseau, „qu'il falloit nécessairement que la délibération des Conseils devînt bientôt un vain formulaire ou que l'autorité royale en fût alterée?" — „Qui regit, rex est", stellt Rousseau mit Grotius fest. Entweder seien die Fachausschüsse bloße Puppenversammlungen, „des Conseils de parade", oder sie bedeuten für den absolutistischen Staat die Revolution. „En effet; ce n'est rien moins qu'une révolution dont il est question dans la Polysynodie..." Die Spannung zwischen dem absolutistischen Staat („un vieillard décrépit et gouteux", wie er ihn hier umschreibt) und der neuen Gesellschaft war 1760 für Rousseau bereits so unaufhebbar, daß sie nur noch durch eine Revolution zu lösen sei. „L'ordre politique et l'ordre civil dans les Monarchies ont des principes si différents et des règles si contraires qu'il est presque impossible d'allier les deux administrations"; vielleicht bestehe überhaupt eine Unvereinbarkeit „entre ce qu'on appelle maximes d'État et la Justice et les loix". Angesichts dieser grundsätzlichen Differenz ziehe er, Rousseau, trotz aller Einwände gegen eine Polysynodie diese der Monarchie vor, da sie sich der republikanischen Verfassung, ihrer Gesetzlichkeit und Gerechtigkeit annähere. Würden aber in der herrschenden Situation die Könige mit dem Plan des St. Pierre ernst machen, dann bedeute das ihren „ruine totale". Damit spricht Rousseau nur schärfer aus, was dreißig Jahre zuvor der Kardinal Fleury in seinem Brief andeutete, als er den Club de l'Entresol auflöste. Würde die Gesellschaft im Sinne des St. Pierre an die Regierung gelangen, dann, meinte Rousseau, gebe es Unruhen ohne absehbares Ende, „... et nul ignore combien est dangereux dans un grand État le moment d'anarchie et de crise qui précède nécessairement un établissement nouveau" (Œuvr. compl., V, 485 ff.).
40 Die folgenden Erörterungen stützen sich, von den zitierten Quellen abgesehen, auf *Eugen Lennhoff-Oskar Posner*, Internationales Freimaurerlexikon, Zürich-Leipzig-Wien 1932, ein kosmopolitisch-liberales Werk. Für allgemeine Fragen wurde herangezogen: *J. G. Findel*, Geschichte der Freimaurerei, 3. Aufl., Leipzig 1870. Aus dem Streit für und wider die Freimaurerei hat sich herausgehoben die französische Darstellung von *B. Fay*, La Franc-Maçonnerie et la Révolution intellec-

tuelle du XVIIe siècle, Paris 1935, ein Werk, das von höchstem Einfühlungsvermögen in die z. T. neu gehobenen Quellen getragen ist. Die neueste deutsche Darstellung von *A. Roßberg*, Freimaurerei und Politik im Zeitalter der Französischen Revolution, stützt sich ebenfalls auf bis dahin unzugängliche Quellen (das Buch erschien Berlin 1942); Roßberg neigt dazu, Hoffnungen für Pläne, Pläne für vollendete Planungen und diese schließlich für geschehene Wirklichkeit zu nehmen. Die politische Fragestellung ist aber jedenfalls den Quellen adäquater behandelt als bei *R. Le Forestier*, der sie ebenfalls behandelt in: Les Illuminés de Bavière et la Franc-Maçonnerie allemande, Paris 1914 (vgl. u. S. 198, Anm. 22). Die Geschichte der Freimaurerei von *F. Runkel* (3 Bde., Berlin 1931) birgt zwar viele Quellen, wird aber durch die christliche Grundhaltung und den antienglischen Affekt, den der Verfasser in die Vergangenheit projiziert, dem Wesen der Maurerei im 18. Jahrhundert keineswegs gerecht. Über die Riten und ihre Herkunft vgl. *W. E. Peuckert*, Geheimbünde, Heidelberg 1951, und über die Vorgeschichte der Logen *Douglas Knoop* and *G. P. Jones*, The Genesis of Freemasonry, Manchester 1947.

41 Über die Pietisten s. *E. Troeltsch*, Ges. Schr., Bd. 4, Aufsätze zur Geistesgeschichte und Religionssoziologie, Tübingen 1925, 346 ff. 535 ff. 841 ff.; über die Rolle der Jansenisten im französischen Staat vgl. *Ranke* a. a. O. Französische Geschichte 12. Buch, Kap. 5, und *Paul Bénichou:* Morales du Grand Siècle, Paris 1948, bes. 112 ff.

42 Bezeichnend der Streit um „das wahre Geheimnis", der im 18. Jahrhundert unter den verschiedenen Systemen geführt wurde. Vgl. die Übersicht im „Köthener Taschenbuch für Freymaurer im Jahre 1803", abgedruckt bei *Lennhoff-Posner*. Die geistigen Strömungen innerhalb der deutschen Logen finden sich bei *F. J. Schneider*, Die Freimaurerei und ihr Einfluß auf die geistige Kultur in Deutschland am Ende des 18. Jahrhunderts, Prag 1909.

43 Der Maurer hat „eine Freidisposition über seine Affekten", die „Tugend ... der freien Beherrschung über seine Neigungen durch die Freiheit erworben" (Kurze historische Nachrichten ... 1742, abgedruckt in: Des verbesserten Konstitutionsbuchs ... Zweiter Teil. Verordnungen, Gesetze ... ges. von dem Bruder Kleinschmidt, Frankfurt/M. 1784, II, 212).

44 Vgl. die Vorrede zur vierten Auflage des deutschen Konstitutionen-Buches, in dem das moralische Programm entwickelt wird und es dann echt maurerisch heißt: »Der Genuß des Lebens ist bei dem Orden ursprüngliches Gefühl." Die Freudenmahle — oft ein Ziel des Gespötts — gleichen einem säkularisierten Abendmahl. „Das freundschaftliche Mahl ist noch in seiner ersten Reinheit." Der Leib Gottes wird freilich zu einem corpus mysticum der moralischen Geister, und an die Stelle der Gnade und der Erwartung des Jüngsten Gerichtes tritt die moralische

Lauterkeit und das damit verbundene moralische Richteramt des modernen Bürgers. „Wer mit falschem Herzen seinen Bissen in die gemeinschaftliche Schüssel tauchet, hat sich selbst ausgeschlossen, er ist sein eigener Richter und hat sich auch selbsten bestraft."

45 Vgl. die Beschreibung bei *Fay* a. a. O. 106.

46 Vgl. die einschlägigen Artikel bei *Lennhoff-Posner*.

47 *Lessing*, Ernst und Falk. Gespräche für Freimaurer, 1778 (S. Schr. Bd. 13, 339 f.). „Die Maurerei ist nichts Willkürliches, nichts Entbehrliches, sondern etwas Notwendiges, das in dem Wesen des Menschen und der bürgerlichen Gesellschaft gegründet ist." Die Freimaurerei ist für Lessing eine Größe, die ihren historischen Ausprägungen vorgeordnet ist; die Logen verhalten sich zur Freimaurerei wie „die Kirche zum Glauben". Diese Erhebung der Freimaurerei zu einer übergeschichtlichen Kraft ist als ein geschichtsphilosophisches Argument gerade ein Beweis für die spezifisch bürgerliche Funktion dieser Einrichtung.

48 „L'Egalité chez eux préside en souverain ...", so ein französisches Spottlied, zit. von *B. Fay*, in: La Franc-Maçonnerie ... a. a. O. 168, vgl. 202 ff. und *Mornet* a. a. O. 378.

49 Die Formel stammt aus „The Constitutions of Freemasons 1723. Reproduced in Facsimile from the original edition: with an Introduction by Lionel Vibert I. C. S. (Ret'd), past master of the Lodge of the quatuor coronati", London 1923. Die Gleichheit erstreckte sich freilich nur selten auf die Handwerker, die auf Grund der Bauhüttentradition in der Formel mitgeführt wurden.

50 Diese mit jedem Wort die Maurerei kennzeichnenden Verse stehen bei *Hazard*, Die Herrschaft ... 375.

51 Zit. nach *Runkel* a. a. O. I., 106. — „Der politische und religiöse Druck sind wohl bei edleren Seelen die natürlichste Veranlassung, welche das Bedürfnis nach solchen Veranstaltungen erwecken", sagte ein knappes halbes Jahrhundert später Weishaupt, der Gründer des Illuminatenordens (zit. nach *Engel*, Geschichte des Illuminatenordens, Berlin 1906, 56). Deshalb, meinte er, müsse man sich „doppelt geheim" halten. „Their real secret ist no other than their origin", sagte noch später *Thomas Paine*, „which but few of them understand". Obwohl Paine bereits einem Ursprungsmythos des „größten" Alters erliegt, sagt auch er noch, daß die wahre Quelle des Geheimen die Furcht vor Verfolgung sei (Origin of Free Masonry, in: The Writings, 4 vols, New York, London 1894, IV, 290 ff.).

52 The Constitutions ... 49.

53 Ebd.

54 Ebd.

55 The Constitutions ... ebd. „All Politicks" erscheint im Original fettgedruckt. – Die Materie der Arbeit, heißt es bei *Uriot*, Le Secret de Franc-Maçons mis en Évidence, La Haye, 1744, seien: „Architecture,

Eloquence, Poésie, Peinture, Musique, Philosophie, Moral, Histoire, Plaisirs délicats et réglés par la Sagesse, voilà les objets de nos entretiens." Politik und Religion seien als „matières de Controverse" nicht zulässig (18). Noch heute gehört es zu einer „gerechten und vollkommenen Loge", daß politische und religiöse Fragen in ihr nicht diskutiert werden (vgl. *Lennhof-Posner* 593). Aus der Ablehnung der Politik im 18. Jahrhundert auf den unpolitischen Charakter der Logen in dieser Zeit zu schließen, ist ein Fehlschluß der liberalen und meist auch der maurerischen Historie selbst, die die funktionale Bedeutung einer Leugnung der Politik im Rahmen des absolutistischen Staates verkennt. Der Schluß entspringt dem Erfahrungshorizont erst nach der Französischen Revolution.

56 Vgl. *Fay* a. a. O. 114 159 ff.

57 Vgl. die Äußerung von *Raynal* 1774, die von der Kontinuität dieser Grundhaltung zeugt: „Aujourd'hui l'autorité, devenu plus indépendente, assure aux monarchies des avantages dont un état libre ne jouira jamais. Que peuvent opposer des républicains à cette supériorité redoutable? Des vertus!" (Hist., Phil. et Politique . . . La Haye 1774, I, 257.)

58 Le secret . . . mis en Évidence 17.

59 Ebd.: „Ils ne balancent point à s'unir", heißt es mit deutlichem Hinweis auf die herrschende Staatenpolitik, „leur liaison fait le bonheur".

60 Er glaubte nicht, bekennt einmal ein ausgetretenes Mitglied, „daß außer dem Orden ein tugendhafter Mensch auf der Erde lebe; voll des Wunsches, die ganze Welt zu beglücken, war ich intolerant gegen meinen nächsten Nachbar, weil er ein Laye war" (*J. M. Babo*, Über Freymaurer 1784, 12). — „Tout le secret des franc-maçonnes consiste à enseigner par des symboles que la vraie religion est la morale et que les vraies vertus sont les vertus sociales" (Abrégée de l'histoire de la fr.-maç., Lausanne 1779, 192, zit nach *Fay* a. a. O. 194).

61 S. o. S. 29.

62 S. o. S. 43.

63 *Hobbes*, Lev. II, 31.

64 Diese funktionale Bedeutung, die das arcanum — ob ausgesprochen oder nicht — für alle Lehrsysteme gehabt hat, war innerhalb der englischen Maurerei, aus der sich die anderen Systeme erst abgesondert haben, von vornherein ein bewußt geplanter Gehalt des arcanums selber. „De quelle utilité peut être le mystère d'une chose, qui vraisemblablement n'est rien elle même?" fragt 1744 ein autorisiertes Mitglied der Frankfurter Logen „de l'Union" und „de l'Égalité", die noch unter direktem englischen Einfluß standen. „C'est une précaution nécessaire au bien commun: Nous avons des Loges par toute la Terre, elles sont toutes unies entr'elles aussi étroitement que les Membres d'une seule le sont entr'eux. Voilà le motif de notre exactitude à garder notre Secret."

(Les Secrets ... mis en Évidence, 14. Diese Schrift diente der Verteidigung der Maurerei und ist mit Genehmigung der Logen herausgegeben worden. Die Loge De l'Union ist eine Gründung des französischen Gesandten, der zur Kaiserkrönung in Frankfurt weilte; die Londoner Stiftungsurkunde datiert vom 8. 2. 1743. Vgl. *Runkel* a. a. O. I, 153.)

III

65 *Adam Weishaupt,* Schilderung der Illuminaten, Gegenstück von Nr. 15 des grauen Ungeheuers, Nürnberg 1786, 23.

66 *Joseph Utzschneider* in (Cosandey, Renner, Utzschneider:) Drey merkwürdige Aussagen die innere Einrichtung des Illuminatenordens in Bayern betreffend, München 1786, 36.

67 Die Äußerung stammt von *Nicolai,* zit. nach *F. J. Schneider* a. a. O. 111. „Ungeheure Erwartungen" knüpfte man an die Maurerei, in deren Verheißungen man ein „unerschütterliches Vertrauen" hegte (ebd. 47).

68 Zit. bei *A. Kohut,* Die Hohenzollern und die Freimaurerei, Berlin 1909. Die Stelle befindet sich in einem Briefe an den Prinzen Fr. Aug. von Braunschweig-Lüneburg, in dem sich Friedrich gegen eine Einmischung des Herzogs Ferdinand von Braunschweig in die Maurerei Preußens verwahrt (66 f.) (1777).

69 „Das Geheimhalten ... schien mir deswegen eingeführt ..., um die weite Kluft auszufüllen, die zwischen den verschiedenen Ständen des Staates sich befindet, und befinden muß, und hierdurch eine Gleichheit unter den ungleichen Gliedern, welche bei einer gemeinschaftlichen Arbeit zu einem gemeinschaftlichen Zwecke nöthig zu seyn scheint, herstellen zu können, welches bei publiken Gesellschaften unmöglich ist" (*Meggenhoffen:* Meine Geschichte und Apologie ... 1786, 70).

70 Le secret ... mis en Évidence, La Haye 1744, 17.

17 „Das Geheimnis ist das ‚Mittel'", die Brüder „unter dem gemeinschaftlichen, so großen und hohen Namen eines Menschen zu vereinigen" (*Bode?*), Gedanken über die Verfolgung der Illuminaten in Bayern, Frankfurt/Main 1786, Abschnitt 4 „Kosmopolitismus" 37 f.

72 „Sehr nützlich", sagen die Maurer immer wieder von sich selber, seien sie „vor allem deshalb, weil das arcanum vor den Augen des gemeinen Mannes verborgen bleibt" (Des verbesserten Konstitutionsbuches ... II, 219). Das Geheimnis diente dazu, „um ruhiger, wegen dem allenfallsigen Eindringen der Untauglichen" die moralischen Zwecke verfolgen zu können (*Meggenhoffen* a. a. O. 70). S. auch: Le Secret ... mis en Évidence ... 14 passim.

73 „... da der erste Grad schon adelt, ist der Ausdruck der Oberen, was wird sich erst von höheren hoffen lassen!" (Drey merkwürdige Aussagen ... 26.)

74 „Alle Mitglieder einer geheimen Gesellschaft erwarten etwas mehr

als sie in der Welt hören; sie erwarten mit Recht etwas Ausgezeichnetes und Großes, etwas, das nicht jedermann weiß", stellt Weishaupt fest; wegen dieser hochgespannten Erwartungen seien „alle die höheren und Hochgrade eingeführt worden." (Aus der Anrede an die Illuminates dirigentes, abgedruckt in: Die neuesten Arbeiten des Spartacus [*Weishaupt*] und Philo [*Knigge*] ..., 2. Aufl., 1794, 63 ff.)

75 „Ich glaubte unter der strengsten Beobachtung vieler mir unbekannter Menschen zu stehen, ich suchte meine Pflichten zu diesem Ende auf das strengste zu erfüllen, weil ich nichts gewisser glaubte, als daß keine meiner Handlungen unbemerkt bliebe", berichtet Weishaupt über die Zeit, als er in eine Münchner Loge eintrat (zit. nach *Engel* a. a. O. 60).

76 Vgl. Drey merkwürdige Aussagen ... 41 45 51. Es war Knigges und Bodes Plan, wie der erste sagte, „alles insgeheim so zu lenken, daß wir die stricte Observanz in unsere Gewalt bekommen, ohne daß sie es selbst gewahr wird" (zit. *Engel* a. a. O. 138). Sie trachteten danach, sich als die wahren Oberen — gleichwohl als „Verschwundene" — zu etablieren. „Durch das Unvollkommene und so oft bekannt gemachte ihrer Einrichtungen" sollte die Freimaurerei „einer besseren und klügeren Einrichtung (dem Illuminatenorden) zur Masque dienen ... daß der Gegentheil und die öffentliche Regierung in sie (die Illuminaten) kein Mißtrauen setze" (Nachtrag von weiteren Originalschriften ... München 1787, II, 117). Über den Verfall der deutschen Systeme in den sechziger und siebziger Jahren, über den Wilhelmsbader Kongreß als den letzten Einigungsversuch und die Tätigkeit der Illuminaten, sich als neue Dachorganisation zu etablieren, vgl. *Roßberg*, a. a. O. 74 ff.

77 „Alle Verräthereien von Seiten ihrer Untergebenen waren ihnen erwünscht, theils um die Sachen inne zu werden; theils um die Verräther stets in der Furcht zu erhalten und ihnen mit der Bekanntmachung ihrer Verrätherey zu drohen, im Falle sie nicht gehorchen sollten ..." (Drey merkwürdige Aussagen ... 45). In einer Entgegnungsschrift (von Bode?) heißt es über die „Verborgenheit der Oberen": keine Einrichtung sei „zweckmäßiger, um Untergebene genau zu beobachten, gegen die Gesellschaft folgsamer zu machen, und die Mängel der Personen von dem Amt selbst auf eine glückliche Weise vor den Augen der Untergeordneten zu trennen und zu verbergen" (Gedanken ... 1786).

78 Drey merkwürdige Aussagen ... 9. Ich mache „jeden zum Spion des anderen, und aller. Darauf werden die Fähigen zu den Mysterien herausgenommen", schreibt Weishaupt an Knigge (zit. aus den „Originalschriften" bei *B. Stattler* „Das Geheimnis der Bosheit ..." München und Augsburg 1787, 45). Auch bei Rosenkreuzern bestand nach Punkt Sechs des Eides die Pflicht zu gegenseitiger Anzeige der Brüder bei den Oberen (s. *Schneider* a. a. O. 137).

79 (Adam Weishaupt) Schreiben an den Herrn Hofkammerrath Ut(z)schneider in München ... 1786, (Anhang) Unterricht zu besserer

Beurteilung der inneren Einrichtung des Ordens, 90. — Drey merkwürdige Aussagen . . . 10, 40. Das moralische Herrschaftssystem der Illuminaten wird geschildert bei *B. Le Forestier.* Vgl. bes. L. V., ch. III „La théorie de la société secrète" von Weishaupt. Ferner: *E. Lennhoff,* Politische Geheimbünde, Wien 1930, Kap.: Die Weltverschwörer (promaurerisch), und *A. Roßberg* a. a. O. (antimaurerisch) Kap. I, 3 „Führungslehre".

80 *(Bode?,)* Gedanken . . . 37.

81 Das Führungsgremium der Illuminaten wurde auch Sittenkommission oder Fiscalat genannt. „Direktorium der Toleranz" heißt es bei *v. Göchhausen,* in: Enthüllung des Systems der Weltbürgerrepublik . . . Rom (Leipzig) 1786, 376.

81a *Knoop* u. *Jones* a. a. O. 194 ff.

81b *Albert Lantoine,* Histoire de la Franc-Maçonnerie Française, Paris 1925, 70.

82 Vgl. die einschlägigen Artikel bei *Lennhoff-Posner,* auch *Runkel* I, 148. Eine brauchbare Bestandsaufnahme liefert — von seiner Tendenz abgesehen — *H. Riegelmann,* Die europäischen Dynastien in ihrem Verhältnis zur Freimaurerei, Berlin 1942.

83 *Fay* a. a. O. 197 ff., und *Lennhoff-Posner,* Art. Frankreich.

84 *Fay,* Benjamin Franklin, Paris 1929; *ders.* La Franc-Maçonnerie, 144 ff. 226 ff. 85 Ebd.

86 Dies gilt besonders für Frankreich und bleibt unabhängig von der diffizilen Frage nach der revolutionären Planung; vgl. die Übersicht dieser historischen Streitfrage bei *Fay* a. a. O. 265 ff., und *Louis Villat,* La Révolution et l'Empire, Clio Paris, 1947, I, 78 ff. Ferner *Mornet* a. a. O. 357 ff., und neuerdings *M. Roger Priouret,* La Franc-Maçonnerie sous les lys, Paris 1953, der unter Betonung ihrer ungeheuren sozialen Macht eine direkte Umsturzplanung der Maurer unglaubhaft macht.

87 Pétion, Brissot, Danton, Rabaut-St. Etienne, Sieyès (nicht die Robespierres) waren Mitglieder Pariser Logen, z. T. in der Loge der Neuf Sœurs (*Fay* a. a. O. 229 f.). Über die Verwendung der gesellschaftlichen Organisationen, die bereits vor der Revolution bestanden, zum Ausbau des jakobinischen Befehlsapparates s. *C. Brinton,* Europa im ZA. der Französischen Revolution, deutsch von P. Rohden, Wien 1939, 65 ff. Nicht als Logen, „mais comme associations de clubs" hätten die Logen dem Umsturz Dienste geleistet, stellte de Maistre rückblikkend fest (zit. nach *E. Dermenghem* in: de Maistre, La Franc-Maçonnerie, mémoire au Duc de Brunswick 1782, Paris 1925, 30). Vgl. besonders: *A. Cochin,* Les sociétés de Pensée et la Révolution en Bretagne (1788–1789), 2 Bde., Paris 1925; *ders.,* La Révolution et la libre pensée, Paris 1924, 144, und: Les Sociétés de pensée et la démocratie, Paris 1921. 1784 stellte *Necker* fest: „Die Mehrzahl der Fremden hat Mühe,

sich eine richtige Vorstellung von der Autorität zu machen, welche die öffentliche Meinung in Frankreich ausübt. Sie verstehen nur schwer, daß es eine unsichtbare Macht gibt, die ohne Kasse, ohne Leibwache, ohne Armee Gesetze gibt, die selbst im Schlosse des Königs befolgt werden, und doch gibt es nichts, das wahrer wäre" (zit nach *v. Böhn*, Rokoko, Frankreich im 18. Jahrhundert, Berlin 1921, 318). Als *Calonne*, der Nachfolger Neckers, die Privilegien beseitigen wollte, um die Finanzkrise, „la crise inconcevable", zu beenden, meinte er zum König, die privilegierten Stände „sont déjà soumis par voie indirecte dans la personne de leurs fermiers („Objections et réponses", Denkschrift Calonnes an den König, Nov. 1786, abgedruckt bei *Glagau*, Reformversuche und Sturz des Absolutismus in Frankreich, München und Berlin 1908, 358). Aber nicht Calonne war der Stimmenmacher, sondern diese saßen, wenn überhaupt, auf einem öffentlichen Posten, in der Notabelnversammlung, die sich gegen Calonne richtete. Dort klagte der Großmeister der Maurer, der Herzog von Orléans, den König unverblümt der Ungesetzlichkeit an, von dort aus forderte Lafayette, ein führendes Mitglied der Loge zu den Neun Schwertern, offen die Einberufung der Generalstände (ebd. 291).

88 „Il n'est pas douteux que l'ordre maçonnique doit être considéré comme une vaste gouvernement" (de Maistre a. a. O. 115). Vgl. *E. Dermenghem*, Joseph de Maistre Mystique . . ., 2. Aufl., Paris 1946, 60 ff.

89 „Es gesellet sich dieselbe (die Freimaurerei) zu denen vornehmsten Prinzen", heißt es hoffnungsfroh in einer deutschen Schrift aus dem Jahre 1742, „und setzet sich mit denen selben auf den Thronen der Macht und des Glanzes nieder" (Kurze historische Nachricht von dem Ursprung der Freimaurer-Gesellschaft . . . 1742, abgedruckt in: Des verbesserten Konstitutionsbuches . . . zweiter Theil, 173).

90 *De Maistre* a. a. O. 122.

91 *(Weishaupt,)* Schreiben an den Herrn Hofkammerrath Th. Ut(z)-schneider . . . 110. — Der Schlüssel zu dem Geheimnis ist die Zunge. Der Schlüssel ist also „von gar keinem Metalle, sondern", heißt es in der doppeldeutigen Einweihungszeremonie des Lehrlings, „eine Zunge von gutem Gerichte" (Die entdeckte Heimlichkeit der Freymäurer, 1779, 36)

92 „Da alle Urtheile, die man giebt, so wie alle Handlungen uns verrathen", heißt es bei den Illuminaten, sei die ständige Selbstkontrolle so wichtig wie die Beaufsichtigung durch die Oberen (Einige Originalschriften des Illuminatenordens . . . München 1787, 31). Auf den Verrat des Geheimnisses standen bezeichnenderweise — wenn auch nur symbolisch — die grausamsten Folterungen bis zur Todesstrafe (des verbesserten Konstitutionsbuches . . . II, 228; Die entdeckte Heimlichkeit . . . 25). Zwar wurde das geheime Ritual 1730 verraten (s. *Findel* a. a. O.

387) — das sozial Relevante: die innergesellschaftliche Jurisdiktion, die die geheime Arbeit zu hüten hatte, blieb bestehen.

93 *De Maistre* a. a. O. 120.

94 Zwei Jahre darauf (1784) war die eigene Gerichtsbarkeit des Illuminatenordens einer der entscheidenden Gründe, die zu seiner Auflösung führten. Das jus vitae et necis mußte jedes Mitglied dem Orden bei der Aufnahmezeremonie protokollarisch zugestehen (Abdruck in: Einige Originalschriften ... 88, 97: „Aus eben dem Grunde ich den Regenten der Welt zugestehe, daß sie den (sic!) Gewalt über Leben und Tod der Menschen haben, aus eben diesem gestehe ich ganz gerne meinem Orden zu, der ebensowohl, wie die Regenten der Welt sollen, das Beste der Menschen befördert").

95 Le secret... mis en Evidence, 27. Diese Aussage befindet sich in einem geschichtlichen Abriß der Logen und bezieht sich auf die Zeit nach Noah. Es handelt sich um eine der zahlreichen Projektionen des moralischen Dualismus in die Vergangenheit, aus der heraus sich die Maurer — um antike Mythen bereichert — dann geschichtsphilosophisch legitimierten. S. u. S. 109. Durch die Aussparung aus dem Staat vereinigten sich die Brüder zu einer Gesellschaft „d'honnêtes gens dont le bonheur et la sureté consistent à n'être point confondus avec le Vice" (ebd. 14). — „Wir suchen zu bauen", heißt es dann weiter, „und alle unsere Gebäude sind entweder Gefängnisse für die Laster oder Tempel für die Tugenden" (Kurz. hist. Nach. ... a. a. O. II, 203). Diese Formulierung stammt aus einer französischen „Ode apologétique" ... (Le secret ... mis en Evidence ... 39), in der der Mythos der Astraea wieder aufgenommen wird, deren Wiederkehr auf der Erde das goldene Zeitalter herbeiführen soll. Auch diese mythologische Einkleidung liegt auf der Grenze zwischen allegorischer Spielerei und halb bewußter Schaffung geschichtsphilosophischer Mythen.

96 Der „allerwürdigste Freymaurer-Orden", heißt es in „Des verbesserten Konstitutionsbuches..." II, 245, „rangiert neben (der) ganzen Welt"; „also ist es ... mit diesem Orden beschaffen, solange die Geheimnisse verschwiegen bleiben, ist nichts Besseres anzutreffen, als diese Societät; es ist aber auch nichts Bösers, als wenn das Geheimnis der Welt bekannt gemacht würde" (241).

97 Le secret... mis en Evidence 15. 98 Ebd. 10, 14.

99 Der antistaatliche Ansatz der konspirativen Logenplanung tritt in der „Kurzen hist. Nachr. von dem Ursprung der Freimaurergesellschaft und deren Geheimnisse mit unpartheiischer Feder vorgestellet", 1742 erstaunlich früh zutage. Der anonyme Verfasser (vgl. *Wolfstieg*, Bibl. der Freimaurer. Lit., 1913 ff.) berichtet hier eine der zahlreichen Ursprungsgeschichten, die damals kursierten. Danach ist die Entstehung der jetzigen Mauerei, im Gegensatz zu der Universalgeschichte Andersons, in die Zeit des Schloßbaues von Kensington zu verlegen.

„Als dieses Schloß gebauet wurde, entstund unter den Arbeitern eine Konspiration wider ihre vorgesetzte Obrigkeit ...“ Die Zeitangabe fehlt, jedenfalls folgt ein Hinweis auf „Karl Stuart I.“, der die „Ursache“ der Revolution gewesen sei. Die Regierung griff zu und brachte alle Losungsworte der Verschwörer in Erfahrung, nur nicht das der Maurer, die zwar den größten Teil der Rebellen stellten, aber auch strengste Verschwiegenheit wahrten. Der Inhalt ihres Geheimnisses war der, „daß die Aufseher, wider welche das Vorhaben ist eigentlich gemünzet gewesen, selber die Ursache zu diesem Mißvergnügen mit übler Verwaltung der Gerechtigkeit gegeben haben ...“ Auf Grund dieser, der moralischen Unschuld und dem besseren Wissen entspringenden Überlegenheit der Maurer mußte, um Schlimmeres zu verhüten, die Obrigkeit ihrerseits schleunigst erklären: „Die Maurer sind frey, nämlich sie sind von der (im Sinne des positiven, aber falschen Rechts:) verdienten Strafe (im Sinne des wahren Rechts:) ohne Gnade frey, die den Arbeitern (den nicht eingeweihten, noch dem Despotismus verpflichteten Menschen:) aus Gnaden ist erlassen worden.«
Die moralisch fundierte Gerechtigkeit der Maurer macht die Willens- und Gnadenakte des souveränen Fürsten überflüssig, sie liefert eine neue Legitimität und bedeutet daher in ihrem Ansatz die Beseitigung des absolutistischen Systems. Das Losungswort von Kensington, fährt der Verfasser fort, „welches zum Angriff ist erwählet worden, eins von den vornehmsten und größten Geheimnissen ist, welches die heutigen Freimaurer noch beschwören müssen“. In einer Anmerkung hierzu beeilt er sich, festzustellen — gemäß der Verfassung, die alle Politik verbietet —, daß die Maurer heute keineswegs „ein gewisses Staatsdessein auszuführen intentionieret wären“, sie seien vielmehr die „allerredlichsten Leute, suchten auch nichts zu entreprenieren, was wider die göttliche, weltliche und andere Rechte läuft“. Die Ambivalenz der Freimaurerei, im Innern den „Angriff“ zu planen, nach außen aber alle Politik abzulehnen, um im Schutze des Geheimnisses überhaupt planen zu können, wird in diesem Dokument manifest. „Es sind reelle Dinge, worum sich die Freymaurer kümmern“, heißt es weiter, „... worinnen (sie) bestehen, verschweige ich, es gebührt sich auch nicht, zu sagen, weil es Geheimnisse sind.“ „Logikalischer Syllogisus“ und „Schulfüchsereien“ würden jedenfalls nicht getrieben. „Ihr ganzes Wesen gehet nur auf Untersuchung natürlicher und politischer Dinge“ (225). Sie bilden eine „Gesellschaft, worinnen weiter nichts gehandelt wird, als wie sie sich in diesem Leben konservieren wollen“. „Obgleich die meisten Glieder unter der ganzen Gesellschaft zu den wichtigsten Staatssachen fähig sind, so dürfen doch dieselben sich nicht dazu melden ... alles muß in seiner Ordnung bleiben ... ein tüchtiges Glied muß warten, bis es zu wichtigen Dingen choisieret wird“ (267). Gelangt freilich ein moralischer Maurer auf einen führenden Posten, so wird sich zeigen, daß er „kein

macchiavellisches Regiment führen" wird. — Die Schrift erschien bei Multz in Frankfurt. Sie stammt also aus einem Raum, in dem auch „Le secret... mis en Evidence" verfaßt wurde. Die Frankfurter Loge stand noch unter direktem Einfluß der Londoner Großloge, was, von Runkel mißliebig vermerkt (a. a. O. I, 158), jedenfalls die radikale Tonart erklärt. — Hier wurde die Ausgabe benutzt, die dem ebenfalls in Frankfurt erschienenen deutschen Konstitutionenbuch von 1783 beigebunden ist (II, 179 ff.). Wolfstieg bemerkt, daß diese (zweifellos sehr offene!) Schrift nur in wenig Exemplaren erhalten sei. Bezeichnend die Verwendung 1783 für die zunehmende Radikalisierung dieser Zeit auch in Deutschland.

Die Rebellionsgeschichte von Kensington beruht offenbar nicht auf tatsächlichen Vorgängen. *Th. Faulkner* berichtet (Hist. and Antiquieties of Kensington, London 1820), daß sich das Schloß im Besitz der stuartfreundlichen Familie Finch befunden habe, bis Wilhelm III. es 1691 kaufte, um es durch Wren zur Residenz ausbauen zu lassen. Daß sich gerade an diesen Übergang eine Legende angeschlossen hat, scheint naheliegend. Wren trat angeblich im gleichen Jahr einer Loge bei, aber die Schrift erwähnt ihn mit keinem Wort, nimmt andererseits auch nicht Stellung zu der „authentischen" Legendenbildung Andersons (der Wren mangelnde Fürsorge für das Logenwesen vorwarf). So bleibt das erstaunliche Faktum, daß die Schrift bewußt auf eine antike Entstehungsgeschichte verzichtet, um eine Tradition zur Revolution von 1640 herzustellen.

100 Constitutions Art. 2 „Of the Civil Magistrate" (der alte Ausdruck „Prince" wurde 1723 fallengelassen; in der deutschen Ausgabe spricht man von der „bürgerlichen Gewalt"): die Maurer seien wegen ihrer Friedfertigkeit und Loyalität immer von den Königen und Fürsten geschützt worden. „So that if a Brother should be a Rebel against the State", heißt es dann weiter, „he is not to be countenanced in his Rebellion, however he may be pitied as an unhappy Man, and if convinced of no other Crime, though the loyal Brotherhood must and ought to disown his Rebellion, and give no Umbrage or Ground of political Jealousy to the Government for the time being; they cannot expel him from the Lodge, and his Relation to it remains indefeasible". Diese Bestimmung wurde in allen Ländern übernommen (vgl. die deutsche Ausgabe 1783, 422), nur nicht in der Republik Holland (s. *Fay* a. a. O. 279).

IV

101 *Heinrich Schneider*, Lessing, zwölf biographische Studien, München 1951, 177. In dem Kapitel „Lessing und die Freimaurer", eine kritische Studie über die Entstehung des Gesprächs.

102 Vgl. *Erich Schmidt*, Lessing, Geschichte seines Lebens und seiner Schriften, 2 Bde., 2. Aufl., Berlin 1899, II, 444 ff.
103 *Schneider* nennt a.a.O. Born, Campe, Hamann, Herder, Jacobi, Lichtenberg, Mendelssohn, Nicolai, Reimarus u. a.
104 *Lessing*, Sämtliche Schriften, 13, 349 ff., 15, 484 ff.
105 Ebd. Desgleichen alle folgenden Zitate.
106 Vgl. u. S. 114.
107 Vgl. u. S. 199, Anm. 29.
108 Die politische Klugheit, die Lessing hier zeigt, steht nicht im Widerspruch zu der utopischen Geschichtsphilosophie, die er als Maurer referiert und die er in Form eines säkularisierten Chiliasmus mit dem anhebenden dritten Stadium der Menschengeschichte selber entwickelt hatte. Utopismus und rationale Planung schließen sich sowenig aus, als daß sie sich seit dem achtzehnten Jahrhundert gegenseitig zu bedingen scheinen.
109 So *Lennhoff-Posner* a.a.O. Art. Lessing. Die historischen Daten über Lessings Beziehung zur Freimaurerei bei *Runkel* a.a.O. II, V, 141 ff. Die Ablehnung, die Runkel Lessing zuteil werden läßt, trifft nicht die Aussagen, die Lessing über die Maurerei im 18. Jahrhundert gemacht hat. Runkel gibt selber zu, daß sich die Analysen von Lessing auf die Literatur der Maurer stützen, die Lessing bei seiner immensen Belesenheit sich zum großen Teil angeeignet hatte. Wenn die königliche Kunst „nie unmittelbar die Seele" von Lessing „erwärmt" hat, so ist das kein Einwand gegen seine Strukturanalysen der Freimaurerei.
110 *Hans Rall*, Kurbayern in der letzten Epoche der alten Reichsverfassung 1745–1801, München 1952 (Schriftenreihe zur bayerischen Landesgeschichte, Bd. 45).
110a Die spröde Geschichte der inneren Intrigen des Ordens erzählt *L. Wolfram*, Die Illuminaten in Bayern und ihre Verfolgung, 2 Programmhefte des Gymnasiums zu Erlangen 1899/1900.
111 *Le Forestier*, Les Illuminés de Bavière et la Franc-Maçonnerie allemande, Paris 1914, 110, und *H. Hettner*, Geschichte der deutschen Literatur im 18. Jahrhundert, 4 Bde., 7. Aufl., Braunschweig 1925, II, 268 ff.
112 Schreiben an den Herrn Hofkammerrath ... 1786. Im Anhang: Unterricht zu besserer Beurtheilung der inneren Einrichtung des Ordens, 87. 113 S.o.S. 63.
114 *A. Weishaupt*, Kurze Rechtfertigung meiner Absichten, Frankfurt und Leipzig 1787, 50 86. „Nach ihren Beweggründen und Absichten müßt ihr sie beurteilen. Dann verschwindet alle Täuschung, und nur die Wahrheit erscheint."
115 Vgl. die Statuten der Illuminaten, abgedruckt in: Einige Originalschriften ... 12 ff.
116 Schreiben an den Herrn Hofkammerrath ... 97 ff. „Die Gesell-

schaft kann die Leute nicht brauchen, wie sie sind, sondern sie sollen erst werden, wozu man sie nötig hat ..." (Einige Originalschriften ... 29).

117 Dritter Brief des Spartacus *(Weishaupt)* an Philo *(Knigge)*, abgedruckt in: Einige Originalschriften ... 210 ff. Der Initiandus habe sich getäuscht, heißt es in der Einweihungszeremonie (Orig. Schrift 72), wenn er glaubt, der Orden beabsichtige, „die weltliche oder geistliche Regierung zu untergraben, sich der Herrschaft der Welt zu bemächtigen". Eben dieses ist der Programmpunkt der oberen Grade (vgl. Nachtrag von weiteren Originalschriften ... München 1787, II, 93).

118 *(Bode?,)* Gedanken über die Verfolgung ... 40. Vgl. Einige Originalschriften ... 42. Die Verborgenheit der Brüder hat den Zweck, „damit sie in ihren Absichten und Operationen durch Gegenwart der Unedelgesinnten nicht gehindert werden". Bode (1730–1793) ist als Sohn eines Tagelöhners, der sich hochgearbeitet hatte, und als Redakteur und Übersetzer englischer Romane ein Typ des aktiven geistigen Bürgers, der auch die politische Herrschaft des neuen Menschen erstrebte (vgl. *Roßberg* a.a.O. 82). Bode war es auch, der Karl August, Goethe und Herder in den Illuminatenorden aufnahm. (Die zitierte Schrift ist ihm wahrscheinlich zuzueignen [vgl. Wolfstieg II], jedenfalls gehört sie zu den besten, die von seiten der Maurer verfaßt wurden, sie ist flüssig geschrieben – damals eine Seltenheit – und vereint in knapper Form alle Argumente, die für und wider die geheimen Orden ausgetauscht wurden.)

119 Nachtrag ... II, 17 ff. Aus der Instruktion für Provinzialen, die Leiter der jeweiligen Räume, in die Mitteleuropa aufgegliedert war. „Fürsten sollen äußerst selten zu Ordensmitgliedern gemacht werden" und niemals höher als zum Illuminatus major befördert werden. In das politische Führungsgremium hatten sie keinen Zutritt.

120 Zu Beginn der „Anrede an die neu aufzunehmenden Illuminatores dirigentes" heißt es: „Nunmehr trifft auch sie die Reihe, andere zu leiten" (Nachtrag ... II, 44).

121 Schreiben an den Herrn Hofkammerrath ... 96 (Abdruck der Instruktion für die Oberen).

122 Die Illuminaten wollten „in der ganzen Welt ein Sittenregiment einführen, welches sie in jedem Lande in ihrer Gewalt hätten. Von diesem Kollegium würden alle Gnadensachen, Dienstverleihungen, Beförderungen wie auch Abweisungen sine appellatione ad principem abhängen. – Dadurch würden sie sich das unbegrenzte Recht anmaßen", sagt ein ausgetretenes Mitglied, „über Ehrlichkeit und Brauchbarkeit der Individuen das Endurtheil zu sprechen", das Endurteil, das sie innerhalb des Ordens bereits vollstreckten (Drey merkw. Aussagen ... 15).

123 Es war der Endzweck des Ordens, „die Moral ins praktische Leben einzuführen" (*Meggenhoffen* a.a.O. 69).

124 Schreiben an den Herrn Hofkammerrath ..., und: Instruktion für die Oberen ... 88.
125 Nachtrag ... II, 32. Ohne die notwendige Folge öffentlich auszusprechen, nämlich den bestehenden Staat in die eigene Hand zu bekommen, wird die Aktion selber: das gegenseitige Einschleusen der Maurer in die einflußreichen Stellen, als Hauptprogrammpunkt auch 1744 aufgeführt im „Secret ...“ 18.
126 Die Gesamtstärke des Ordens zur Zeit seiner größten Ausdehnung über Mittel-, Nord- und Osteuropa in den frühen achtziger Jahren schätzte der Sohn Weishaupts, später bayerischer General, auf 2500 (siehe dazu *Roßberg* a.a.O. 54 ff.).
127 Nachtrag ... II, 30 ff.
128 Zit. nach *Lennhoff* a.a.O. 25.
129 Vgl. o. S. 170, Anm. 116, wo eine zeitgenössische Lehre der Staatsräson zusammengefaßt ist; Babo, ihr Verfasser, war ein entschiedener und publizistisch sehr wirksamer Gegner der Illuminaten.
130 Der Orden würde dereinst „die Welt kommandiren“, verkündete Knigge in Heidelberg (Nach *Scherer*, Wichtige Anekdoten eines Augenzeugen über die Französische Revolution, Berlin und Leipzig 1800, II, 10; zit. bei Roßberg a.a.O. 38).
131 Nachtrag ... II, 46.
132 Aus der Anrede an den Illuminatus major, zu halten nach der Initiation, verfaßt von Knigge (teilweiser Abdruck bei *Engel* a.a.O.).
133 Nachtrag ... II, 80 ff.
134 *(Bode?)* Gedanken ... 27. Ein Kosmopolit sei tugendhaft und „bezeichnet daher allen seinen Neigungen die gehörige Gränzen, über welche hinaus das Unrecht beginnt“.
135 Nachtrag ... II, 115.
136 „Macht“ zu erreichen sei nur ihr „Nebenzweck“ (Einige Originalschriften ... 215). Siehe dazu Kap. III, I.
137 Nachtrag ... II, 96.
138 *Wieland*, Ges. Schriften I, 15, 224. Wieland liefert in diesem Zusammenhang eine gute Darstellung der neuen Elite, die sich aus dem Staate ausspart, um indirekt den Staat desto sicherer und überlegener anzugreifen. Die Gelehrtenrepublik ist „vom Staat ganz unabhängig ... solange sie nichts gegen seine Grundsätze unternimmt“. Durch eine formale Anerkennung des Staates setzen sich die Kosmopoliten vom Staat ab. „Der Kosmopolit befolgt alle Gesetze des Staates, worin er lebt, deren Weisheit, Gerechtigkeit und Gemeinnützigkeit offenkundig ist, als Weltbürger und unterwirft sich den übrigen aus Notwendigkeit.“ Die Notwendigkeit wird aber wiederum umgangen, und so richtet sich der Kosmopolit, nachdem er sich einmal aus dem Staate ausspart, indirekt gegen den Staat. Dies wird deutlich am Beispiel der Pressefreiheit. „Schriften, welche direkte Beleidigungen einzelner benannter oder

deutlich bezeichneter Personen enthalten, die in den bürgerlichen Gesetzen verboten oder verpönt sind, – Schriften, welche geradezu Aufruhr und Empörung gegen die gesetzmäßige Obrigkeit zu erregen suchen, – Schriften, welche geradezu gegen die gesetzmäßige Grundverfassung des Staates gerichtet sind, – Schriften, welche geradezu auf den Umsturz aller Religion, Sittlichkeit und bürgerlicher Ordnung arbeiten, – alle solche Schriften sind in jedem Staat ebenso gewiß strafwürdig als Hochverrat, Diebstahl, Meuchelmord und so weiter. Aber das Wörtchen direkt oder geradezu ist hier nichts weniger als müßig: es ist so wesentlich, daß die ganze Strafwürdigkeit einer angeklagten Schrift gänzlich auf ihm beruhet", a.a.O. 227. Diese Passagen gehören zu den wenigen, in denen die indirekte Kampfmethode auch von einem Vertreter der Gelehrtenrepublik offen und unmißverständlich beim Namen genannt wird.

139 *Wieland*, ebd. I, 15, 221. „Übrigens ist die anscheinende Neutralität, welche von den Kosmopoliten in den meisten Fällen, wo der Staat in Parteien zerfällt, beobachtet wird, nichts weniger als Gleichgültigkeit... Ich kenne nur zwei Fälle, wo die Kosmopoliten sich mit einer Partei gegen eine andere vereinigten." (In der konkreten Situation hat Wieland vor allem den französischen König als die „eine" Partei und die Notablen, bzw. das Pariser Parlament, bzw. die gerade einberufene, aber noch nicht versammelte Nationalversammlung als die Vertreter der andern Partei vor Augen.) „Der erste (Fall) ist, wenn es moralisch gewiß ist, daß ihr öffentlicher Beitritt wirklich den Ausschlag geben würde: der andere, wenn eine offenbar Unrecht leidende Partei in Gefahr wäre, ohne ihren Beistand gänzlich unterdrückt zu werden." Vgl. dazu Wielands große Prognose aus dem Jahre 1770, in der er das Wort der „Revolution" peinlich vermieden hat (a.a.O. VII, 434 f.).

V

140 *Schiller*, S. W., Cotta, Bd. 11, 91.

141 Schiller hielt seinen Vortrag auf einer Sitzung der Deutschen Gesellschaft zu Mannheim am 26. Juni 1784 unter dem Titel: „Die Schaubühne als eine moralische Anstalt betrachtet." Er erschien, um die einleitenden Worte verkürzt, unter dem veränderten Titel: „Was kann eine gute stehende Schaubühne eigentlich bewirken?", in der Thalia, Heft 1, Lenzmonat 1785. – Die Gesellschaft war eine Gründung Karl Theodors – nach dem Vorbild der Académie Française – 1775; Schiller sprach zu einer Zeit, als (seit dem Oktober 1780) alle Schriften untersagt waren, welche „die Haus- und Staatsverfassung behandeln, ohne desshalb zu vorheriger Kenntniss und Gutheißung zu gelangen" (zit. bei *Häusser*, Gesch. der rhein. Pfalz, Heidelberg 1856, II, 949). Innerhalb der Gesellschaft, zu der übrigens führende Köpfe wie Klopstock,

Lessing, Wieland, die Brüder Dalberg u. a. gehörten, brauchte Schiller ein offenes Wort anscheinend nicht zu fürchten. Der Kurfürst befand sich bereits in seiner neuen Residenz zu München. Vgl. *Berger*, Schiller, 6. Aufl., München 1910, I, 387 ff., und *Lipowsky*, Karl Theodor . . ., Sulzbach 1828, 92 ff.

142 *Schiller* a.a.O. 100.

143 Ebd. 92.

144 *Lessing*, Sämtl. Schr. 9, 207 311. (Hamb. Dram., Prol. und 30. Stück.) Vgl. die Anmerkung O. *Walzels* in Schillers S. W. a.a.O.

145 *Schiller* a.a.O. 90.

146 Ebd. 95.

147 Ebd. 90. Über den abfälligen Wortgebrauch von „politisch", den Schiller damals pflegte, siehe seinen Brief an Dalberg, in dem er sich über die „Herren Schauspieler" beklagt. Diese hätten, um seine dortige Stellung zu untergraben, „Kabale und Liebe" böswillig – mit „politischem Raffinement" – schlecht aufgeführt (Berger a.a.O. I, 422).

148 *Schiller* a.a.O. 91.

149 Ebd. 97.

150 Ebd. 91.

151 Die „Kritik" ist ein Schlagwort des achtzehnten Jahrhunderts. Eine unendliche Anzahl von Büchern und Schriften führt in den üppigen Titelkombinationen das Wort „Kritik" oder „kritisch" auf, und 1790 konnte in Göttingen *J. G. Buhle* feststellen: „Unserem Zeitalter gebührt das Lob, mehr als die vorhergehenden mit Kritik untersucht . . . geläutert und aufgeklärt zu haben; deswegen es auch von einigen mit Recht den Beynamen des k r i t i s c h e n erhalten hat" (Grundzüge einer allg. Encykl. d. Wissenschaften, Lemgo 1790, 39). Schon aus dieser von den Zeitgenossen selber getroffenen Charakterisierung läßt sich vermuten, daß die Kritik in ihrer Bedeutsamkeit weit über den Bereich der Wissenschaften hinausweist. Der Ausdruck der „Krise" ist dagegen im achtzehnten Jahrhundert höchst selten verwandt worden und in keiner Hinsicht ein für damals zentraler Begriff. Dieser Tatbestand ist keineswegs von statistischer Zufälligkeit, sondern steht mit der Vorherrschaft der Kritik in einem spezifischen Zusammenhang, der im Zuge dieser Untersuchung aufgehellt wird.

152 *Schiller* a.a.O. 95. 153 Ebd. 95.

154 Dies gilt für die deutsche, englische und französische Sprache gemeinsam. Vgl. *J. u. W. Grimm*, Deutsches Wörterbuch, Leipzig 1873. *J. Murray*, A New Engl. Dict., Oxford 1888, und *Littré*, Dict. de la Langue française, 1877. Auf diese Wörterbücher stützen sich z. T. die folgenden drei Anmerkungen.

155 Das Wort Kritik (franz. critique, engl. criticks, heute nur noch criticism) hat zusammen mit Krise (franz. crise, engl. crisis) den gemeinsamen Ursprung im griechischen κρίνω: scheiden, auswählen, beurtei-

len, entscheiden; Med.: sich messen, streiten, kämpfen. (Der gleiche Stamm kri- findet sich im Lat. cerno und cribrum, fr. crible und nhd. reiter: das Sieb). Der griechische Wortgebrauch von κρίνω und κρίσις bezog sich weitgehend, wenn auch nicht ursprünglich, auf die Rechtsprechung und das Gerichtswesen. Krisis bedeutet zunächst Scheidung und Streit, aber auch die Entscheidung, im Sinne eines endgültigen Ausschlags oder eines Urteilsspruches oder einer Beurteilung überhaupt, was heute in den Bereich der Kritik fällt. Die heute getrennten Bedeutungen einer „subjektiven" Kritik und der „objektiven" Krise wurden im Griechischen noch mit einem gemeinsamen Begriff erfaßt. Als Urteil, Prozeß und allgemein Gericht war das Wort κρίσις im forensischen Gebrauch. Das „Für und Wider" wohnt also dem Wort Krisis ursprünglich inne, und zwar in einer Weise, daß die Entscheidung schon mitgedacht ist (vgl. *Pape*, Hdwb. der griechischen Sprache, Braunschweig 1842; *Liddell-Scott*, A Greek-English Lexicon, Oxford 1951). Ist die richterliche Entscheidung selbst gemeint, so wohnt dem Wort der κρίσις ein ordnungschaffender Sinn inne, wie ihn Aristoteles verwendet (Pol. 1253a; 1275a, b; 1326 b). Die Herrschafts- und Rechtsordnung eines Gemeinwesens hängt ab von der gerechten Entscheidung des Richters. Bürger ist nur, wer am Richteramt teilhat (ἀρχὴ κριτική). Die seit Plato nachweisbare Adjektivbildung κριτικός ist auf diese Befähigung und Kunst des Richtens bezogen, der Entscheidung und Urteilsfindung, dann allgemein auf das Abwägen von Für und Wider, auf die „kritische" Tätigkeit der Beurteilung.

Auch die Septuaginta benutzt das Wort κρίσις im Sinne der Rechtsprechung und des Rechts, das zu wahren und zu schaffen Aufgabe des Herrschers ist (Theol. Wörterbuch zum Neuen Testament, ed. *G. Kittel*, 2. Aufl., Stuttgart 1950). Durch den Bund Israels erweist sich Gott als der wahre Herr und Richter; bei Johannes gewinnt das Wort der κρίσις den Sinn des Jüngsten Gerichts, des Weltgerichts. Die zeitliche Struktur dieses Gerichts, daß durch Christi Erscheinung die noch ausstehende Entscheidung vorweggenommen und im Gewissen der Gläubigen schon erfahren wird, diese Bedeutung wird in säkularisierter Form das achtzehnte Jahrhundert prägen, ohne daß der Ausdruck der Krise dafür geläufig ist. Der Ausdruck der „Kritik", der Beurteilung, der Urteilsfindung wird die Öffentlichkeit beherrschen, während die „Krisis" als Rechtsordnung im griechischen Sinne oder als Weltgericht im christlichen Sinne in den Untergrund verschwindet. Bereits im Lateinischen wird das Wort nach dem Vorbild von Hippokrates und Galen (ἡ κριτικὴ ἡμέρα) weitgehend auf das Medizinische eingeschränkt. Für die Enzyklopädie ist diese Übertragung ein historisches Faktum der Vergangenheit: „Galien nous apprend que ce mot crise est un terme du barreau que les médecins ont adopté et qu'il signifie, à proprement parler, un jugement" (Art. crise).

Die Krise einer Krankheit und das ärztliche Urteil sind im Lateinischen einander zugeordnete Begriffe, die den Begriff der Krise auf das Medizinische beschränkten. (A medicis dicitur subita morbi mutatio novumque indicium, ex quo judicari potest, quid aegro futurum sit; *Forcinelli et Furlanetto,* Lexicon totius Latinitatis, Patavii 1940). Vgl. Augustinus 6 Conf. I in fin.: „Critica accessio morbi est, ex qua de sanitate aut morte aegrotantis judicium ferri potest." – Der criticus ist aber auch – wie schon im Griechischen – zugleich „grammaticus" und Kunstrichter. – Im MA. blieb das Wort crisis auf den medizinischen Sprachgebrauch beschränkt und bezeichnet das für den weiteren Verlauf einer Krankheit entscheidende Stadium, in dem die Entscheidung fällt, aber noch nicht gefallen ist. In dieser Bedeutung blieb das Wort – wie auch im achtzehnten Jahrhundert – bis in die Gegenwart erhalten. Vgl. ferner S. 211, Anm. 124.

Die Kritik hat sich andererseits von dem ihr ursprünglich korrespondierenden Wort der Krisis entfernt und blieb bezogen auf die Kunst des Urteilens und Beurteilens, ohne daß das Schwerwiegende einer Entscheidung, wie es dem theologischen, dem juristischen oder dem medizinischen Sinn der Krisis entspricht, mitgedacht wurde. Die adverbiale und adjektive Form „kritisch" (critique, critic, critical) ist dementsprechend je nach der Zuordnung zur „Krise" oder zur „Kritik" von verschiedenem Gewicht. 1702 schreibt ein Engländer (Eng. Theophrast 5., zit. bei *Murray,* a.a.O.): „How strangely some words lose their primitive sense! By a Critick, was originally understood a good judge; with us nowadays it signifies no more than a Fault finder", und *Collier* berichtet in „The great historical, geographical, genealogical and political Dictionary" (2. Aufl., London 1701) von den anmaßenden „Criticks", die bei allen Fürsten und Gelehrten, Protestanten wie Katholiken, in gleicher Weise sich verdächtig gemacht hätten; zur Strafe seien sie meist von einem gewaltsamen oder üblen Tod ereilt worden.

Zedler, in der humanistischen Tradition stehend, führt in seinem „Großen vollständigen Universal-Lexicon", Halle und Leipzig 1733, „Crisis" und „Critic" noch in einer gemeinsamen Bedeutung an. Critic ist „Beurtheilung" und ebenso „Crisis: Beurtheilung, Verstand, Nachsinnen, dahero sagt man, der Mensch hat keine Crisin, das ist, er kann von keiner Sache urtheilen". Aber auch Zedler führt als den häufigsten Wortgebrauch der Krise die entscheidende Wende einer Krankheit an, worunter er auffallenderweise nur die Wendung zur Gesundheit versteht. „Heut zu Tage nennt man Crisin diejenige heilsame Würckung der Natur, durch welche die Materie der Kranckheit ... aus dem Cörper geschafft und dieser dadurch von seinem Untergang und Kranckheit befreyet wird." – Während Zedler den „Kritiker" noch nicht kennt, deckt er in seinem Artikel „Critic" eine der Wurzeln der Hypokrisie auf, zu der die Kritik im 18. Jh. entartete: „Weil die critic nicht zwar durch ihre unmittelbare Arbeit, aber dennoch mittelbar sehr vieles zur wahren Weisheit beyträget, so ist es geschehen, daß sie sich auf dieselbe applicirende Gemüther, indem sie sich den mittelbaren Nutzen als unmittelbar zugeschrieben, in einem großen Hochmuth verfallen, wozu denn auch das sich angemaste Richter-Amt gekommen . . ." Das Thema des Jahrhunderts ist erfaßt.

156 Das Grimmsche Wörterbuch bezeichnet die Wortgruppe als „eigentlich jung" in der deutschen Sprache. Sie ist erst im achtzehnten Jahrhundert übernommen worden (vgl. dazu *Bäumler*, Kants Kritik der Urteilskraft, Halle 1923, 96 ff.) Während *J. Chr. Adelung* in seinem „Versuch eines vollständigen grammatischen kritischen Wörterbuchs der Hochdeutschen Mundart . . .", Leipzig 1774 ff., 4 Bde., das Wort der Krise noch nicht – oder nicht mehr – aufführt, bringt er als neuen Ausdruck den Kriticus und Kunstrichter. Ein solcher mache ein „Geschäft" aus der Beurteilung anderer Werke, und der Ausdruck des „Sprachrichters" und „Klügelmeisters" sei dem griechischen κριτικός durchaus angemessen, denn das Wort komme her von Kreet, Krit, Zank, Streit, Hader usw. Für Frankreich vgl. *v. Wartburg*, Franz Ethym. Wörterbuch, Basel 1946, 2/II, 1355. Die Wortgruppe wird in der klassischen Epoche heimisch. In England ist „criticism" ein seit 1607 nachgewiesenes Wort; bei Bacon taucht der Literaturkritiker (critic) auf (Adv. Learning; I, VI, § 21), und Hobbes benutzt das Wort für philologische Interpretation und Textvergleichung (Engl. Works VII, 389 ff. Stigmai; Grammar and Critiques).

157 Man sprach 1626 von einem „criticke Scholiast upon the Revelation" (*W. Sclater*, Expos. 2. Thess.) oder 1641 von „learned and criticall Christians" (*J. Jackson*, True Evang. I, 69) oder 1635 von den „learned Divines and criticke Expositours" (*N. Carpenter*, Geog. Dch. II, v. 67). 1684 — nach dem Erscheinen von Spinozas Theol. pol. Traktat — wendet sich ein englischer Bibelherausgeber gegen „some Jewish Criticaster" (N. S. Crit. Eng. Edit. Bible VIII, 51). Noch heute wird die Textkritik an den Heiligen Schriften als „higher criticism" bezeichnet (*Murray*, A New Engl. Dict. 1888 ff.).

158 *Richard Simon*, Hist. Crit. du vieux Test. par R. P. Rich. Simon, Paris 1680, Préface.

159 *L. Cappelle*, Critica Sacra, sive de variis quae in sacris Veteris Testamenti libris occurrunt lectionibus, Paris 1650. Über Cappelle siehe den einschlägigen Art. v. *E. Bertheau* in der Realencykl. für prot. Theol. u. Kirche, Leipzig 1897, Bd. III. Über den Auftrieb, den die historische Kritik durch die theologischen Auseinandersetzungen erfahren hat, vgl. *Dilthey*, Ges. Schr. II, 112 ff.

160 *R. Simon* a. a. O., Préface. Es sei ein großer Irrtum der Protestanten, zu glauben, die Bibel sei „claire d'elle mesme"; deshalb berufe sich

das Tridentiner Konzil zu Recht auf die Tradition der Kirchenväter, aber das Tridentinum „n'a pas pour cela deffendu aux particuliers de chercher d'autres explications lorsqu'il ne s'agit point de la creance. Au contraire..." Gerade deshalb könne er, Simon, auch die Väter einer Kritik unterwerfen: „Ceux qui recherchent la vérité en elle mesme et sans préoccupation ne s'arrestent point au nom des personnes ny à leur antiquité; principalement lorsqu'il ne s'agit point de la Foy."

161 Die Protestanten verhinderten zehn Jahre lang den Druck von Cappelles Hauptwerk, bis gerade die Oratorianer ihm das königliche Druckprivileg vermittelten. Er gab seine Critica sacra zugleich heraus mit einer Schrift gegen Buxtorf d. J., „Criticae adversus injustum censorem justa defensio". Über Simon vgl. *P. Hazard*, Die Krise des europäischen Geistes, Hamburg 1939, 217 ff.

162 In der Bekämpfung der Bibelkritik waren sich Protestanten und Katholiken einig, ebenso die beiden großen Gegner im katholischen Lager, *Bossuet*, der von der „audacieuse critique" des R. Simon sprach und in ihr die „Krankheit und Versuchung unserer Zeit" sah; und *Fénelon*, der die Critique für „séditieuse" hielt und die bösen Kritiker in den Tartarus verwies, wo es ihnen schlimmer ergehen sollte als den Gatten- und Elternmördern; sie gehören zu den Leuten, „que le vulgaire ne croit guère coupables, et que la vengeance divine poursuit impitoyablement" (Œuvr. compl., Paris 1850, 6, 521, Télémaque 1. XIV). „These monsters, critics!" ruft *Pope* über solche Zeitgenossen 1709 aus, „Where Heaven's free subjects might their rights dispute. Lest God Himself should seem too absolute"; um sie dann über ihre wahren moralischen Aufgaben als Kritiker zu belehren (*Alex. Pope*, Collected Poems, London 1951, An Essay on Criticism, II, 545 ff.).

163 Der problemgeschichtlich alte Gegensatz hat sich erst im genannten Zeitraum zur vorherrschenden Spannung in der geistigen Welt verschärft. Vgl. dazu *D. Mornet*, Les origines intellectuelles de la Rév. franç., Paris 1933. Über die Verselbständigung des Begriffes der ratio und der natura auch innerhalb der offenbarungsgläubigen protestantischen Kirchen vgl. *J. Kühn*, Toleranz und Offenbarung, Leipzig 1923, 50 ff., 327 ff.

164 *Richard Simon*, Hist. Crit. du Texte du Nouv. Test. où l'on établit la Vérité des Actes sur lesquels la Religion Chrétienne est fondée, Rotterdam 1689, Préface.

165 *B. Bayle*, Dict. hist. et crit., Rotterdam 1720, 3e éd., Art.: Livineius 1727 b.

166 *Pope* a. a. O. 74 ff. Erstmals übten in Rom die Kritiker ihre gerechte Herrschaft aus („long succeeding critics justly reign'd").

167 Art. Alegambe 155 b; Acontius 66 a. B. nimmt hier zu der damals vieldiskutierten Frage Stellung, ob die Gegenwart dekadent oder fortschrittlich sei. Während sich Simon auf Grund seiner Kritik der ganzen

Vergangenheit weit überlegen weiß, ist B. auch in dieser Frage Skeptiker, obwohl er innerhalb der Wissenschaften Fortschritte sieht. Man sei heute „moins savant", dafür „plus raisonnable"; eine Formel, die Voltaire in der Enzyklopädie wieder aufnehmen wird (Art. Gens de lettres): nicht mehr die Gelehrsamkeit zeichne die Kritiker aus, sondern ihr „esprit philosophique", der notwendigerweise die ganze Gesellschaft durchdringe.

168 „La raison humaine ... est un principe de destruction, et non pas d'édification: elle n'est propre qu'à former des doutes, et à se tourner à droite et à gauche pour éterniser une dispute..." (Art. Manichéens, 1900).

169 Dem Sinn nach lassen sich im achtzehnten Jahrhundert die Wörter „kritisch" und „vernünftig" oft und leicht austauschen. Die Vernunft wird selber zum kritischen Prozeß der Wahrheitsfindung. Vgl. hierzu *Ernst Cassirer*, Die Phil. d. Aufklärung, Tübingen 1932, 16: „Das gesamte achtzehnte Jahrhundert faßt die Vernunft in diesem Sinne. Es nimmt sie nicht sowohl als einen festen Gehalt von Erkenntnissen, von Prinzipien, von Wahrheiten, als vielmehr als eine Energie, als eine Kraft, die nur in ihrer Ausübung und Auswirkung voll begriffen werden kann."

170 *Vico*, De nostri Temporis studiorum Ratione, 1709, lat. u. dtsch., Godesberg 1947, 20, 26.

171 Die Kritik wird als das allgemeine Medium zur Ermittlung der Wahrheit oft der Logik zugeordnet (so von *Diderot*, Œuvr., III, 465, 1775; desgl. bei *Buhle* a. a. O. 38, über den Zusammenhang von Logik und Kritik siehe *Bäumler*, Kants Kritik der Urteilskraft, Halle 1923, 167 ff.). Die vorzügliche Benutzung des Wortes „Kritik" zur Kennzeichnung der Methoden, eine Gesetzlichkeit des Schönen, seiner Erkenntnis oder Produktion herauszuarbeiten – Cassirer geht sogar so weit, das „Zeitalter der Kritik" unter dem Gesichtspunkt der „Grundprobleme der Ästhetik" zu subsumieren —, ist bezeichnend für die Entstehung des bürgerlichen Selbstbewußtseins. Die Philosophie und Kunstkritik gingen eine Personalunion ein (Cassirer a. a. O. 368). Erst in der Ästhetik wird der Mensch als Mensch anerkannt, sagt Bäumler, und er liefert anschauliche Beispiele für die soziologische Funktion des „guten Geschmacks", der „Urteilsfähigkeit" in den Fragen der Kunst und zugleich des menschlichen Umgangs für die Herausbildung einer eigenständigen gesellschaftlichen Plattform. Es ist der Ästheticus, der als Typus um die Jahrhundertwende den (höfischen) Politicus abgelöst hat (*Bäumler* a. a. O. 208).

172 Art. Archelaus 290 b.

173 *R. Simon*, Hist. Crit. du Nouv. Test., Préface. Auch Pope, der die Kritik auf ihren „wahren Grund" festlegen will, indem er die „Natur" untersucht, sieht in der „Parteilichkeit" die Wurzel aller Übel, die eine

naturgemäße Kritik verhindert, während die herkömmlichen Parteien unter Gelehrten sich nach den Parteien des Staates richten würden (a. a. O. 69).

174 „En un mot, le sort de l'homme est dans une si mauvaise situation, que les lumières qui le délivrent d'un mal le précipitent dans un autre. Chassez l'ignorance et la barbarie, vous faites tomber les superstitions, et la sote crédulité du peuple si fructueuse à ses conducteurs, qui abusent après cela de leur gain pour se plonger dans l'oisiveté, et dans la débauche: mais en éclairant les hommes sur ces désordres, vous leur inspirez l'envie d'examiner tout, ils épluchent, et ils subtilisent tant, qu'ils ne trouvent rien qui contente leur misérable raison" (Art. Takiddin, 2688 A).

175 Art. Catius, 812 a, b.

176 Vgl. *A. Cochin,* La Révolution et la libre-pensée, Paris 1924, 76 ff.

177 *P. Bayle,* Commentaire philosophique . . . 1686, erster Teil I, 1, zit. nach Hazard a. a. O. 136.

178 Œuvres de M. Bayle, 4 tomes, La Haye 1737, II, 594. Das Wort entstammt dem „Avis important aux réfugiés sur leur prochain retour en France", eine anonyme Schrift, deren Autor zu sein Bayle immer ausdrücklich behauptet hat; zit. nach der Textauswahl von *M. Raymond,* Pierre Bayle, Paris 1948, 218.

Vgl. ferner den entscheidenden Art. Aureolus I, 399, Anm. B, wo B. auf das Thema Staat und Fortschritt zu sprechen kommt (s. S. 213, Anm. 144). Er sah mit Hobbes und Spinoza im Staat noch eine Manifestation der Vernunft, ohne freilich die „Politik" für etwas „Vernünftiges" zu halten. „Le désordre est inévitable dans la Politique", aber: „c'est vain qu'on en chercheroit le remède" (Art. Bourgogne, 639 b).

179 Vgl. u. S. 213, Anm. 144.

180 Art. Catius 812 a, b. Ferner im Bd. 4 des Dict. die „Dissertation sur les libelles diffamatoires".

181 *Voltaire,* Œuvres VIII, 551 f.

182 Einerseits läßt Voltaire immer wieder durchblicken, daß er ein Werk vorlegt, das „mehr zu sagen hat, als es zu sagen scheint" — so in der Vorrede zum Zadig, der voller Invektiven gegen die herrschende Ordnung steckt (Œuvr. XXI, 32, 1747); andererseits überschlägt er sich geradezu, um den Nutzen, die Unschuld und die Harmlosigkeit der Kritik zu versichern. So in der Enzyklopädie, für die er den Artikel über die „Gens de Lettres" verfaßt hat. Die philologische Kritik selber sei nicht mehr so nötig, stellt er mit Bayle fest, vielmehr sind die Kritiker heute „une partie devenue necessaire . . . leur critique ne s'est plus consumée sur des mots grecs et latins, mais appuyée d'une saine philosophie, elle a détruit tous les préjugés dont la société etait infectée . . . par là ils ont en effet, servi l'Etat. On est quelquefois étonné que ce qui bouleversait autrefois le monde, ne le trouble plus aujourd'hui; c'est aux véritables gens de lettres qu'on en est redevable" (Œuvr. XIX, 252).

183 *Voltaire,* Œuvres XX, 218; vgl. X, 428, 1771.
184 Art. Critique im Dict. phil., éd. Benda, Paris 1954, 502, 155. V. behandelt in diesem Artikel nicht mehr die historischen Quellenkritiker und Philologen, sondern er zählt zu den Kritikern bereits — im Unterschied zu Bayle, wenn auch in ironischer Distanz — die Satiriker und „libellistes". Aber seine abfälligen Beispiele der „Fleischbeschauer" und „Kröten", die ihre Spuren den folgenden Kröten hinterließen, wählt er bezeichnenderweise aus den Reihen der offiziösen Zensoren und Exjesuiten. Das Ideal des vorurteilslosen, überparteiischen und schwer nur zu findenden Kritikers — des bon juge — findet er noch in Bayle.
185 Vgl. *Mornet* a. a. O. 105 und *Hazard,* Die Herrschaft der Vernunft, Hamburg 1949, Teile I, II. 1768 schrieb Friedrich der Große in seinem Testament: die Religion „ist offenbar an ihrem Wendepunkt angelangt und schreitet ihrem Verfall entgegen..." (Die pol. Testamente, ed. Volz, Berlin 1922, 230).
186 Während der Artikel über den Kritiker noch den Editor, Kommentator, Grammatiker, kurz den Textkritiker meint, zeigt der lange Artikel *Marmontels* über die Kritik selber, daß sie über Kunst und Wissenschaft hinaus bereits definitionsgemäß Staat und Gesellschaft erfaßt hat. Siehe besonders den Abschnitt über die Geschichtskritik und den „critique en Morale". (Encyclopédie ..., éd. Lausanne und Bern 1779, t. X.) Über den Inhalt der politischen Kritik vgl. *Eberhard Weiß:* Geschichtsschreibung und Staatsauffassung in der französischen Enzyklopädie, Wiesbaden 1956 (Bd. 14 der Veröffentlichungen des Instituts für europäische Geschichte, Mainz).
187 Vgl. *H. Hinterhäuser,* Utopie und Wirklichkeit bei Diderot, Heidelberg 1957, 120.
188 *Diderot,* Œuvr. compl. XIV, 35; Art. „Cas de conscience" in der Enzyklopädie. 189 Ebd. IX, 252.
190 Ebd. X, 237, Salon de 1763. Diderot beruft sich auf ein Wort von Malherbe über den Tod, das Bayle in seiner Dissertation sur les libelles diffamatoires zur Charakteristik der Satiren herangezogen hatte: „Que la garde qui veille aux barrières du Louvre / N'en défend pas les Rois" (Dict. hist. et crit., IV, 2959 f.).
191 Bezeichnend hierfür — und das wirft bereits ein Schlaglicht auf die kommende politische Auseinandersetzung — ist das Schicksal der Theologen, die die Offenbarung, die in das Kreuzfeuer der historischen und vernünftigen Kritik geraten war, durch ihre Anpassung an die „Vernunft" retten wollten. „Wir sind Christen", läßt Lessing die „heutigen Theologen" sprechen, „biblische Christen, vernünftige Christen. Den wollen wir sehen, der unser Christentum des geringsten Widerspruchs mit der gesunden Vernunft überführen kann!" — „Wie kitzlich", meint Lessing dazu, „ist es, mit diesen anzubinden, welche die Vernunft erheben und einschläfern, indem sie die Widersacher der Offenbarung

als Widersacher des gesunden Menschenverstandes verschreien! Sie bestechen alles, was Vernunft haben will und nicht hat!" Gerade solche Synkretisten sind für die Vertreter der Vernunft die gefährlichsten Gegner, und mit ätzender Schärfe und begrifflicher Distinktionskraft zieht Lessing in seinen theologischen Streitschriften gegen sie zu Felde (Sämtl. Schr. XII, 432). Es ist ihm „gewiß, daß der Übergang von bloßen Vernunftwahrheiten zu geoffenbarten äußerst mißlich ist..." Lessing trennt beide Bereiche säuberlich ab, obwohl er keineswegs die Offenbarung leugnet. Die Priorität hat freilich die Vernunft. Nur sie kann „entscheiden", ob die den „Begriff" der Vernunft übersteigende Offenbarung „sein kann und sein muß". Vgl. hierzu *M. Wundt:* Kant als Metaphysiker, Stuttgart 1924, 441 ff.

192 *Friedrich der Große,* Werke, hrsg. v. Volz, Berlin 1912, II, 2 und Œuvres II, Berlin 1846. In allen drei Vorreden zu seinen Geschichten der Schlesischen Kriege behandelt Friedrich die Frage nach dem Verhältnis von Moral und Politik. *F. Meinecke* analysiert in seiner „Idee der Staatsräson" diese Polarität in Friedrichs Philosophie und Staatsanschauung. Der König führte ein „bewußtes Doppelleben als Politiker und Philosoph" (326). Die Frage nach dem Verhältnis zwischen einer moralischen Gesetzmäßigkeit und den Handlungen aus politischer Notwendigkeit hat ihn sein ganzes Leben über begleitet. In der Thematik von „Macchiavell und Antimacchiavell" einen „von Friedrich eingepflanzten Dualismus" sehen, der seitdem zu einem schweren Problem für Deutschland geworden sei (366), heißt freilich den persönlichen Anteil des Königs an diesem Dualismus in eine Schuld verwandeln, wo sie nicht zu suchen ist. Der moralische Dualismus war im achtzehnten Jahrhundert ein allen Individuen transzendentes Ereignis.

193 *M. Merleau-Ponty* unterscheidet in seiner Phénoménologie de la Perception, Paris 1945, 190, zwischen einer psychologischen Hypokrisie, um die derjenige, der seine wahren Gedanken verheimlicht, selber weiß, und einer metaphysischen Hypokrisie. Diese betrügt sich selbst, indem sie zum Mittel der Verallgemeinerung greift, sie läuft auf einen Zustand oder eine Situation hinaus, die zwar keine Fatalität ist, gleichwohl nicht gesetzt oder gewollt; sie findet sich selbst bei einem „ernsthaften" und „aufrichtigen" Menschen jedesmal dann, wenn er vorgibt, vorbehaltlos das zu sein, was er sei.

194 *Voltaire,* Dict. phil., éd. Benda, Paris 1954, 502.

195 Vor allem in der Geschichte bedürfe der Leser eines moralischen Führers: „ce guide seroit un critique capable de distinguer la vérité de l'opinion, le droit de l'autorité, le devoir de l'intérêt, la vertu de la gloire elle-même; en un mot de réduire l'homme, quel qu'il fût, à la condition de citoyen; condition qui est la base des loix, la règle des mœurs, et dont aucun homme ou société n'eut jamais droit de s'affranchir" (Art. Critique in der Enzyklopädie).

196 Ebd.

197 „Le gouvernement arbitraire d'un prince juste et éclairé est toujours mauvais. Ses vertus sont la plus dangereuse et la plus sûre des séductions: ... Il enlève au peuple le droit de déliberer, de vouloir ou ne vouloir pas, de s'opposer même à sa volonté, lorsqu'il ordonne le bien..." (*Diderot*, Œuvr. compl., II, 381). Die radikale Konsequenz zog wieder einmal *Rousseau*, wenn er sagte: „en tout état de cause, un peuple est toujours le maître de changer ses loix, même les meilleurs; car s'il lui plaît de se faire mal à lui-même, qui est-ce qui a droit de l'empêcher?" (Contr. Soc. II, c. 12).

198 Art. Critique in der Enzyklopädie.

199 *Diderot*, Lettre apologétique de l'abbé Raynal à Mr. Grimm, in: Œuvres phil., éd. Vernière, Paris 1956, 641.

200 *Diderot*, Œuvres VII, 387. Vgl. hierzu die Äußerung Rousseaus im Vorwort zu Emile (Œuvr. compl. III, 3): „La Littérature et le savoir de notre siècle tendent beaucoup plus à détruire qu'à édifier. On censure d'un ton de maître; pour proposer il en faut prendre un autre, auquel la hauteur philosophique se complaît moins." Rousseaus Selbstbewußtsein speiste sich bekanntlich aus der Kritik an den herrschenden Philosophen, aber seine Bemerkung bleibt trotzdem charakteristisch für die République des Lettres. Deren Grundgesetz war gerade die Kritik der Kritik. Vgl. schon *Simon* a. a. O. Préf., dann *Bayle* a. a. O. 978 a, 982 b, und *Voltaire* a. a. O. VIII, 305 (1727), XXIII, 47 ff. Mémoire sur la satire ... 1739; ferner *Diderot*, Œuvr. IV, 296 (1738); X, 177 (1763). Die gegenseitige Kritik konstituierte die Souveränität der Kritik und damit für die Kritiker selber das gemeinsame überparteiliche Bewußtsein der Herrschaft.

201 *Voltaire*, Œuvres XXIV, 475.

202 S. u. S. 205, Anm. 72.

203 *I. Kant*, Kritik der reinen Vernunft, A 5 Anm. Die Bemerkung fehlte — nach dem Tod Friedrichs des Großen — in der Vorrede zur zweiten Auflage 1787.

204 *I. Kant*, Vermischte Schriften, ed. Vorländer, Leipzig 1922, 294; aus den Vorarbeiten zu der Abhandlung über Theorie und Praxis.

205 Über die Wiederaufnahme der manichäischen Kategorien durch die Aufklärung vgl. die Polemik, die Leibniz gegen die „Dualisten" führt, besonders gegen Bayle und seine Artikel „Manichäer" und „Marcion" im Dict. phil. et crit. (*Leibniz*, Die phil. Schr., 6. Theodizee, II, 144 f.). — Parsistischer, gnostischer und manichäischer Dualismus taucht im 18. Jahrhundert in säkularisierter Form ebenso auf, wie er oft noch von eschatologischen Anschauungen durchwirkt ist. Über die Vorstellungen des Antichrist siehe *W. Bousset*, Der Antichrist, Göttingen 1895, und seine Tradition bis zur Neuzeit; *H. Preuß*, Die Vorstellungen vom Antichrist, Leipzig 1906. Über die Beziehungen der Gnosis zum

Mittelalter vgl. *H. Söderberg,* La Religion des Cathares . . ., Uppsala 1949. Über die Beziehungen der Gnosis zur modernen Geschichtsphilosophie und Politik siehe *J. Taubes,* Abendländische Eschatologie, Bern 1947, und *Eric Vögelin,* The new science of Politics, Chicago 1952, c. IV.

206 Die beste geistesgeschichtliche Gegenüberstellung der begrifflichen Fronten, nicht aber der diesem Dualismus innewohnenden dialektischen Struktur befindet sich bei *B. Groethuysen,* Die Entstehung der bürgerlichen Welt- und Lebensanschauung in Frankreich, 2 Bde., Halle 1927/30. Das Bürgertum wird von G. von vornherein als eine Klasse interpretiert, was sozialgeschichtlich eine grobe Vereinfachung ist, da das Bürgertum noch völlig mit dem Ständestaat verfilzt war, wie die Anpassung der reichen Bürger an den hohen Adel oder die feudale Rolle der bürgerlichen Parlamente in Frankreich zeigen. Es ist nicht zuletzt die den dualistischen Fronten innewohnende soziale Bildungsfunktion, die das Bürgertum erst in einem dialektischen Prozeß konstituierte.

Drittes Kapitel

I

1 Vgl. *Valjavec,* Die Entstehung . . ., 271 ff. Über die weitverbreitete „Komplottheorie" auch 430 ff.

2 Vgl. ebd. 295. Bezeichnend für die in Deutschland neue, nur aus dem Politischen her zu verstehende Frontstellung ist das „Kritische Verzeichnis der besten Schriften, welche in verschiedenen Sprachen zum Beweise und zur Verteidigung der Religion herausgekommen . . ., Basel 1784". Der Exjesuit Weissenbach führt hier Protestanten und Katholiken gemeinsam auf, wenn sie nur die Religion überhaupt verteidigen (sogar Locke erscheint in dem Verzeichnis, 238). Der polemische Sinn dieser Schrift richtet sich gegen einen Feind, der nicht nur den Katholizismus, sondern die Religion als solche bekämpfe und damit auch die den Protestanten und Katholiken gemeinsame staatliche Ordnung angreife. In einem Anhang über die Freimaurer beschwört er alle Kräfte, „um den reißenden Strom, der nun alle Dämme durchbrochen hat, noch aufzuhalten" (Der letzte Vorbothe des Neuen Heidenthums oder das Endurteil . . . das man zum Handbuche der Freibaurer gemacht hat . . ., Basel 1784, 47). Über Weissenbach vgl. *Valjavec* a. a. O. 280.

3 *Lessing,* Sämtl. Schriften, 12, 421.

4 *(Bode?,)* Gedanken . . ., 1786, 39.

5 Vgl. *Roßberg* a. a. O. 51 f., *Lennhoff* a. a. O. 64 ff. Nach der Zerschlagung des Ordens in Bayern zerfiel die Organisation sehr schnell. Als letzte wurde 1785 die Loge zu Weimar geschlossen.

6 Die entdeckte Heimlichkeit der Freymäurer... 48. Die Schrift erschien, wie Valjavec wohl richtig vermutet, nicht 1779, wie auf der Titelseite angezeigt, sondern erst 1784, aus welchem Jahre ein beigehefteter Anhang stammt. Die Polemik richtet sich eindeutig gegen die Illuminaten, deren Planungen erst in den achtziger Jahren bekannt wurden. Eine ausführliche Übersicht der Schriften, die seit 1784 die staatsgefährdende Rolle der Maurer herausarbeiten, findet sich bei *Valjavec* a. a. O. 289 ff. — Der aufzunehmende Regent mußte folgende Fragen beantworten: „Wäre eine Gesellschaft verwerflich, welche, bis einst die größeren Revolutionen der Natur reif wären, solche Lage erfunden, durch welche die Monarchen der Welt außer Stand gesetzt würden, Böses zu thun? ... wäre es nicht möglich, daß durch diese Gesellschaft die Staaten selbst ein Status in Statu würden?" (Illuminatus dirigens... Frankfurt/Main 1794, 132).
7 Vgl. *(Bode?,)* Gedanken... 32 ff. Die Frage, ob es „möglich seye, daß eine, und zwar was immer geheime Gesellschaft in einem, und zwar was immer für einem Staat gut seyn könne" — oder nicht, durchzieht sämtliche Pamphlete, die von beiden Seiten veröffentlicht wurden.
8 „Die wahre Reformation in Deutschland zu Ende des achtzehnten Jahrhunderts" von M. H. S. aus: Neueste Sammlung jener Schriften, die vor einigen Jahren her über verschiedene wichtigste Gegenstände zum Steuer der Wahrheit in Druck erschienen sind, Augsburg 1785, XVIII. Hier erschien auch eine „Kritik gewisser Kritiker". Augsburg war das publizistische Zentrum der Exjesuiten unter der Leitung von Aloys Merz (Nach *Valjavec* a. a. O., wo auch die weiteren Voraussagen der Revolution zu finden sind; andere bei *W. Wenck,* Deutschland vor hundert Jahren, Leipzig 1887, 193 ff.).
9 *Stattler,* Das Geheimnis der Bosheit..., 1787, § 2.
10 Vgl. *K. Löwith:* Weltgeschichte und Heilsgeschehen, Stuttgart 1953, 99.
11 The Constitutions..., 1 ff.
12 Vgl. *K. Löwith* a. a. O. 130.
13 The Constitutions... 48. In der deutschen Übersetzung heißt es — die englische Seelage mißachtend —: „Eine Meisterin des ganzen Erdbodens" (Des verbesserten Konstitutionenbuches... II, 88).
14 Vgl. die Schrift von *I. T. Desaguliers:* The Newtonian System of the World, the best Model of Government: Allegorial Poem, Westminster 1728. Dazu *Fay* a. a. O. 84 ff.
15 *Leibniz,* Theodizee, § 147 (Die Philos. Schriften, Berlin 1875 ff.).
16 So nach der Kurz. Hist. Nachr. 241 ff. „Wer kann nun bey solchen Umständen den Freimaurern verdenken", so schließt die Übertragung der Theodizee auf die Freimaurerei, „daß sie ihre Geheimnisse so verbergen, maßen Gott selbsten die Materie des Ursprungs aller Dinge vor den Menschen verborgen hält".

17 Über die Entstehung des Programms vgl. die „Kritische Geschichte der Illuminaten-Grade“ in: Die neuesten Arbeiten ..., 1794 (hrsg. von *v. Grolmann*). Die geschichtsphilosophische Initiation wurde bei der Zulassung zu dem fünften, dem vorletzten Grad, vollzogen, der auch die politische Planungsarbeit zu leisten hatte. Das Dokument ist abgedruckt im Nachtrag ..., München 1787, II, 44—121. Weishaupt, der die erste Fassung formulierte (1782), strich nach dem Ausscheiden Knigges aus dem Orden die Passagen, die ihm zu rebellisch erschienen, weil er nicht „dereinst ... den Kopf verlieren“ wolle (Brief vom 28. 1. 1783, abgedr. in der Krit. Gesch. 41).

18 Nachtrag ... II, 80. Es sind die Illuminaten, die den „Schlüssel zur Geschichte“ in der Hand halten (Nachtrag ... I, 7), zu dem nur die obersten Grade zugelassen sind, die ihrerseits durch die geheime Arbeit erreichen, „was bis jetzt alle Anstrengungen, was Erziehung, Moral, Staatsverfassung, ja die Religion nicht haben bewirken können“ (Schreiben an den Herrn Hofkammerrath ... Anhang: Instruktion für den Oberen ... 97). Durch die Geheimorden „wird der Mensch von seinem Fall sich erholen, Fürsten und Nationen werden ohne Gewalttätigkeit von der Erde verschwinden ... und die Welt der Aufenthalt vernünftiger Menschen werden“ (Nachtrag ... II, 80).

19 Politisch ohnmächtig, wissen sie sich als total moralisch, die erstrebte Herrschaft ist daher moralisch total. Es gilt, wenn sie selbst „in möglichster Stille, mit möglicher Eile und Genauigkeit ... herrschen ... Unterscheidung u. Gleichheit, Despotismus und Freyheit auf das engste zu vereinigen“ (Nachtrag ... II, 46). Aus ihrer Antithese von Despotismus und Moral wird in der Zukunft der moralische Despotismus, weil sie glauben, die Politik zu eliminieren und dennoch zu herrschen. Weishaupt hat übrigens diese utopische Konstruktion der Diktatur nach der Vernichtung seines Ordens widerrufen (vgl. Krit. Gesch. der Illuminaten-Grade, abgedruckt in den „Neuesten Arbeiten ...“ 67).

20 Vgl. *Wieland* a. a. O. 224. Die Kosmopoliten betrachten „die noch jetzt bestehenden Regierungsformen sozusagen als bloße Gerüste zu Aufführung jenes ewig bestehenden Tempels der allgemeinen Glückseligkeit“. S. dazu S. 187, Anm. 138.

21 Vgl. o. S. 79.

22 Nachtrag ..., II, 96. Das geschichtsphilosophische Ausweichen in die Zukunft ist die der indirekten Gewaltnahme entsprechende Denkform, der in der Gegenwart wiederum der Dualismus von Moral und Politik entspricht. Auf Grund der moralischen Selbstinterpretation, die ihnen Sicherheit und Elan des Angriffs verlieh, die Illuminaten für völlig harmlos zu erklären, ist ein historischer Fehlschluß, der sich weiterhin in dem historischen Horizont der modernen Geschichtsphilosophien bewegt. So leugnet z. B. *Le Forestier* (a. a. O. 486 ff.) die seinerzeit entstandene These, daß die Illuminaten eine Verschwörung gegen

den Staat gebildet hätten. Er hat insoweit recht, als mit einer Verschwörung die Planung einer direkten Aktion gegen den Staat gemeint ist. Wenn dagegen Le Forestier glaubt, die Illuminaten hätten eine geheime Gesellschaft gegründet, „parce que l'histoire nous apprend que les peuples anciens et les plus éclairés ont dû leurs lumières aux Mystères", und wenn er annimmt, daß die Illuminaten deshalb, weil sie sich selbst für nur moralisch und sozial erklärten, auch recht brave Staatsbürger gewesen seien, dann heißt das, das bürgerliche Selbstverständnis aus dem politischen Funktionszusammenhang herausnehmen und zur geschichtlichen Wahrheit erklären. Das Analoge gilt für die Darstellung *Lennhoffs* in: Politische Geheimbünde, 50.

23 Vgl. *Valjavec* a. a. O. 293 ff., wo auch die (spärliche) Sekundärliteratur angeführt ist. Ferner *W. Wenck,* Deutschland vor hundert Jahren, Leipzig 1887, 96 ff.

24 Die „Enthüllung des Systems der Weltbürger-Republik, in Briefen aus der Verlassenschaft eines Freymaurers. Wahrscheinlich manchem Leser zwanzig Jahre zu spät publiziert. Rom (Leipzig) 1786" ist Dialogform gehalten. Die Unterhaltung findet zwischen einem Meister vom Stuhl und dem (aufzunehmenden) Sohn eines preußischen Offiziers (Göchhausen) statt. Sie bietet ein sehr anschauliches Bild der utopistischen Atmosphäre in den deutschen Logen. G. beruft sich für seine Enthüllung auf die „Wilhelmsbader Conventsakten", die bewiesen, daß die Maurerei zum „Werkzeug... sehr schlimmer Hände" geworden sei (X). Er hatte, wie Bode in seinem Reisetagebuch 1787 bestätigt (zit. bei Roßberg a. a. O. 38), die Illuminaten vor Augen, die die restliche Freimaurerei in Deutschland ihrer Leitung unterwerfen wollten. Das wichtigste Dokument der geschichtsphilosophischen Planung, die „Anrede an die illuminates dirigentes" (1787 erschienen), kann G. noch nicht in der vom bayerischen Staat veröffentlichten Ausgabe vor Augen gehabt haben, aber er wird nicht zuletzt durch Knigge, der ihn für die Illuminaten zu gewinnen suchte, Einblick in ihre — an den Templern gemessen — radikale Planung gewonnen haben.

25 Enthüllung . . . 176.

26 A. a. O. 216 f.

27 A. a. O. 309 247 388. Die „richtige Leitung" der Menschheit sei nach ihrer Ansicht „das Geschäft weniger privilegierter Seelen", deren „Creditiv", wie sie meinten, in der Überlegenheit ihres Verstandes beruhe (247).

28 Göchhausen war Lutheraner. „Die große Grundwahrheit, auf welcher das ganze religiöse und politische Dasein der Societät beruht", sei die, daß „der menschliche Wille eingeschränkt werden" müsse, „weil er verdorben ist" (378). Anstatt aus den Logen „moralische und politische Pesthäuser" werden zu lassen, solle man sie in „Staatsbürgerrealschulen" umwandeln (XII, 418).

29 A. a. O. 214. Die „Mittel" sind das Geheimnis, um die allgemeine Glückseligkeit einzuführen, „der Endzweck ist's nicht, kann, darf und soll es nicht seyn" (205), heißt es ganz im Sinne von Lessings „Gespräche..."
30 A. a. O. 233.
31 A. a. O. 233.
32 A. a. O. VII. Die unbestimmte, aber universale Revolutionsprognose beruht auch darauf, daß Göchhausen — selber stark pietistisch — die ganze Aufklärung als eine politische Freiheitsbewegung auffaßte. — Der Illuminaten-Orden als der soziale und geistige Vorkämpfer der Aufklärung in Deutschland spielte in der Bewußtseinslage der achtziger und neunziger Jahre wegen dieser seiner Verbindung eine viel größere Rolle, als ihm in seiner rein sozialen Stellung hätte zukommen müssen. Die Thesen des Abbé Barruel, von Zimmermann und Hoffmann trugen später dazu bei, die Illuminaten als die „Anstifter der Französischen Revolution" in ihrer Bedeutung weiterhin zu überschätzen. Aber gerade die Zusammenschau der aufklärerischen Fortschrittsidee mit der Planung der Illuminaten ließ Göchhausen über den gängigen Vorwurf der „Verschwörung" hinausgehen und befähigte ihn zu seiner Prognose.

II

32a Tagebuchnotizen des Abtes de Véri über eine Unterhaltung mit Turgot, im Juli 1775, zit. bei *D. Dakin*, Turgot and the Ancien Régime in France, London 1939, 221.
32b *Condorcet*, Vie de Turgot (1786); Œuvres de C., Paris 1947, V, 189.
33 Vgl. die Darstellung bei *Löwith* a. a. O. 87.
34 Œuvres de Turgot et documents le concernant, éd. *G. Schelle*, 5 Bde., Paris 1913—1923, I, 421 (1753/4). Über Turgots Tätigkeit als Intendant und Minister vgl. *Douglas Dakin*, Turgot and the Ancien Régime in France, London 1939, und *C. J. Gignoux*, Turgot, Paris 1945, c. III.
35 S. S. 176, Anm. 39.
36 Vgl. *Tocqueville*, L'ancien Régime..., 209 ff., der die Rolle der Physiokraten folgendermaßen beschreibt: „Toutes les institutions que la Révolution devait abolir sans retour ont été l'objet particulier de leurs attaques; aucune n'a trouvé grâce à leurs yeux. Toutes celles au contraire, qui peuvent passer pour son œuvre propre ont été annoncées par eux à l'avance et préconisées avec ardeur; ... on trouve en eux tout ce qu'il y a de plus substantiel en elle." Eine Aufzählung der in und nach der Französischen Revolution erfüllten Programmpunkte von Turgot liefert *L. Say* in: Turgot, Paris 1891.
37 *Turgot* a.a.O. I, 283 (1751).

38 „Qu'est-ce l'impôt? est-ce une charge imposée par la force à la faiblesse? Cette idée serait analogue à celle d'un gouvernement fondé uniquement sur le droit de conquête. Alors le prince serait regardé comme l'ennemi commun de la société", 1776, V, 183. Mit dieser Feststellung berief sich Turgot auf die allgemeine Stimmung im Lande, wie sie von Dupont in dem Munizipalitätenentwurf ebenfalls formuliert wurde: „On dirait que Votre Majesté est en guerre avec son peuple", IV, 577. „Et dans cette espèce de guerre, ne fût elle qu'apparente, serait toujours fâcheuse et funeste, personne n'a intérêt à favoriser le gouvernement."

39 Vgl. *Th. Schott,* Das Toleranzedikt Ludwigs XVI., HZ 61, 385 ff. Turgots Schrift „Le Conciliateur" (1754) war von der Wirklichkeit noch weit entfernt (389). Das Edikt wurde erst 1787 erlassen, also zu einer Zeit, als die Bürger mit den Ständen gemeinsam gegen den König auf den Plan traten.

40 *Turgot* a. a. O. IV, 563 (Projet de mémoire au Roi, Juni 1775).

41 Briefe vom 30. 4. 1776 (V, 445 ff.). Vgl. *Say* a. a. O. 172 ff., und zur Quellenfrage *Ad. Wahl,* Vorgeschichte der Französischen Revolution, I, 256.

42 Brief vom 18. 5. 1776. *Turgot* a. a. O. V, 458. Turgot sah in der allgemeinen Unsicherheit keineswegs ein lokales französisches Geschehen, sondern faßte sie als ein globales Ereignis. Die Frage nach Fortschritt oder Dekadenz war für ihn nicht mehr eine Frage, die innerhalb der République des Lettres und im Rahmen der Künste und Wissenschaften, wie sie bei Bayle gestellt wurde, sondern die im Rahmen der ganzen Weltgeschichte, einschließlich des politischen Geschehens, entschieden würde. Alle Kräfte, die moralischen und politischen Kräfte der Nationen, der Handel, die Interessen, die Regierungsformen, „... le chemin qu'ils suivent à présent et la direction de leurs mouvements vers un progrès plus grand encore ou vers leurs décadence; violà la vraie géographie politique", I, 257 (1751). Die Frage der „Krise", und zwar der ganzen Erde, wird bereits gestellt. Amerika, die dort herrschende natürliche Gleichheit, seine Freiheit und Sittenreinheit, war ein glanzvolles Leitbild der fortschrittlichen Bewegung der Geschichte (I, 204), und die Frage, ob Amerika auch die politische Unabhängigkeit gewinnen werde, war für Turgot eine der politischen Entscheidungsfragen, die die Zukunft der Welt bestimmten, an denen sich die Wende zum Fortschritt oder zur Dekadenz herausstellen würde. Turgot prophezeite schon 1750 die nicht aufzuhaltende Unabhängigkeit der Kolonien (I, 222) und vertrat dieselbe Ansicht in seinem Memorandum vom 6. 4. 1776, in dem er dem französischen König davon abriet, in den Unabhängigkeitskrieg einzugreifen (V, 385 ff.). Von der finanziellen Notlage Frankreichs abgesehen, berief er sich dabei gerade auf die zwangsläufige Tendenz der Geschichte, die sowieso zum Sturz des handelsmonopolistischen

europäischen Kolonialsystems und zur Ära der freien Weltwirtschaft führen würde, also ein französisches Eingreifen aus eigenen kolonialen Interessen heraus verbiete. Die absolute Unabhängigkeit der amerikanischen Kolonien „sera certainement l'époque de la plus grande révolution dans le commerce et la politique, non seulement de l'Angleterre, mais de toute l'Europe" (V, 391). Es handele sich hier um eine „révolution totale" (V, 385), die er allen Kolonialmächten (V, 415 ff.), vor allem dem rückständigen Spanien, prophezeite. Mit seinen geschichtsphilosophisch abgeleiteten Beweisen, die einen zwangsläufigen Fortschritt auf die liberale Weltwirtschaft in das politische Programm einbauten, argumentierte Turgot gegen die französische koloniale Außenpolitik, die die Niederlage in Kanada von 1759 wieder wettzumachen hoffte. Turgots Kampf gegen die staatliche Politik im herkömmlichen Sinne trug direkt zu seinem Sturz im folgenden Monat bei (vgl. dazu *Glagau*, Reformversuche ... 114 ff.), und damit indirekt zu der Verschärfung der innerpolitischen Spannung, die Turgot mit der Einführung der gleichen liberalen Wirtschaftsform zu beenden trachtete, die er — global betrachtet — als den Fortschritt der Weltgeschichte ansah. Turgots Vorschlag, der durch das militärische Eingreifen Frankreichs im Sinne Vergennes dann überholt wurde, sah eine aktive wirtschaftliche Unterstützung der Insurgenten in Amerika vor. Bezeichnenderweise bediente sich Turgot, um diese zu rechtfertigen, wiederum einer antistaatlichen Argumentation: er riet nämlich, die Aufständischen nicht als kriegführende Partei anzuerkennen, da man sonst gezwungen sei, Neutralität zu wahren, „notre rôle serait la neutralité et refuser de vendre aux Américains" (V, 410). Die weltweite und überstaatliche Entscheidung, die für Turgot im Anzug war, erlaubte es ihm auch, die herrschenden völkerstaatlichen Regeln, die eine Anerkennung der kriegführenden Parteien auch im Bürgerkrieg vorsahen (vgl. *Vattel* a. a. O. III, c. XVIII, § 291, und dazu *Carl Schmitt*, Der Nomos der Erde, 139), zu umgehen, um der fortschrittlichen Partei auf wirtschaftlichem Wege indirekt zu Hilfe zu kommen. — Der globale Charakter der Krise — Turgot gebrauchte den Ausdruck nur beiläufig (V, 415 ff.) — wird auch sichtbar in dem Gedankengang, den er für den unglaubwürdigen Fall eines englischen Sieges anstellte: die Entscheidung der kritischen geschichtlichen Situation würde dann nicht in der endgültigen Trennung des republikanischen Amerika von Europa zu sehen sein, sondern die Entscheidung — als solche unentrinnbar — würde dann auch noch die englische Mutterinsel einbeziehen, die englische Nation würde sich mit den freiheitlichen Amerikanern verbünden, um das königliche Joch abzuschütteln, „à secouer le joug du roi" (V, 389). Damit umschrieb Turgot die französische Situation von 1789. — Der Zusammenhang der in Europa herrschenden Krise, die auf eine Entscheidung zwischen den Staaten und der neuen Gesellschaft zusteuerte, und den von dieser Gesellschaft konzipierten, überstaatlichen und geschichtsphilosophisch legitimierten globalen Einheitsideen, und wiederum deren Einwirken auf die europäische Krise wird an dem Beispiel von Turgot besonders deutlich, ein Zusammenhang, der u. S. 148 noch einmal sichtbar wird.

43 Vgl. *Condorcet,* Œuvres, Paris 1847, V: Vie de Turgot.

44 Vgl. *G. Ritter,* Der Freiherr vom Stein . . ., HZ 137, 466 ff.

45 Über den Getreidestreit vgl. *Say,* Turgot, Paris 1891, 98 ff., und *Dakin* a. a. O. 180 ff.

46 *Condorcet* schildert, a. a. O. 15, wie der Wunsch nach politischer Einflußnahme zugunsten der Gesellschaft seine Berufswahl — Turgot war zunächst Kleriker — bestimmte habe. Nach seinem Entschluß, Staatsbeamter zu werden, „il préféra . . . une charge de maître de requêtes aux autres places de la robe", hier habe er den größten Einfluß auf Verwaltung und Wirtschaft ausüben können, gerade als „ministre du pouvoir exécutif dans un pays où l'activité de celui-ci s'étend sur tout . . .".

47 *Turgot,* Œuvres I, 415. Turgot entwickelte zwar keine systematische Staatslehre, er war wie seine Zeit- und Gesinnungsgenossen ein Feind aller „Systeme", aber auch als Praktiker war er von bestimmten staatsrechtlichen Vorstellungen geleitet, die in seinen verschiedenen Schriften verstreut liegen. Als Ganzes freilich ist seine Staatsvorstellung eingebettet in die Fortschrittsphilosophie, aus der heraus seine politischen Ideen bestimmt werden und auch nur voll verstanden werden können. Der geschichtsphilosophische Aspekt wird hier ausgeklammert und nur das Verhältnis von Moral und Politik und die situationsgebundene Bedeutung dieses Dualismus dargestellt.

48 *Turgot,* ebd. Obwohl Turgot von Locke stark beeinflußt war, teilt er nicht dessen Ansicht von der Relativität der Moral, sondern sieht sie an alle Menschen gemeinsam verpflichtende Gesetze gebunden. Vgl. dazu den Briefwechsel mit Condorcet (*Ch. Henry,* Correspondence inédite de C. et Turgot, Paris 1882, 145 ff. 155 ff.). „Je ne crois pas la morale en elle même puisse être jamais locale . . . tous les devoirs sont d'accord entre eux, aucune vertu, dans quelque sens qu'on prenne ce mot, ne dispense de la justice . . ." „Quand on veut attaquer l'intolérance et le despotisme, il faut d'abord se fonder sur des idées justes" (Turgot an Condorcet, III, 639, 1773).

49 Mit dieser Gegenüberstellung steht Turgot ganz auf dem Boden der Enzyklopädie. Siehe den Art. „Autorité politique" von *Diderot* (Œuvres XIII, 392 ff.), in dem zwei Quellen der Autorität aufgewiesen werden. „La force et la violence" einerseits und „le consentement des peuples" andererseits. Diderot greift mehr auf den Gesellschaftsvertrag im Sinne von Locke zurück als Turgot, der die „zweite" Form des Rechts in einer ewigen moralischen Gesetzlichkeit begründet sieht. Der Ausschließlichkeitscharakter der beiden Ableitungen des Rechts ist bei-

den gemeinsam. Der Rechtstitel der Gewalt geht dieser verloren, sobald sie sich der Moral bzw. den Wünschen der Gesellschaft unterwirft: „Celui qui se l'était arrogée devenant alors prince cesse d'être tyran." Vgl. *Turgot* I, 417. — Über die ablehnende Haltung Turgots gegen die Sekte, wie er sie nannte, der Enzyklopädisten vgl. *Condorcet,* Œuvres V, 25 ff.

50 Vgl. o. S. 46.

51 *Turgot* a. a. O. IV, 561. Vgl. S. 165, Anm. 73.

52 Ebd. I, 418.

53 Ebd. I, 424.

54 Die hier dargestellte Theorie von Turgot befindet sich in seinem zweiten Brief über die Toleranz, den Turgot zur Verteidigung seines Conciliateur an einen strengen Vertreter des Absolutismus gerichtet hatte (1753). Turgot geht davon aus, daß die Gewissensfreiheit die äußere Ordnung (l'ordre extérieur) sowieso nicht stören könne. Indem Turgot die Gewissensfreiheit rechtfertigt, bleibt er aber nicht wie Hobbes dabei stehen, sie auf den menschlichen Innenraum zu beschränken, sondern er erklärt sie zum Recht der Gesellschaft, und im Zuge dieser Ableitung entzieht er automatisch dem absolutistischen Staatsrecht die Legitimation. Die Gehorsamspflicht des Untertanen gilt nur, wenn der Fürst (1.) die Wahrscheinlichkeit der moralischen Rechtfertigung auf seiner Seite hat, oder wenn (2.) der Untertan darüber zu entscheiden von sich aus nicht fähig ist. Turgot anerkennt sogar einen Fall, in dem ein Untertan gegen sein Gewissen einen Befehl durchzuführen habe: wenn nämlich durch die Erfüllung des unmoralischen Befehls der unschuldige Teil der Gesellschaft vor Unruhen bewahrt wird („sans troubler cette partie innocente de la société"). Die Gesetzmäßigkeit eines Gesetzes entspringt also, wenn schon nicht der Moral, höchstens dem unschuldigen gesellschaftlichen Interesse, keinesfalls aber der fürstlichen Autorität.

55 Vgl. o. S. 28.

56 „Weh dem gedrückten Staat, der statt der Tugend Nichts als ein Gesetzbuch hat", ruft *Lessing* bei der Eröffnung des Hamburger Theaters aus (Sämtl. Schriften, 9, 207). Das moralische Nichts, das heißt die politische Entscheidungsfreiheit des Fürsten, sollte zum Verschwinden gebracht werden, aber statt dessen sollten nicht andere, etwa die Vertreter der Gesellschaft, herrschen. Als Ludwig XVI. den Physiokraten Quesnay fragte, was er an seiner Stelle tun würde, antwortete dieser mit seiner bekannten Feststellung: „Ich würde nichts tun. — Und wer würde regieren? — Die Gesetze!" (Zit. nach *Göhring:* Weg und Sieg der modernen Staatsidee in Frankreich, Tübingen 1946, 158.)

57 *Turgot* a. a. O. I, 419.

58 In seinem Gesetzesvorschlag zur Abschaffung der Frondienste schildert Turgot die Widerstände der Privilegierten und die Schwierigkeit,

sie zu überwinden, „mais quand une chose est reconnue juste, quand elle est d'une nécessité absolue, il ne faut pas s'arrêter à cause des difficultés: il faut les vaincre". Auf den Einwand in der folgenden Ministersitzung, der König müsse kraft seiner Entscheidungsfreiheit jederzeit unbezahlte Notstandsarbeiten anordnen können, entgegnete Turgot: „Il ne me paraîtrait pas décent, dans un édit où le roi supprime les corvées pour les chemins, d'en annoncer d'autres sans promettre de les payer. Ce serait même une contradiction avec les motifs de justice qui déterminent le roi."

59 *Turgot* a. a. O. I, 415.

60 Auch wenn es politisch nicht möglich ist, moralisch gesehen, kann sich jeder Bürger auf die Menschenrechte berufen, „réclamer les droits de l'humanité. Toute convention contraire à ces droits n'a d'autre autorité que le droit du plus fort; c'est une vraie tyrannie" (I, 416, 1753).

61 Diese Auffassung teilt Turgot mit allen Vertretern eines aufgeklärten Despotismus (ein Ausdruck, den Turgot übrigens abgelehnt hat). Vgl. *Holbach:* „Es ist die Aufgabe der Moral, den Menschen zu erkennen zu geben, daß ihr größtes Interesse darin besteht, die Tugend auszuüben. Das Ziel der Regierung muß sein, sie dieselbe ausüben zu nötigen" (Système social 1773, deutsch Leipzig 1898, X).

62 Zit. nach *Say*, Turgot, 108.

63 *Turgot* a. a. O. I, 420. Vgl. hierzu die entgegengesetzte Argumentation, die noch *Fénelon* vollzieht: „Il n'y a aucune règle faite par l'homme, qui n'ait ses exceptions . . . Il faut donc qu'il y ait une autorité suprême, qui juge quand il faut changer les lois, les étendre, les borner, les modifier, et les accorder à toutes les situations différentes où les hommes se trouvent" (zit. nach *Buddeberg* a. a. O. 347, Fénelon, Œuvres, Paris 1824, 449). Fénelon schließt aus den menschlichen Unzulänglichkeiten auf die Notwendigkeit einer höchsten staatlichen Autorität, auf die absolute Souveränität der Fürsten; bei Turgot ist die moralische Interpretation des Fürsten — die Fénelon auf seine Art mit begonnen hatte — so weit gediehen, daß aus den menschlichen Unzulänglichkeiten, an denen als Mensch auch der Fürst teilhat, gerade auf die letzte Entscheidungsinstanz des Gewissens geschlossen wird, die man an die von den Gelehrten entdeckten Gesetze gebunden sieht. Die moralische „Gesetzlichkeit" bricht die politische Gesetzgebung.

64 Vgl. die Argumentation von Suarez gegen Jakob I. (angeführt bei *Rommen* a. a. O. 257).

65 S. o. S. 23. Fénelon ist einer der typischen Verfechter des Absolutismus, der aber zugleich an den „Menschen" im Fürsten appelliert, um ihn an die moralischen Pflichten zu binden.

66 Der erste politische Gebrauch einer moralischen Reduktion des Fürsten auf den Menschen stammt nach H. Sée aus England. *Bolingbroke* prägte die Formel: „Un roi, c'est un homme, qui est coiffé d'une couron-

ne"; von großer Bedeutung für die Verbreitung dieser Auffassung des Herrschers wurde Popes „Essay on man" (Epistel IV, Abschn. VI), das, auf Bolingbroke fußend, unter der Fürsprache von den Maurern Ramsey und Warburton seinen Siegeslauf durch den Kontinent antrat (vgl. *Hazard*, Die Herrschaft..., 536 ff.). Die Folgen dieser Neuinterpretation des Souverains werden ziemlich offen angedeutet im Artikel „Souverains" der Enzyklopädie (*Diderot*, Œuvres... XVII): „Le chevalier Temple disait à Charles II. qu'un roi d'Angleterre, qui est l'homme de son peuple, est le plus grand roi du monde; mais s'il veut être davantage, il n'est plus rien. Je veux être l'homme de mon peuple, répondit le monarque." — Die Skala der sich wandelnden Auffassung des Souverains vom absoluten Herrn zum ersten Diener des Staates und von da zum reinen Menschen wird je nach der geographischen Situation sehr schön dargestellt im „Briefwechsel meist historischen und politischen Inhalts", IV. Th. H. XXI, Göttingen 1779, 206 ff. Die Aufzählung der einschlägigen Titel befindet sich in dem Artikel „Varianten in der politischen Terminologie": „Die Staatswissenschaft hat ihre eigene Terminologie... In ihren Hauptsätzen ist man jetzt in dem aufgeklärten Theile Europens so ziemlich eins: aber in dem Ausdruck dieser Sätze giebt es immer noch Varianten. Und diese Varianten sind in der Politik bei weitem wichtiger, als in jeder andern Wissenschaft." Der Privatmann müsse „sich zu seiner Sicherheit ein geographisch-politisches Varianten-Register" halten, und das wolle der Artikel liefern. Die Grundfrage, die der Privatmann für seine Sicherheit jeweils richtig beantworten können muß, ist die, ob der Fürst nur Fürst oder auch Mensch oder beides zugleich sei. Eine Blütenlese aller moralischen Reduktionen der Fürsten auf den Menschen liefert am Ende des Jahrhunderts *F. C. Frhr. v. Moser* in „Politische Wahrheiten", Zürich 1796. Er bringt die instruktive Zitatensammlung am Schluß des Kapitels über die „Seelenkrankheit der Könige und Fürsten" (209 ff.). Moser selbst, der ständisch-konservativ dachte, dessen Buch über „Herr und Diener" aber dennoch wegen „Majestätsschändung" von der Heidelberger Universität verurteilt wurde (vgl. *Häusser* a. a. O. 953), bringt ohne direkte polemische Absicht in moralischer Strenge seine Ansicht auf folgende Formel: „Der Mensch steckt nicht im König, der König steckt im Menschen, und wie der Mensch ist, so ist der König" (I, 31).

67 *Turgot*, Œuvres IV, 565 (Juni 1775).

68 Intoleranz herrsche nur, wenn „les hommes déjà intolérants" an der Regierung sind; „ceux au contraire qui sont convaincus des avantages de la tolérance, n'en abuseront pas" (I, 387 f.). Kopfschüttelnd mußte sich Turgot von seinem Freunde de Véri sagen lassen, daß der König keineswegs so aufgeklärt sei, um sich von der Kraft der turgotschen Argumente überzeugen zu lassen (vgl. den Tagebuchauszug des Abtes de Véri, IV, 567).

69 „Cette affaire du jansénisme et du molinisme est en quelque sorte une guerre civile"; beide Parteien stünden obendrein unter derselben kirchlichen Autorität, was für die staatliche Intervention andere Maßnahmen erforderlich mache als im Falle der Protestanten (IV, 564 f.).

70 *Turgot* a. a. O. IV. 113 (24. 8. 1774). Man mag einwenden, daß Turgot diese Formulierung aus dem Bedürfnis heraus getroffen habe, eine wirklich persönliche Vertrauensstellung beim König zu finden, um in dem Kampf für die Steuerreform sicheren Rückhalt gegen die Stände zu gewinnen (vgl. *Glagau* a. a. O. 65). Für die Bewußtseinslage für Turgot ist dies sogar richtig, aber gerade diese ist nur möglich, weil solche Begriffe schon zur Verfügung standen, weil die Maurer, Philosophen und Enzyklopädisten den Boden für derartige moralische Argumente schon längst geschaffen hatten.

71 *Göchhausen* (a. a. O. 238) schildert die Propagandaziele der Freimaurer, Adel und Mensch, Fürst und Despot, Religion und Aberglauben für das öffentliche Bewußtsein zu Synonyma zu machen. „Sind Fürsten überhaupt nichts weiter als Menschen, so ist — ihr Nimbus dahin." — Am radikalsten vollzieht Rousseau die Reduktion des Herrschers auf den Menschen. Für einen König, der sich an seinem Thron festklammerte und sich auf ihn berufe, habe er nur Verachtung übrig, „je vois qu'il n'existe que par sa couronne, et qu'il n'est rien du tout s'il n'est roi". Im gleichen Maße wird der Mensch aufgewertet: verzichtet ein König auf seinen Thron: „il monte à l'état d'homme ..." (Œuvres III, 348; Emile, 1, III).

72 Als die Menschen aus ihrer politischen Anonymität heraustraten und selber die politische Führung des Staates an sich rissen, zeigte sich offen, daß der Fürst als Objekt der moralischen Betrachtung nicht „Mensch" war, sondern der Träger einer politischen Gewalt, die gestürzt werden mußte, d. h. ein politischer Feind. „L'unique but du Comité fut de vous persuader que le roi devait être jugé en simple citoyen; et moi, je dis que le roi doit être jugé en ennemi, que nous avons moins à le juger qu'à le combattre" (*St. Just,* Sur le Procès de Louis XVI, 13. Nov. 1792, Œuvres, éd. J. Gratien, Paris 1946, 120). Mit diesen Worten zerreißt St. Just in der Gerichtsverhandlung gegen Ludwig XVI den moralischen Schleier, hinter dem sich die Bürger im 18. Jahrhundert gesammelt und den sie schließlich bewußt über ihre politischen Pläne geworfen hatten. St. Just verläßt den Raum der moralischen Jurisdiktion und stellt ganz unverhüllt einen politischen Urteilsantrag, nicht zuletzt weil sich die politischen Gegner jetzt selbst der moralischen Kategorien bedienten, um dem Urteil zu entgehen, „Je dis l'homme quel qu'il soit; car Louis XVI n'est plus en effet qu'un homme, et un homme accusé", so lautet die Argumentationsbasis, von der her *Raymond Desèze* seine Verteidigungsrede für den König vortrug (Défense de Louis XVI par R. Desèze, Leipzig 1900, 1). — Mit dem Sieg der Revo-

lution verliert die Antithese von Mensch und Fürst ihren konkreten Sinn, nämlich den Fürsten auf indirekte Weise seiner Souveränität zu berauben. Ist der Fürst einmal gestürzt, so wird die humanitäre Kampfposition im politischen Sinn so inhaltsleer und variabel, daß mit der Berufung auf den Menschen jeder politische Feind ins Unrecht gesetzt werden kann, indem er zum Unmenschen deklariert wird. Der moralische Dualismus, diese politische Ausdrucksformel der indirekten Gewaltnahme, die im 18. Jh. noch von einer Seite und hier mit dem guten Gewissen der politischen Unschuld angewandt werden konnte, wird seitdem zur Waffe aller Parteien. Der Dualismus von Moral und Politik, der als geistige Waffe die Revolution mit heraufbeschwören half, wird seitdem zur dialektischen Wirklichkeit des Bürgerkrieges selber, dessen Permanenz sich an dem geradezu zwangsweisen Gebrauch scheinbar moralischer Kategorien zu politischen Zwecken ablesen läßt. Indem sich alle Parteien der zunächst situationsgebundenen Waffen des 18. Jh. bedienten, erliegen sie einem sich gegenseitig verschärfenden Zwang zur Ideologie, der die Neuzeit seitdem kennzeichnet.

73 S. o. S. 30.

74 Taines These über den „abstrakten" (nicht den „klassischen") Geist des Bürgertums besteht völlig zu recht, sie bezieht aber ihre politische Evidenz erst aus der Antithese zum absolutistischen Staat. Die Frage, inwieweit die politische Konsequenz ihrer moralischen Pläne von den Bürgern gar nicht erkannt wurde oder ob sie die politische Konsequenz bewußt verleugnet haben, um nicht der Illoyalität im Staate bezichtigt zu werden, ist eine Frage des Bewußtseins, mit der die Bürger den Staat zu okkupieren trachteten. *Ritter* betont in seinem Aufsatz (HZ 137), daß Mirabeau d. Ä., d'Argenson, Dupont (weniger Turgot und Letrône) ihre Reformpläne unpolitisch und rein verwaltungstechnisch gehalten hätten, ohne die königliche Spitze ihrer politischen Macht berauben zu wollen, und daß sie mehr oder weniger die politische Konsequenz ihrer Reformvorschläge nicht erkannt hätten. Die Frage nach der politischen Bewußtheit der bürgerlichen Elite, gleichsam in ihrer Nacktheit, ist schwer zu beantworten, denn sie bleibt bis zur Französischen Revolution und noch in dieser eingebettet in dem Dualismus von Moral und Politik. Er bestimmt und aus ihm speist sich die politische Haltung der Bürger.

75 *Turgot* a. a. O. IV, 582. (Die Formulierung steht im Munizipalitätenentwurf.)

77 Vgl. *Glagau* a. a. O. 96, und *Göhring*, Weg und Sieg . . . 180.

78 Voran Voltaire, vgl. *Say*, der auch die übrigen aufzählt (a. a. O. 108 ff.). Für *Voltaire* s. Œuvr. 49, 483 f.

79 *Galiani* an Mme. d'Epinay, 17. 9. 1774 (zit. a. a. O.).

80 Vgl. *Glagau* a. a. O. 81, und *Wahl*, Vorgeschichte der Französischen Revolution, I, 252 ff., II, 407 ff.

81 Vgl. die Briefe Turgots an den König, Œuvres V, 445 ff.
82 Necker versuchte seine Reformen im Bunde mit dem Parlament und den Ständen durchzudrücken, seine politische Tendenz war gegen den absolutistischen Staat gerichtet, wie auch die Einführung der Provinzialversammlung zeigt, derentwegen er sich mit dem Hof überwarf (*Glagau* a. a. O. 162 ff.). Damit stand er viel offener und direkter gegen den absolutistischen Staat als Turgot, der gegen jede Gewaltenteilung war. Turgot erblickte, nach einer Notiz de Véris, in der Berufung von Provinzialversammlungen einen Schritt, der jeden Bürgerkrieg legitimierte. Soweit Absolutist, gebrauchte er dennoch den Ausdruck eines „legitimen Bürgerkrieges", was *Dakin* (a. a. O. 279) unverständlich scheint, aber aus der Gespaltenheit der Situation heraus, die Turgot geradezu verkörperte, begreiflich wird.
83 Vgl. hierzu *B. Fay*, L'esprit révolutionnaire en France et aux Etats-Unis à la fin du XVIIIe siècle, Paris 1925, chap. 2 et 3.
84 *Turgot*, IV, 563 (1775).
85 *Turgot*, I, 412 (1754).
86 Wie sehr die Berufung auf Moral, Gewissen und Gesinnung die absolutistische Souveränität, wenn auch in indirekter Weise, in Frage stellt, wird besonders deutlich bei *Vattel*. Vattel, der auf dem Gebiet des Völkerrechts ein entscheidender Verfechter des politischen Prinzips war, die Moral den staatlichen Erfordernissen unterzuordnen, fordert im Rahmen der Staaten Freiheit der Philosophie, politische Toleranz, Aufklärung des Volkes und Ausbreitung der Moral. Ob diese Ziele angestrebt werden oder nicht, entscheidet zunächst über die Güte der Regierung: „La Nation connoitra en cela l'intention de ceux qui la gouvernent." An diese Feststellung schließt Vattel einen moralischen Appell: „Peuples, gardez-vous de ces corrupteurs; ils cherchent à acheter des Esclaves, pour dominer arbitrairement sur eux" (I, IX, § 116), und im Kapitel über den Bürgerkrieg stellt sich schließlich heraus, daß die gerechtere und eigentliche Legitimität der Herrschaft aus den Wünschen der Gesellschaft entspringt, die sich auf die Moral beruft. „Le plus sûr moyen d'appaiser bien des séditions, est en même temps le plus juste; c'est de donner satisfaction aux peuples" (III, XVIII, § 291). — Die Ambivalenz von Vattel, der nach außen ein rationaler Vertreter absolutistischer Politik war, indem er sie von moralischen Argumenten frei halten wollte, mit denen er im Innern der Staaten zugleich die absolutistische Herrschaft unterhöhlte, ist bezeichnend für die bürgerliche Situation. Die neue Welt entfaltet sich, im Schutz einer zwischenstaatlichen Ordnung, die sie von innen her unterminiert, wie Raynal sagte. (Vgl. *Rousseau*, III, 13: „. . . si la guerre des Rois est modérée, c'est leur paix qui est terrible: il vaut mieux être leur ennemi que leur sujet.") Nach außen ist Vattel für eine Unterordnung der Moral unter die Politik, im Innern will er die Politik moralisieren. Daß

ab und zu moralische Kategorien in sein Völkerrecht eindringen, nimmt dann nicht Wunder. So erklärt es sich, daß Vattel einerseits die Kategorie des „ennemi du genre humain“ im Völkerrecht zur Bezeichnung unmoralischer Herrscher gebrauchen kann, aber zugleich eine radikale Moralisierung der Außenpolitik als „renversement total de la saine politique“ bezeichnet (II, I, § 3; III, III, § 34). Vattel dachte auf völkerrechtlichem Gebiet staatlich und argumentierte auf der staatlichen Ebene im Sinne der Gesellschaft. Der Aufbruch der bürgerlichen Welt vollzog sich im Schutz der absolutistischen Ordnung von innen her. (Erst nach dem Sieg der bürgerlichen Elite konnte auch sie — nach der Okkupation der Staaten und ihrer Umwandlung in bürgerliche Rechts- und Verfassungsstaaten — von einem Primat der Außenpolitik sprechen, das die deutsche Historie so stark beeinflußt hat.)

87 *Turgot*, I, 421 (1753). „Si ses subjets (d'un tyran) sont en état de lui résister, leur révolte sera juste“, stellt Turgot mit dem Hinweis auf 1688 fest.

88 *Holbach*, Politique naturelle ou discours sur les vrais prinicipes du gouvernement . . ., 1773, II, 44. Holbach stand in seinen wirtschaftlichen Ansichten ganz auf seiten der Physiokraten, teilte aber nicht ihre politische Hoffnung auf einen legalen Despotismus, sondern trat für eine parlamentarische Verfassung ein. (Vgl. *Sée*, a. a. O., und *Plechanow*, Beiträge zur Geschichte des Materialismus, Berlin 1946). Es ist bezeichnend, daß Holbach, der die Moral ganz anders als Turgot aus physikalischen Bewegungsgesetzen ableitete, in den politischen Funktionszusammenhang gerückt, als ein Vertreter der Gesellschaft mit seiner „Morale universelle“ die staatstheoretisch gleiche Interpretation der herrschenden Regierung liefert wie Turgot.

89 In dem Artikel „Fondation“ (I, 584), den Turgot für die Enzyklopädie verfaßte, stellt er den ständigen Wechsel in Geist, Sitten, Industrie, Arbeit, kurz in allen Lebensbereichen fest und stellt sie den bestehenden Einrichtungen gegenüber. Aus der Diskrepanz schließt er auf „un droit légitime de les changer“; *Condorcet* bemerkt dazu (Œuvr. V, 23): „M. Turgot ne développe pas les conséquences de ces principes que tous les bons esprits ne pouvaient manquer d'apercevoir et d'adopter: il pensait qu'il y avait des circonstances où il fallait laisser au public le soin de l'application.“ — Turgot selber sagte 1751 in seinem Discours sur l'histoire universelle: „Si le despotisme ne révoltait par ceux qui en sont les victimes, il ne serait jamais banni de la terre“ (I, 290).

III

91 *L. S. Mercier*, L'an 2240, London 1772, 3.

92 *Kant*, Ges. Schriften VIII, 264.

93 *Rousseau*, Œuvr. compl. III, 347 f.

94 Ebd. Anm.
95 Vgl. S. 209, Anm. 97.
96 *Rousseau* a. a. O.
97 Der Begriff der Revolution ist im 18. Jh. ein außer- und überpolitischer Begriff, und d. h. wie die meisten Begriffe der Aufklärung indirekt politisch. Aber auch auf das Politische angewandt, verdrängt er den Ausdruck des guerre civile, zu dem man nur noch ein abstraktes Verhältnis hatte. — Mit der Übertragung des inneren moralischen Fortschritts auch auf den Außenraum der Geschichte fand man keinen Platz mehr für einen guerre civile, wohl aber für eine „révolution". Der Ausdruck durchzieht alle Bücher, Schriften und Gespräche der neuen Elite. Vgl. dazu *K. Griewank*, Der neuzeitliche Revolutionsbegriff, Weimar 1955, Kap. 6—8. Man erlebt allerorten die ungeheure Umwälzung, le bouleversement, la révolution, die Geist, Sitten, Kultur, Wirtschaft, kurz alle Gebiete des menschlichen Lebens verändern, die der ganzen Erde, dem Globus, ein neues Antlitz verleihen. Bonnet verfaßt ein Werk, in dem die moralischen Entfaltungen des Menschen aus geologischen und biologischen Revolutionen abgeleitet werden (La Palingénésie philosophique . . ., Munster 1770); Raynal eröffnet alle Kapitel seiner Hist. phil. et pol. mit den „anciennes révolutions", die die beschriebenen Länder vor allem in wirtschaftlicher Hinsicht durchgemacht hatten; „La constitution physique du monde littéraire entraîne, comme celle du monde matériel, des révolutions forcées, dont il serait aussi injuste de se plaindre que du changement des saisons", stellte d'Alembert in der Enzyklopädie fest (Disc. Prél., éd. Paris 1919, 119). „Les révolutions sont nécessaires", sagte Diderot im gleichen Werk, und er drückte damit das allgemeine Bewußtsein aus, „il y en a toujours eu et il y en aura toujours" (Œuvr. XIV, 427). L. S. Mercier übertrumpfte ihn auch noch darin: „Tout est révolution dans ce monde" (L'An 2440, 328). So offensichtlich die Revolution in der moralischen und der geistigen Welt ist —man lebte, wie Condorcet sagte, in einem „milieu des révolutions des opinions" (Œuvr. 5, 13, 1786) —, so selbstverständlich werden die Revolutionen überhaupt. Die „Revolution" ist im 18. Jh. eine allgemein angewandte und in ihrer Bedeutung geschichtsphilosophisch festgelegte Kategorie, der, wie Rosenstock (a. a. O.) gezeigt hat, immer noch die kosmologische Notwendigkeit eines Sternenumlaufes innewohnt. Revolutionen können den Fortschritt der Vernunft vorwärtstreiben; oder der Ausdruck bezeichnet den Umschlag in einem natürlichen Kreislauf. In seinen geschichtsphilosophischen Bedeutungszusammenhang gestellt, weist der Begriff der Revolution weit über das Politische hinaus, wie er — auf das Politische angewandt — einen Umsturz a priori für notwendig erklärt und ihn zugleich als konkreten Vorgang verharmlost. Die Selbstverständlichkeit der moralischen Revolution, die die neue Elite selber verkörpert, wird auf die

zunehmend erstrebte politische Revolution übertragen und das konkrete Ausmaß einer „révolution totale“ auf dem Gebiet des Politischen dabei neutralisiert. „Loin de craindre les révolutions on les désire, les uns hautement, les autres dans le fond du cœur“, schreibt de Mopinot 1761 (nach *Mornet* a. a. O. 144). Eine Revolution ist kein Bürgerkrieg. Dieser Vorstellung hat zudem die Glorious Revolution Pate gestanden, ihre Bedeutung lag darin, wie Rosenstock (a. a. O. 97) gezeigt hat, daß es eine „Revolution ohne menschliche Willkür und Gewalt“ war. „Ce que devient une révolution en Angleterre n'est qu'une sédition dans les autres pays“, stellte Voltaire 1733 bewundernd fest (Lettr. phil. VIII, uuvr. XXII, 104), indem er nur das Ergebnis des engl. Bürgerkrieges, sein glorreiches Ende, die „Revolution“ im Auge hält und sie den kontinentalen Bürgerkriegen gegenüberstellt. „Les guerres civiles de France ont été plus longues, plus cruelles, plus fécondes en crimes que celles d'Angleterre...“ Sogar der englische Bürgerkrieg selbst erhält etwas von dem Abglanz der Revolution. Montesquieu gebraucht dieselbe Antithese, wenn auch den Begriff der Revolution, was gegen Rosenstock festzuhalten ist, nicht in dem englischen Sinn. Bürgerkriege, sagt M., fänden nur in Ländern mit intermediären Gewalten statt, die Aufständischen blieben grundsätzlich auf dem Boden des Staates und wollten ihn nicht total umstürzen: „... toutes nos histoires sont-elles pleines de guerres civiles sans révolutions; celles des Etats despotiques sont pleines des révolutions sans guerres civiles“ (Ésprit des lois V, 11). Eine Revolution ist furchtbarer als ein Bürgerkrieg, weil ihr Anlaß, eine despotische Regierung, die Folgen bereits in sich birgt; findet sie statt: „Tout est perdu“ (III, 9). Mit dieser Gegenüberstellung hat M., ohne dessen euphorische Aufwertung einer Revolution zu teilen, im Effekt dasselbe geleistet wie Voltaire: Im Maße, wie die moralische Verurteilung der absolutistischen Herrschaft zum Despotismus an Sicherheit und Schärfe gewann, konnte man auf die Revolution hoffen, ohne eine guerre civile dabei zu meinen. Die Erwartungen, die Voltaire an die „belle révolution“ knüpfte und zunehmend seit den sechziger Jahren hegte (Œuvr. 43, 506, 519 ff.; 44, 462; 45, 349, 531; 46, 274; 49, 380, 484), und die indirekten Heraufbeschwörungen, mit denen er seine Erwartungen verstärkte, sind ein beredtes Zeugnis dieser Auffassung. Man denkt nicht mehr in der politischen Gegensätzlichkeit von Staat und Bürgerkrieg, sondern in der moralischen Antithese von Sklaverei und Revolution. Der allgemeine Tenor der Aufklärung ist folgender: Revolutionen sind notwendig; finden sie nicht statt, ist das Volk schuld; finden sie dagegen statt — und das ist die Kehrseite der moralischen Aufspaltung — dann ist der Fürst schuld. Der Staat ist als despotischer Staat selber schon das inkarnierte Prinzip des Bürgerkrieges; wird dieser Staat gestürzt, so ist das kein Bürgerkrieg, sondern die Revolution. Durch den Begriff der Revolution wird — in den Dualismus von

Moral und Politik eingespannt — tatsächlich der Bürgerkrieg moralisch beschworen, aber politisch verdeckt. Wie der Begriff der Revolution — an sich ambivalent (vgl. *Condorcet,* Œuvr. 5, 13) — in seiner moralischen Anwendung auf das Politische gern als Gegenbegriff zum Bürgerkrieg verwandt wurde, zeigt sich noch 1788 bei Wieland: „... der gegenwärtige Zustand in Europa (scheint sich) einer wohltätigen Revolution zu nähern; einer Revolution, die nicht durch wilde Empörungen und Bürgerkriege ... nicht durch das verderbliche Ringen der Gewalt mit der Gewalt bewirkt werden wird", sie wird das Werk der Moral und Aufklärung sein, „ohne Europa mit Menschenblut zu überschwemmen und in Feuer und Flammen zu setzen ..." (a. a. O. II, 15, 223).

98 Vgl. dazu *B. Groethuysen,* J. J. Rousseau, 4. Aufl., Paris 1949, 206 ff. (Rousseau et la Révolution). G. bringt hier eine Zusammenstellung der Warnungen, die R. ausgesprochen hat, weil die Übel einer Revolution größer seien als die Übel, die sie beseitigen sollte.

99 *Rousseau* a. a. O.

100 *Voltaire,* Œuvr. compl. 45, 349 (1767); 49, 483 f. (1776). Voltaire benutzte gern diesen Ausdruck für den Anbruch des „beau temps".

101 S. o. S. 176, Anm. 39, und S. 117.

102 *Rousseau,* Contrat social III, 10; Discours sur l'origine et les fondements de l'inégalité parmi les hommes: „... la plus aveugle obéissance est la seule vertu qui reste aux esclaves. C'est ici de dernier terme de l'inégalité, et le point extrême qui ferme le cercle et touche au point d'où nous sommes partis ..." Sec. partie in fine.

103 *Diderot,* Œuvr. II, 240. Zur Kreislauflehre vgl. *Hinterhäuser,* a. a. O. 41 ff.

104 *Rousseau,* Emile, livr. IV.

105 *Rousseau,* Contr. soc. I, 6. „Trouver une forme d'association ... par laquelle chacun s'unissant à tous n'obéisse pourtant qu'à lui-même et reste aussi libre qu'auparavant." Die eigentliche Schwierigkeit, die es zu lösen gelte, sagte R. schon in seinem Art. „Economie" in der Enzyklopädie, „est d'assurer à la fois la liberté publique et l'autorité du gouvernement."

106 Art. Economie, Abschnitt I. Wörtlich erscheint diese Übernahme des Staates durch die „philosophes" bei *L. S. Mercier:* „... et lorsque l'intérêt de la patrie l'exige, chaque homme dans son genre est auteur, sans prétendre exclusivement à ce titre ... tout le monde est auteur ... tout un peuple auteur." L'an 2240, London 1772, 57.

107 Contrat social I, 6.

108 Ebd. II, 12. „... en tout état de cause, un peuple est toujours le maître de changer ses loix, même les meilleurs; car s'il lui plaît de se faire mal à lui-même, qui est-ce qui a droit de l'en empécher: „Jedes Grundgesetz sei für das souveräne Volk ein Widerspruch in sich" (ebd. I, 7).

109 Ebd. I, 7. „En effet chaque individu peut comme homme avoir une volonté contraire ou dissemblable à la volonté générale qu'il a comme citoyen."
110 Ebd. II, 1 und 2.
111 Ebd. II, 6.
112 „Le Souverain, par cela seul qu'il est, est toujours tout ce qu'il doit être" (I, 7).
113 Vgl. *Carl Schmitt,* Die Diktatur, München 1921, 116 ff.
114 Contrat social I, 6. „A l'instant, au lieu de la personne particulière de chaque contractant, cet acte d'association produit un corps moral et collectif . . ."
115 Ebd. II, 3, wo der Unterschied zwischen dem Willen aller und dem Gesamtwillen herausgearbeitet wird.
116 „Voulez-vous que la volonté générale soit accomplie, faites que toutes les volontés particulières s'y rapportent; et comme la vertu n'est que cette conformité de la volonté particulière à la générale, pour dire la même chose en un mot, faites régner la vertu" (Art. Economie, II).
117 „Il faudra d'autant moins l'assembler (le peuple), qu'il n'est pas sûr que sa décision fût l'expression de la volonté générale" (Art. Economie).
118 Art. Economie, Abschnitt I.
119 Ebd. und Contrat social II, 12.
120 Contrat social II, 6. „La volonté générale est toujours droite, mais le jugement qui la guide n'est pas toujours éclairé. Il faut lui faire voir les objets tels qu'ils sont, quelquefois tels qu'ils doivent lui paraître, lui montrer le bon chemin qu'elle cherche . . . Le public veut le bien qu'il ne voit pas. Tous ont également besoin de guides."
121 Ebd. IV, 7. Vgl. dazu *W. Hennis,* Der Begriff der öffentlichen Meinung bei Rousseau, in: Arch. f. Rechts- und Soz.-phil. XLIII/1, 111 ff., 1957.
122 Contrat social II, 12.
123 Art. Economie, Abschn. I.
124 *Rousseau,* Œuvr. compl. V, 315. Die Übertragung des Begriffs der Krise aus dem Medizinischen in das Politische fand in England bereits im 17. Jahrhundert statt. Vgl. Sir *B. Rudyard,* 1627: „This is the Chrysis of Parliaments: We shall know by this if Parliaments live or die". Im Flugschriftenkampf gegen den Tory Swift veröffentlichte der Whig Steele gegen Ende des spanischen Erbfolgekrieges ein Pamphlet „The crisis", was nach dem Regierungswechsel 1713 seine Relegation aus dem Parlament zur Folge hatte (*A. C. Baugh,* A Literary History of England, London 1950, 880). Wie wenig aber der Begriff politisch festgelegt war, zeigt sich bei *S. Johnson,* der in seinem Dictionnary (London 1755) für „state" noch an dritter Stelle anführt: „Stationary point, crisis, height . . ." Aber das Moment der Gefahr und drohenden Katastrophe tritt wieder scharf heraus bei Junius. Er wünscht in seinen

Briefen (1769, I, 10) „to escape a crisis so full of terror and despair" (nach Murray), und während des amerikanischen Unabhängigkeitskrieges schließlicht ist „the crisis" ein in Broschüren, Parlamentsreden und Briefen allgemein verwandter Terminus. — Im Französischen spricht Diderot die Übertragung aus: „Ces bruits ont été et seront partout des avant-coureurs des grandes révolutions. Lorsqu'un peuple les désire, l'imagination agitée par le malheur, et s'attachant à tout ce qui semble lui en promettre la fin, invente et lie des événements qui n'ont aucun rapport entre eux. C'est l'effet d'un malaise semblable à celui qui précède la crise dans les maladies: il s'élève un mouvement de fermentation secrète au dedans de la cité; la terreur réalise ce qu'elle craint..." Tausend Propheten würden aufstehen, die das kommende Ende vorwegnähmen, die Katastrophe, die in einem glücklich regierten Lande unmöglich sei. Diese Passagen, die Diderot auf das erste nachchristliche Jahrhundert in Rom bezog, um indirekt Paris und die französischen Zustände 1778 zu charakterisieren — eine Parallele, die, wie Grimm sagte, »ne rend l'ouvrage ni moins piquant ni moins original" —, gehören zu den deutlichsten Krisensymptomen und zeugen von der Erkenntnis der Krise in der französischen Gesellschaft (*Diderot*, Œuvr. III, 169, Essay sur les Règnes de Claude et de Néron). — Eine von den Zeitgenossen wörtlich ausgesprochene Zusammenstellung von Kritik und Krise habe ich bezeichnenderweise nicht finden können. Die Begriffe schienen sich wie Moral und Politik im polemischen Gebrauch gegenseitig auszuschließen.

125 *Rousseau*, Œuvr. compl. III, 348.

126 Siehe dazu die „Considérations sur le Gouvernement de Pologne", 1772, ch. IX: „Causes particuliers de l'Anarchie". „Par-tout où la liberté règne, elle est incessamment attaquée et très souvent en péril. Tout Etat libre où les grandes crises n'ont pas été prévues, est à chaque orage en danger de périr" (V, 318). Die mit einer Krise —im staatlichen und politischen Sinne —verbundenen Unruhen beschreibt R. in seinem Jugement sur la Polysynodie 1760 (vgl. o. S. 176, Anm. 39): „Qui pourra retenir l'ébranlement donné, ou prévoir tous les effets qu'il peut produire?" Solange sich die Gesellschaft nicht selber ändern würde, sei es völlig unvernünftig, an den bestehenden Staat zu rühren.

127 Für Hobbes vgl. S. 19. Darauf aufbauend Rousseau, Œuvr. compl. III, 346. „Il faut que tout homme vive", ganz nach dem Grad seiner Menschlichkeit sehe dies jeder ein; „puisque de toutes les aversions que nous donne la nature, la plus forte est celle de mourir, il s'ensuit que tout est permis par elle à quiconque n'a nul autre moyen possible pour vivre".

128 *Rousseau* ebd. „Monseigneur, il faut que je vive, disoit un malheureux auteur satyrique au Ministre qui lui reprochoit l'infâmie de ce métier. Je n'en vois pas la nécessité, lui répartit froidement l'homme en

place. Cette réponse excellente pour un ministre, eût été barbare et fausse en toute autre bouche." Die penetrante und primitive Ironie Rousseaus — und seiner Gefolgschaft —, die sich hier meldet, machte Voltaire in einem Supplement zu dem Artikel „Critique" seines Dictionnaire philosophique 1771 zur Zielscheibe seines Spottes: „Il faut que je vive. C'est aussi l'excuse de tous les malfaiteurs dont on fait justice." Wer so argumentiere, dem komme nicht einmal die Ehre zu, sich Kritiker nennen zu dürfen. — Über die Herkunft des Gesprächs zwischen dem Kritiker und dem Minister, das damals kuriserte, vgl. *Büchmann,* Geflügelte Worte, Frankfurt/Main 1957, 219.

129 Vgl. hierzu *G. Chinard,* L'Amérique et le rêve exotique dans la littérature française au XVIIe et au XVIIIe siècle, Paris 1913.

130 *Rousseau* a. a. O.

131 *Rousseau* a. a. O. III, 348 ff.

132 Vgl. *Groethuysen* a. a. O.

133 „Les Français ne se bornaient plus à désirer que leurs affaires fussent mieux faites; ils commençaient à vouloir les faire eux-mêmes, et il était visible que la grande Révolution que tout préparait allait avoir lieu, non-seulement avec l'assentiment du peuple, mais par ses mains" (*Tocqueville* a. a. O. 215, zur Situation von 1771, als Ludwig XV. das Parlament auflöste).

134 *Raynal,* Hist. phil. et pol. . . . 1780, 9V, 513.

135 Ebd. IV, 538.

136 S. o. S. 48.

137 *Diderot,* Œuvr. XX, 26 ff. Diderot bittet in seinem Brief (vom 3. 4. 1771) die Adressatin, die Präsidentin der Petersburger Akademie (vgl. dazu *Rosenkranz,* Diderots Leben und Werke, 327) ausdrücklich darum, den Brief nicht in andere Hände fallen zu lassen. Die „Krise" wird noch als Geheimnis behandelt.

138 *Diderot,* ebd.

139 „Le câble qui tient et comprime l'humanité est formé de deux cordes; l'une ne peut céder sans que l'autre vienne à rompre", sagt *Diderot* (a. a. O.) und beschreibt damit nicht nur den inneren Zusammenhang zwischen der religiösen und politischen Kritik, sondern zugleich den schon im Ansatz polemischen Charakter der Menschheit, der Gesellschaft, die sich nur in der Antithese zur herrschenden Religion und unmenschlichen Politik entfaltet.

140 Welches faktische Ende die Krise bringen werde, läßt Diderot offen. Würden die Jesuiten noch herrschen, dann sei an dem Rückfall in radikalen Despotismus und absolute Barbarei kein Zweifel. So wie die Dinge jetzt stünden und ohne seine Fähigkeiten zur Voraussage zu überfordern, möchte er feststellen, daß für ein aufgeklärtes Volk der Rückfall in Barbarei weit leichter sei als ein einziger Schritt zur Zivilisation. Das Gute wie das Böse hätten ihre Zeit der Reife. „Quand le bien atteint

son point de perfection, il commence à tourner au mal; quand le mal est complet, il s'élève vers le bien." Die Kreislaufphilosophie läßt alle Möglichkeiten offen, bietet aber zugleich die Möglichkeit eines Umschlages und gänzlichen Wechsels der Herrschaftsverhältnisse, ohne sich in fortschrittlicher Selbstsicherheit zu wiegen.

141 Vgl. S. 211, Anm. 124.

142 Wie sehr solche dualistischen Auswahlprognosen das Bewußtsein der Zeit bestimmt haben, erhellt z. B. noch aus einer Feststellung, die Calonne 1790 getroffen hat: „Chacun gémit de l'état présent, chacun aspire à un meilleur avenir", und es gebe nur zwei Ansichten. Die einen vertrauten auf die Operationen der Assemblée „et se persuadent que leur dernier résultat fera succéder une prospérité durable à une crise momentanée", die anderen sähen in den gleichen Maßnahmen nur die kommende Anarchie; die ersteren erblickten in einer Revolution einen notwendigen Kristallisationsprozeß, während die anderen feststellten, daß sich das Übel niemals durch die Zeit aufheben lasse, und vor allem nicht durch eine Auflösung des bestehenden „corps politique" ... „Pour se décider entre ceux deux opinions, et juger sainement ce qu'on doit prévoir ...", dazu müsse man den gegenwärtigen Zustand der Assemblée untersuchen (*Calonne,* De l'Etat de la France, présent et à venir, Londres 1790, 8).

143 Daß die Gewißheit des kritischen Urteils das Ende der Krise schon in sich birgt: diese Auffassung entspricht theologisch der johanneischen Erfahrung vom Jüngsten Gericht. Auch wenn das Gericht selbst noch aussteht, die Entscheidung ist durch Christi Menschwerdung und Kreuzestod schon gefallen. (Vgl. den Art. „Krisis" von *Herntrich* im Theologischen Wörterbuch zum NT., ed. Kittel, 2. Aufl., Stuttgart 1950.) Die Verwandlung der christlichen Eschatologie in die Utopie wird hier — gerade in scheinbar Selbstverständlichem — besonders deutlich.

144 Auch wo der Bürgerkrieg genannt wurde — man wählte nie zwischen dem Bürgerkrieg und der Sklaverei, sondern immer zwischen der Revolution und der Sklaverei. „Regardez toujours la guerre civile comme une injustice ... c'est la doctrine la plus contraire aux bonnes mœurs et au bien public ... Choisissez entre une révolution et l'esclavage", ruft Mably aus (zit. nach *Mornet* a. a. O. 233). Die Revolution bedeutete Freiheit, die das Ende der politischen Krise, auch des Bürgerkrieges, schon bestimmt. Der Bürgerkrieg als ein existenzielles und politisches Ereignis, das wie für Hobbes der geschichtliche Gegensatz zum Staat ist, war den in der staatlichen Ordnung lebenden Bürgern im 18. Jh. aus dem Erfahrungshorizont gewichen (vgl. o. S. 171, Anm. 117). *Pierre Bayle* wußte noch um die zwangsläufige Dialektik eines Bürgerkrieges: „Il aimoit trop la paix pur s'embarquer dans cette guerre de Religion", schreibt er über einen Gelehrten z. Z. der religiösen Bürgerkriege (Art.

Eppendorf, 1090 b). „Mais ce fut en vain qu'il espéra de se tenir sur le rivage, spectateur tranquille des émotions de cette mer. Il se trouve plus exposé à l'orage que s'il eût été sur l'une des flotes. C'est là le destin inévitable de ceux qui veulent garder la neutralité pendant les guerres civiles soit d'Etat soit de Religion. Ils sont exposés à l'insulte des deux partis tout à la fois; ils se font des ennemis sans se faire des amis, au lieu qu'en épousant avec chaleur l'une des deux causes, ils auroient eu des amis, et des ennemis. Sort déplorable de l'homme, vanité manifeste de la raison philosophique ..." — Der Geist und der Elan der Novateurs sei sicherlich nötig, „car sans eux, pourroit-on faire des progrès considérables?" (Art. Aureolus, I, 399 b) „il n'est pas jusques aux guerres civiles dont on n'ait pu quelquefois aussurer cela"; die Bürgerkriege, sage man, seien ein Bad, ein Striegel der Menschheit, aber von solchen Vorteilen wolle er verschont bleiben, der Preis sei zu hoch: „Il vaut mieux demeurer malade, que de guérir par un remède d'une charité si terrible." Die fortschrittliche Entwicklung macht für Bayle an der Grenze, die er zwischen dem Règne de la Critique und dem Staat gezogen hatte, ein entschiedenes Halt. Im Maße, wie die Kritik auf den Staat ausgedehnt wurde, d. h. zugleich im Maße, wie die fortschrittliche Bewegung der Modernen innerhalb der Gelehrtenrepublik auf die ganze Geschichte angewandt wurde und auch die Staaten erfaßte, entschwand den Bürgern auch das Wissen um den Bürgerkrieg und damit um die ursprüngliche Funktion des Staates, der sich aus den religiösen Bürgerkriegen entfaltet hatte, indem er sie beendete und niederhielt. — Die Enzyklopädie behandelt den Krieg unter allen möglichen Aspekten in acht verschiedenen Artikeln, rubriziert unter „guerre": der Begriff der „guerre civile" fehlt. Der Ausdruck ist im 18. Jh. selten — beinahe unterschlagen — und wo er auftaucht, wird er eingebaut in die fortschrittliche Bewegung der Geschichte und verharmlost. „Guerres civiles utiles aux talents et aux lettres par le mouvement qu'elles donnent aux esprits ...", notiert *Turgot* 1750 (II, 670); der Bürgerkrieg ist dem Fortschritt nützlich, er ist dazu auch gerecht, wenn er das Hindernis des Fortschritts, die Tyrannis beseitigt, schließt *Vattel* (III, XVIII), und dieser vorzuziehen: „il vaut mieux s'exposer à une guerre civile", als einem Despoten untertan zu sein (I, III § 51.) Genauso argumentiert *Holbach* (im Essay sur les préjugés, nach Mornet, 103) 1770: „Quand même la vérité ferait dans l'esprit des peuples un progrès assez rapide pour produire des factions et même des révolutions ... les troubles passagers sont plus avantageux qu'une langueur éternelle sous une tyrannie continuée ... que le citoyen n'obéisse qu'à la loi", und damit radikalisiert er eine Feststellung *Montesquieus,* die immer gerne zitiert wurde, daß die Unruhen im Lande besser seien als die Stille des Despotismus (Grandeurs des Romains ..., ch. 9). Über seine Gerechtigkeit hinaus wird der Bürgerkrieg notwendig und kann in einer fortschrittlichen

Geschichte nur zur Freiheit führen. „A certains états", sagt *L. S. Mercier,* „il est une époque qui devient nécessaire; époque terrible, sanglante mais le signal de la liberté. C'est la guerre civile dont je parle." Aber auch dieser Bürgerkrieg, den Mercier beschwört, ist im Grunde nur eine Revolution: „la plus heureuse de toutes a eu son point de maturité, et nous en recueillons les fruits . . . c'est là que s'élèvent tous les grands hommes . . . la guerre civile déploie les talents les plus cachés. Des hommes extraordinaires s'élèvent et paraissent dignes de commander à des hommes" (L'An 2440, 329). Der Bürgerkrieg ist für M. kein Parteien hervortreibendes und an deren Gegensätzen sich verschärfendes Ereignis, wie er später mit Entsetzen feststellen muß (vgl. dazu Mornet, 239), sondern der Durchbruch des bis dahin nur verborgen lebenden neuen Menschen an die politische Herrschaft. Der geradlinige Fortschritt ist gewiß. Der Bürgerkrieg wird beschworen, weil er in seinem Ergebnis: als Revolution bereits feststeht. Weder Bürgerkrieg noch Krise sind das Schlagwort der neuen Elite, sondern die „Revolution". — Erst nach 1789 wird der existenzielle Erfahrungshorizont, den P. Bayle noch gehabt hatte, wieder erreicht. „Dieses wäre also die gemächliche und sichere Lage eines bloßen neutralen Zuschauers. Glücklich ist der, der neutral seyn kann und darf. Je länger, je mehr wird aber ein Krieg sowohl als in der moralischen und politischen Welt gleich beschwerlich und gefährlich, neutral sein zu wollen." Die geistige Differenzierung zwischen Moral und Politik ist zur Aufspaltung in Bürgerkriegsparteien geworden, die sowohl politisch sind als auch sich auf die Moral berufen. „Beyde Parteien rufen mit gleich starker Stimme: Wer nicht mit mir ist, der ist wider mich, und ihre Behandlung gleicht vollkommen ihren Worten . . . Wir leben in der Zeit der Extreme" (*F. C. Frhr. v. Moser,* Pol. Wahrheiten, Zürich 1796, XII).

145 *Raynal,* . . . ed. 1780, IV, 513.

146 Ebd. 455; es handelt sich um die „leçons pour les despots", die nach dem amerikanischen Unabhängigkeitskrieg erteilt würden.

147 Über Raynal vergleiche: *A. Feugère,* Un précurseur de la Révolution. L'abbé Raynal, Angoulême 1922, und *G. Esquer:* L'anticolonialisme au XVIIIe siècle, in: Colonies et Empires II, 8, Paris 1951. Über die Frage der verschiedenen Mitarbeiter an seinem Œuvre, vor allem Diderots, die durch Dieckmanns Funde geklärt werden konnte, vgl. jetzt die Arbeit von *Hans Wolpe,* Raynal et sa machine de guerre, Paris 1956.

148 Œuvres XXV, 227, Brief Friedrichs an d'Alembert vom 18. V. 1782, zit. nach *Feugère* a. a. O. 82.

149 Vgl. *G. Esquer* a. a. O. 3 ff. 27.

150 *Raynal* a. a. O., ed. 1780, IV, 473 passim.

151 A. a. O., chap. „gouvernement", und I, 85. Raynal bzw. sein

Mitarbeiter Delayre übernimmt von Rousseau auch den Gedanken der Staatsreligion: „L'Etat n'est pas fait pour la religion, mais la religion pour l'Etat" (IV, 533).

152 Vgl. hierzu *Mornet* a. a. O. 235.

153 *Raynal* a. a. O., ebd. 1780 IV, 456.

154 Geistesgeschichtlich betrachtet, ist dies natürlich eine der Säkularisierungsformen der christlichen Eschatologie. Der Mensch, der Gott verdrängt hat, übernimmt als moralischer Richter die Führung der Geschichte, und durch das Medium seiner Geschichtsphilosophie glaubt er den Ablauf der Geschichte auch im Sinne seiner Jurisdiktion sichergestellt: Das Jüngste Gericht wird in den fortschrittlichen Ablauf der Geschichte als ständiger Prozeß — bei Raynal mit durchaus eschatologischen Strukturen — eingebaut.

155 *Raynal* a. a. O., ed. 1770, I, 4.

156 Vgl. hierzu *Chinard* a. a. O. 390 ff. Chinard zeigt die zunehmende Aufwertung des bon sauvage, der zunächst von den Jesuiten verwandt wurde, um die Gesellschaft zur religiösen Einkehr anzuhalten oder sie wenigstens einer moralischen Besserung zuzuführen, indem man sie mit der guten Natur in Amerika konfrontierte; der aber dann von der Gesellschaft übernommen wurde, um ein Vehikel der politischen Kritik am Staat zu werden.
Ferner *B. Fay,* L'esprit révolutionnaire ... Kap. I: A la recherche d'un monde nouveau. — Die moralische und geschichtsphilosophische Bedeutung der Übersee ist im 18. Jh. nicht hoch genug einzuschätzen. Die indirekt politische Funktion der „Außenwelt" für die Bildung der neuen Gesellschaft, die die absolutistische Staatenwelt sprengt, ist — soweit ich sehe — noch nicht systematisch untersucht worden. In ihrem geschichtlichen Sinn ist die „Außenwelt" des neuzeitlichen Subjekts die Welt außerhalb Europas. Descartes vergleicht in seiner „provisorischen Morallehre" die dem Menschen unerreichbaren Außendinge bezeichnenderweise mit China und Mexico (Discours de la Meth., III). Die zunehmende Entdeckung, Eroberung und Beherrschung dieser Außenwelt ist der geschichtliche Ausdruck der modernen Geschichtsphilosophien. Der Fortschrittsglaube gewinnt durch die Landnahme in Übersee seine historische Evidenz. Hier liegt eine weitere situationsgebundene, und zwar entscheidende Voraussetzung der modernen Geschichtsphilosophie. Vgl. o. S. 171, Anm. 117. „Augustin war, in Ermangelung der Kenntnis der modernen Entdeckungen, sehr in Verlegenheit", sagte Leibniz in der Theodizee (Die philosophischen Schriften, Berlin 1875 ff., 6, 113), „als es sich darum handelte, die Übermacht des Bösen zu entschuldigen. Es schien den Alten, als sei nur unsere Erde bewohnt, und selbst da schreckten sie vor den Antipoden zurück." — Das räumliche Jenseits des Ozeans stellte die Unzahl der Utopien, die den zeitlichen Fortschritt leiteten, und zugleich fand hier die Gesellschaft das

Reich der Natur, in der alle Menschen gleich sind, in der die „morale universelle“ verwirklicht war, die ideale Welt also, mit deren Maßstäben die absolutistischen Staaten der indirekt politischen Kritik unterworfen wurden. Das globale Einheitsbewußtsein, die entsprechenden Geschichtsphilosophien und die indirekt politische Kritik an den absolutistischen Staaten sind eine einzige zusammenhängende Bewegung. „Chacum s'étend, pour ainsi dire, sur la terre entière, et devient sensible sur toute cette grande surface“, sagte Rousseau in „Emile“ (III, 104) und umschreibt damit den modernen Menschen, der aus der absolutistischen Staatenwelt herausgewachsen ist. — Der Gegensatz zwischen Europa und Amerika ist für das moderne Bewußtsein weit einschneidender als etwa der Gegensatz zu dem „vorbildlichen China“. Erst jenseits des Atlantiks wurde die Überlegenheit des zivilisierten und fortschrittlichen Europäers manifest. Dort erzog er den „Wilden“, der andererseits für die Natur- und Kreislauftheorien das Idealbild stellte, mit dem auch für das („dekadente“) Europa eine Wende zum Besseren, als zusätzlicher Fortschritt gleichsam, beschworen wurde. Raynal war Kreislauf- und Fortschrittsphilosoph zugleich. Der historische Ort, an dem der innere Widerspruch seinen Sinn verlor, waren die amerikanischen Kolonien: hier fand man die fortschrittlichste Verfassung der Welt in einem Reich ursprünglichster Natur. Der geistige Gegensatz, der in Frankreich mit Voltaire und Rousseau umschrieben werden kann, verlor nach der amerikanischen Unabhängigkeit in seinem politischen Sinn jede Bedeutung: Fortschrittler und Kreislaufphilosophen waren sich einig über die Notwendigkeit und Vorbildlichkeit der amerikanischen Revolution. Beide geistigen Ströme konnten sich vereinigen, um gemeinsam bis 1789 zu einer einzigen Flut anzuschwellen.

157 In einem Avertissement am Ende des letzten Bandes der ersten Auflage (IV, 426) wird ausdrücklich darauf hingewiesen, daß die versprochene Schilderung des gegenwärtigen Zustandes von Europa in dem Manuskript nicht enthalten sei. Dem an der „manière indirecte“ geschulten Leser wird die Darstellung Europas, besonders Frankreichs, nicht entgangen sein.

158 A. a. O., éd. 1770, VI, 42.

159 A. a. O., éd. 1770, VI, 426.

160 *H. Wolpe* a. a. O. 9.

161 A. a. O., éd. 1770, VI, 421.

162 Vgl. dazu eine Stimme aus dem deutschen Raum: „Alle unsere Schriften haben das Gepräge unseres sklavischen Jahrhunderts, und die Zeitungen am meisten. Kann man unter diesen Umständen wohl was besseres thun, als wegschlüpfen über unsere entartete Halbkugel, und sehen, was auf der anderen Hälfte vorgeht! Dort giebts doch noch Menschen, die's fühlen, daß ihre Bestimmung nicht Sklaverey sey ...“ Bald würden die Amerikaner zeigen, was der Mensch kann. Als Riesen

würden sie sich erheben, um den Kampf zu gewinnen. (*Schubart,* Teutsche Chronik, 3. Jg. 41. Stück, 321; 20. V. 1776.)

163 *Raynal* a. a. O., éd. 1770, VI, 409.

164 Vgl. o. S. 50.

165 *Raynal* a. a. O., éd. 1770, VI, 425 f.

166 Ebd. VI, 398.

167 *Raynal* a. a. O., éd. 1770, VI, 398.

168 *Raynal* a. a. O., éd. 1770, VI, 422. Aus dem gleichen Jahr stammt eine Revolutionsprognose, die Friedrich der Große mit ähnlichen Formulierungen geliefert hat. Friedrich der Große gelangte zu seiner Voraussage, indem er die politischen Konsequenzen aus dem „Système de la Nature“ von Holbach gezogen hatte: „Sollten die verstiegenen Ideen unserer Philosophen in Erfüllung gehen, so müßten zuvor die Regierungsformen sämtlicher Staaten Europas umgestaltet werden“ ... „il faudrait encore que la râce détrônée fût totalement extirpée, ou se seraient des aliments de guerres civiles, et des chefs de partis toujours prêts à se mettre à la tête des factions pour troubler l'Etat“; jedenfalls sei es die Folge der neuen Regierungsform, daß sich andauernd neue Männer zum Herrscher aufwerfen wollten, Aufstände und Revolutionen fänden kein Ende, und die Regierung sehe sich Gefahren ausgesetzt, die tausendmal gefährlicher seien als auswärtige Kriege (Œuvr. IX, 166). Friedrich des Großen Prognose zeichnet sich durch eine konkrete Beschreibung der politischen Ereignisse aus, die mit dem Sturz der Regierung erst anfangen, während bei Raynal diese politischen Ereignisse teils gar nicht gesehen, teils überdeckt werden von dem moralischen Pathos, mit dem er den Sieg der seit Jahrhunderten Unterdrückten beschwört.

169 *Raynal* a. a. O., éd. 1770, VI, 421.

170 Vgl. *Fay* a. a. O. 12. Raynal gibt seine, an den eleganten Aufklärern gemessen, plump-dreiste Rolle selber zu. „Mais combien les gens de goût délicat me trouveront encore éloigné du ton réservé aux Ecrivains de génie!“ (Ed. 1780, I. Avertissement.)

171 *Thomas Paine,* The Writings, New York 1894, Vol. I, 170. The Crisis, I (23. 12. 1776).

172 Ebd.

173 Ebd. 370.

174 *Thomas Paine* a. a. O. I, 170 (23. 12. 1776).

175 „You, or your king, may call this ‚delusion‘, ‚rebellion‘, or what name you please. To us it is perfectly indifferent. The issue will determine the character, and time will give it a name as lasting as his own.“ (*Th. Paine* am 21. 11. 1778, a. a. O. 86.) Der amerikanische Unabhängigkeitskrieg hatte bewiesen, daß auch ein blutiger Bürgerkrieg — im Unterschied zur Glorious Revolution von 1688 — eine „Revolution“ mit dem Ergebnis politischer Freiheit sein kann. Die von Montesquieu

gebrauchte Gegenüberstellung von guerre civile und révolution (vgl. S. 209, Anm. 97) wird z. B. von Raynal nicht mehr aufrechterhalten: „Les guerres civiles qui mènent les peuples libres à l'esclavage, et les peuples esclavages à la liberté, n'ont fait en France qu'abaisser les grands sans relever le peuple" (éd. 1780, IV, 512). Der Begriff der Freiheit ist nicht mehr allein mit einer „Revolution" verbunden, sondern bereits mit der „guerre civile". Diese Verbindung ist ein Gradmesser für die steigende Aggressivität der bürgerlichen Denker, und zwar vor allem derer, die im Banne Rousseaus stehen, wie auch Raynal.

176 Ganze Abschnitte hat Raynal aus dem „Common Sense" zur Erläuterung der amerikanischen Ereignisse in sein Werk übernommen, das er mit den verschiedenen Auflagen immer auf die Höhe der Zeit zu bringen suchte. Vgl. die Ausgabe von 1780, IV, 391 ff. „C'est à l'une (la société) à commander: c'est à l'autre (le gouvernement) à la servir." — „Mais dites vous ce sont des rébelles ... Des rébelles! Et pourquoi? parce qu'ils ne veulent pas être vos esclaves." England wolle Sklaven, Amerika Freiheit. „Chacun a trahi son secrret. Dès ce moment plus de traité ... Le roi? Il est votre ennemi ..." (IV, 413). — Raynals Werk gehörte, wie der deutsche Übersetzer Mauvillon feststellte, zu den Büchern, die „in Frankreich immer, ohne Namen des Verfassers, unter Anzeige eines falschen Druckortes gedruckt und in wenigen Tagen verkauft worden sind" (Philosophische und Politische Geschichte ..., Hannover 1774—1778, I, I). Über die gewaltige Wirkung Raynals vgl. *Fay* a. a. O. 17 und 143: in den Staaten hatte Raynal den Rang Voltaires.

177 *Raynal* a. a. O., éd. 1780, IV, 456. Über den Einfluß der amerikanischen Unabhängigkeitsbewegung auf Frankreich und die vorrevolutionäre Stimmung, die von den Maurern unter Franklins Leitung systematisch geschürt wurde, vgl. *Fay* a. a. O. 90 ff. — Turgot schrieb z. B. 1778 „Ce peuple nouveau, situé si avantageusement pour donner au monde l'exemple d'une constitution où l'homme jouisse de tous ses droits, exerce librement toutes ses facultés, et ne soit gouverné que par la nature, la raison et la justice ..." Dieses Volk sei die Hoffnung der Menschheit, „il peut en devenir le modèle". Die Unmenge der Schriften mit analoger Ansicht ist aufgeführt bei *Fay* a. a. O.

178 Vgl. S. 215, Anm. 146.

179 Der Ausdruck der Transozeanität — im Sinne einer „Transzendenz" des fortschrittlichen Bürgers — stammt von *A. Rein* („Über die Bedeutung der überseeischen Ausdehung für das europäische Staatensystem", HZ 137, 1).

180 *Raynal*, éd. 1780, IV, 455. „La liberté naîtra du sein de l'oppression ... et le jour du rèveil n'est pas loin" (IV, 552). Daß die politische Krise nur ein transitorisches Moment sein werde und zwangsläufig zum Besseren führen müsse, war die aus der moralischen Gewißheit

bestimmte Auffassung der meisten Bürger. Bezeichnend dafür die Berichte, die Dupont an den badischen Minister Edelsheim über die Ereignisse in den Jahren nach 1787 sendet. Der Begriff der Krise taucht jetzt häufiger auf, aber immer bleibt er eingebettet in die fortschrittliche Revolution (*K. F. v. Baden:* Politische Correspondenz, I, 273 ff. 284). Am Ende der Notabelnversammlung schreibt D.: „La France sera sortie d'un moment de crise plus puissante, mieux constituée et plus heureuse qu'elle ne l'avait encore été" (25. 5. 1787; I, 268). „Out of every crisis mankind rises with some share of greater knowledge, higher decency, purer purpose", wird noch im 20. Jahrhundert F. D. Roosevelt sagen (zit. nach *W. Besson,* Die politische Terminologie des Präsidenten F. D. Roosevelt, Tübingen 1955, 20) und bekundet damit die ungebrochene Wirkung der Fortschrittsutopie, die die Krise so weit beschwört, wie sie ihre Erfahrung verdunkelt.

LITERATURVERZEICHNIS

A Quellen

(chronologisch nach den Geburtsdaten der Verfasser geordnet)

Luther, Martin (1483–1546), Werke, Krit. Ges.-Ausg., Weimar 1883 ff.

D'Aubigné, Agrippe (1552–1630), Œuvres complètes, éd. Réaume et Caussade, Paris 1877.

Hooker, Richard (1554–1600), Of the Laws of Ecclesiastical Polity, ed. Chr. Morris, 2 Bde., London 1954.

Shakespeare, William (1564–1616), The Complete Works, Oxford 1954.

James VI. (I.) (1566–1625), The Basilikon Doron, 2 Bde., Edinburgh and London 1944.

Barclay, John (1582–1621), Argenis, Editio V, Frankfurt 1626.

Richelieu, Cardinal de (1585–1642), Testament politique, éd. Louis André, Paris 1947.

Hobbes, Thomas (1588–1679), Thomae Hobbes Malmesburiensis Opera philosophica quae latine scripsit omnia, in unum corpus nunc primum collecta studio et labore Gulielmi Molesworth, Londini 1839–1845.

Ders., The english Works of Thomas Hobbes of Malmesbury, now first collected and edited by Sir William Molesworth, XI vol., London 1835 bis 1845.

Ders., Behemoth or The Long Parliament, ed. Tönnies, London 1889.

Ders., Leviathan, ed. Lindsay, London 1949.

Descartes, René (1596–1650), Œuvres, Paris 1887 ff.

Hyde, Edward, Earl of Clarendon (1608–1674), The History of the Rebellion and Civil Wars in England, 6 Bde., Oxford 1888.

Spinoza, Benedictus de (1632–1677), Opera, hrsg. v. Gebhardt, Heidelberg (o. J.).

Locke, John (1632–1704), An Essay concerning Human Understanding, ed. C. Fraser, Oxford 1894.

Simon, Richard (1638–1712), Histoire critique du Texte du Nouveau Testament, Rotterdam 1689.

Ders., Histoire Critique du Vieux Testament, Paris 1680.

Leibniz, G. W. (1646–1716), Die philosophischen Schriften, hrsg. v. C. H. Gerhardt, 7 Bde., Berlin 1875 ff.

Bayle, Pierre (1647–1706), Dictionnaire Historique et Critique, 3e éd., Rotterdam 1720.

Fénelon de la Mothe, François (1651–1715), Œuvres Complètes, Paris 1850.

Vico, Giambattista (1668–1744), Opere, ed. F. Nicolini, Milano, Napoli 1953.
Ders., De Nostri Temporis Studiorem Ratione, lat. und deutsch (Vom Wesen und Weg der geistigen Bildung), Godesberg 1947.
St. Simon, Duc de (1675–1755), Mémoires compl. et auth., 20 vols., éd. St. Beuve, Paris 1857.
Desaguliers, J. T. (1683–1744), The Newtonian System of the World, the best Model of Government: Allegorial Poem, Westminster 1728.
(Anderson, James) (1679–1739), The Constitutions of Freemasons 1723; Reproduced in Facsimile from the original Edition: with an Introduction by Lionel Vibert I. C. S., London 1923.
Anderson, Jacob (1679–1739), Des verbesserten Konstitutionenbuches der alten ehrwürdigen Brüderschaft der Freymaurer erster Theil. Geschichte des Ordens auf Befehl der großen Loge aus ihren Urkunden, Traditionen und Logenbüchern zum Gebrauch der Logen verfaßt von Jacob Anderson, D. D., aus dem Engl. übersetzt, 4. vermehrte Auflage, Frankfurt 1783.
Ders., Des verbesserten Konstitutionenbuches ... zweiter Theil. Verordnungen, Gesetze, Pflichten, Satzungen und Gebräuche nebst historischer Nachricht von dem Ursprung des Ordens aus den Hellmundschen Urkunden gesammelt von dem Bruder Kleinschmidt f. d. A. C. Z. F., Frankfurt 1784.
Pope, Alexander (1688–1744), Collected Poems, London 1951.
Montesquieu, Charles de (1689–1755), Esprit des lois (1748), Paris 1845.
d'Argenson, René-Louis (1694–1757), Mémoires publ. p. R. d'Argenson, Paris 1825.
Ders., La France au milieu du XVIIIe siècle d'après le Journal du M. d'Argenson, éd. Brette, Paris 1898.
Voltaire, F. M. (1694–1778), Œuvres complètes, 52 Bde., Paris 1877–1885.
Ders., Dictionnaire Philosophique, éd. Benda, Paris 1954.
Home, Henry (Lord Kames) (1696–1782), Sketches of the History of Man, deutsch: Versuche über die Geschichte der Menschen, 2 Teile, Leipzig 1774/75.
Johnson, Samuel (1709–1784), A Dictionnary of the English Language, 2 vols., London 1755.
Friedrich der Große (1712–1786), Œuvres, Berlin 1846 ff.
Ders., Die politischen Testamente, hrsg. v. Volz, Berlin 1922.
Rousseau, J. J. (1712–1778), Œuvres complètes, Paris 1823 ff.
Ders., Du contrat social, éd. Halbwachs (Aubier) 1943.
Diderot, Denis (1713–1784), Œuvres Complètes, éd. Assézat et Tourneux, Paris 1875–1879.
Ders., Œuvres Philosophiques, éd. Vernière, Paris 1956.

D'Alembert, Jean (1717–1783) und *Diderot, Denis* (1713–1784), Encyclopédie ou dictionnaire raisonné des sciences, des arts et des métiers, par une société de gens de lettres; ... Edition exactement conforme à celle de Pellet, 72 Bde., Bern und Lausanne 1778 ff.

(Raynal) (1713–1796), Histoire Philosophique et Politique des établissements et du commerce des Européens dans les deux Indes, 6 Bde., Amsterdam 1770.

Raynal, dasselbe, 8 Bde., La Haye 1774.

Ders., dasselbe, 4 Bde., Genève 1780.

Ders., Philosophische und politische Geschichte der Besitzungen und des Handels der Europäer in beiden Indien, 7 Bde., Hannover 1774/79, dtsch. v. J. Mauvillon.

Uriot, Joseph (1713–1788), Le secret des Francs-Maçons mis en Evidence, Frankfurt, La Haye 1744.

Vattel, E. de (1714–1767), Les Droits des Gens ou Principes de la Loi Naturelle, London 1758. Published by the Carnegie Institution of Washington 1926.

Vauvenargues, Marquis de (1715–1747), Œuvres, éd. P. Varillon, 3 Bde., Paris 1929.

Helvetius, C. A. (1715–1771), De l'Esprit, Paris 1758.

d'Alembert, Jean le Rond (1717–1783), Discours Préliminaire de l'Encyclopédie, publié intégralement d'après l'édition de 1763, Paris 1919.

Bonnet, Charles (1720–1796), La Palingénésie philosophique, Munster (Perrenon) 1770.

Holbach, P. H. von (1723–1789), Système sociale, 1773, dtsch. von Umminger: Soziales System oder Natürliche Prinzipien der Moral und der Politik mit einer Untersuchung über den Einfluß der Regierung auf die Sitten, Leipzig 1898.

Moser, F. C., Frhr. von (1723–1798), Politische Wahrheiten, Zürich 1796.

Kant, Immanuel (1724–1804), Ges. Schriften, hrsg. von der Preuß. Akademie d. Wissenschaften, Berlin 1902 ff.

Turgot, A. R. J. (1727–1781), Œuvres et Documents, éd. Schelle, 5 Bde., Paris 1913–1923.

(Stattler, Benedict) (1728–1797), Das Geheimnis der Bosheit des Stifters des Illuminatismus, zur Warnung der Unvorsichtigen hell aufgedeckt von einem seiner alten Kenner und Freunde, München und Augsburg 1787.

Kalr Friedrich, Großherzog von Baden (1728–1811), Politische Correspondenz, hrsg. v. Erdmannsdörffer und Abser, 6 Bde., Heidelberg 1888 ff.

Lessing, G. E. (1729–1781), Sämtliche Schriften, hrsg. v. Lachmann und Muncker, 22 Bde., Leipzig 1886 ff.

(Bode, J. J. Chr.?) (1730–1793), Gedanken über die Verfolgung der Illuminaten, Frankfurt/M. 1786.

Adelung, J. Chr. (1732–1806), Versuch eines vollständigen, grammatischen kritischen Wörterbuchs der Hochdt. Mundart . . ., 4 Bde., Leipzig 1774 ff.

Wieland, Chr. M. (1733–1813), Gesammelte Schriften, hrsg. von der Preuß. Akadmie d. Wissenschaften, Berlin 1909 ff.

(Weissenbach, J. A.) (1734–1801), Der letzte Vorbothe des Neuen Heidenthums Horus! oder das Endurtheil, das man dies Jahr übers Evangelium abgesprochen und zum Handbuch der Freymaurer gemacht hat, Basel 1784.

Ders., Kritisches Verzeichnis der besten Schriften, welche in verschiedenen Sprachen zum Beweise der Religion herausgekommen, Basel 1784.

Calonne, Ch. Alex. de (1734–1802), De l'Etat de la France, présent et à venir, Londres 1790.

Schlözer, A. L. von (1735–1809), Briefwechsel meist histor. und polit. Inhalts, 8 Bde., Göttingen 1777–80.

Paine, Thomas (1737–1809), The Writings, coll. and ed. by M. D. Conway, 4 vols., New York, London 1894.

Schubart, Chr. F. D. (1739–1791), Teutsche Chronik, Augsburg 1774 ff.

Mercier, L. S. (1740–1814), Tableau de Paris, Amsterdam 1782/83.

Ders., L'an deux mille quatre cent quarante, London 1772.

Göchhausen, E. A. A., Frhr. v. (1740–1824), Die Enthüllung des Systems der Weltbürgerrepublik, Rom (Leipzig) 1786.

Grolmann, L. A. Chr. v. (1741–1809), Die neuesten Arbeiten des Spartakus (Weishaupt) und Philo (Knigge), 2. Aufl., 1794.

Condorcet, Ant. Nic. M. de (1743–1793), Correspondence inédite de Condorcet et Turgot, éd. Ch. Henry, Paris 1882.

Ders., Œuvres, éd. A. Condorcet, O'Connor et Arago, 12 Bde., Paris 1847.

Hamberger, G. Chr., und *J. G. Meusel* (1743–1820), Das Gelehrte Teutschland oder Lexicon der jetztlebenden teutschen Schriftsteller, 4. Aufl., Bde. 1–4 und 9 Nachtragbde. in 11, Lemgo 1783–1806.

Desèze, Romain (1748–1828), Défense de Louis XVI, Leipzig 1900.

(Weishaupt, Adam) (1748–1830), Schilderung der Illuminaten, Gegenstück zu Nr. 15 des grauen Ungeheuers, (Nürnberg) 1786.

Ders., Schreiben an den Herrn Hofkammerrath Ut(z)schneider in München, 1786.

Ders., Anzeige eines aus dem Orden der Frei-Maurer getrettenen Mitglieds (Cosandey) m. Anmerkungen (von Weishaupt) Sparta (Ravensberg) 1786.

Ders., Kurze Rechtfertigung meiner Absichten, Frankfurt/M. u. Leipzig 1787.

de Maistre, Joseph (1753–1821), La franc-Maçonnerie, mémoire au Duc de Brunswick, éd. E. Dermenghem, Paris 1925.
Rivarol, Antoine de (1753–1801), Mémoires, éd. Berville, Paris 1824.
Babo, Joseph M. (1756–1822), Über Freymaurer, erste Warnung, 1784.
Ders., Politische Numern, enthaltend eine kurze Übersicht der gegenwärtigen Angelegenheiten Europas, II, Frankfurt/M. 1786.
Schiller, Fr. (1759–1805), Saämtliche Werke, Säkularausgabe, Stuttgart und Berlin 1904 ff.
Ders., Sämtl. Schriften, Hist. Krit. Ausg., hrsg. v. Goedecke, Stuttgart 1867 ff.
Meggenhoffen, Ferd. v. (1761–1790), Meine Geschichte und Apologie, 1786.
Buhle, J. G. (1763–1821), Grundzüge einer allgemeinen Encyklopädie der Wissenschaften, Lemgo 1790.
Cosandey, Renner und *Utzschneider* (1763–1840), Drey merkwürdige Aussagen die innere Einrichtung des Illuminatenordens in Baiern betreffend (München) 1786.
Saint-Just, Louis de (1767–1794), Œuvres, éd. Jean Gratien, Paris 1946.
(Anonym) Die entdeckte Heimlichkeit der Freymäurer (1779).
(Anonym) Kurze historische Nachricht von dem Ursprung der Freymaurer-Gesellschaft und deren Gehemnissen mit unpartheiischer Feder in Sendschreiben vorgestellt, (Frankfurt) 1742.
(Anonym) Nachricht, welche Herr Generalvicarius von Monalto im Jahre 1752 aus Neapel über die dort einreissende und von dem Könige verbothene Freymäurerei erhalten hat. Aus dem welschen Manuskript ins Deutsche übersetzt, 1785.
(Anonym) Nachtrag von weiteren Originalschriften, welche die Illuminatensekte überhaupt, sondernbar aber den Stifter derselben Adam Weisshaupt betreffen, München 1787, 2 Abtheilungen.
Einige Originalschriften des Illuminatenordens, welche bey dem geheimen Regierungsrath *Zwack* durch vorgenommene Hausvisitation zu Landshut den 11. und 12. Oktober vorgefunden wurden, München 1787.

B Sekundärliteratur

Soweit hier nicht angeführt, finden sich die Belege, vor allem der gebräuchlichsten Nachschlagwerke, in dem Anmerkungsteil

Albertini, Rud. v., Das politische Denken in Frankreich zur Zeit Richelieus, Marburg 1951 (Beiheft 1 zum Arch. f. Kult.-gesch.).
Arendt, Hannah, Elemente und Ursprünge totaler Herrschaft, Frankfurt/M. 1955.

Bahner, Werner, „Der Friedensgedanke in der Literatur der französischen Aufklärung“, in: Grundpositionen der Französischen Aufklärung, Berlin 1955.
Bäumler, Alfred, Kants Kritik der Urteilskraft, ihre Geschichte und Systematik, Halle 1923.
Becker, C. L., Der Gottesstaat der Philosophen des 18. Jahrhunderts, Würzburg 1946 (aus dem Engl. übersetzt von A. Hämel).
Bénichou, Paul, Morales du Grand Siècle, Paris 1948.
Berger, Schiller, 6. Aufl., 2 Bde., München 1910.
Böhn, Max v., Rokoko, Frankreich im achtzehnten Jahrhundert, Berlin 1921.
Bousset, W., Der Antichrist, Göttingen 1895.
Brinton, Crane, A decade of revolution, deutsch von P. P. Rohden: Europa im Zeitalter der Französischen Revolution, Wien 1938.
Bowle, John, Hobbes and his critics, London 1951.
Brockdorff, Baron Cay von, Die englische Aufklärungsphilosophie, München 1924.
Buddeberg, K. Th., „Descartes und der politische Absolutismus“, in: Archiv für Rechtsgeschichte und Sozial-Philosophie, XXX, Berlin 1936/37.
Ders., „Gott und Souverän“, in: Archiv. d. öffentl. Rechts, NF, Bd. 23, 1937.
Burckhardt, C. J., Richelieu, Der Aufstieg zur Macht, München 1935.
Cassirer, Ernst, Die Philosophie der Aufklärung, Tübingen 1932.
Chinard, Gilbert, L'Amérique et la rêve exotique dans la littérature française au XVIIe et au XVIIIe siècle, Paris 1913.
Cochin, Augustin, Les sociétés de Pensée et la Révolution en Bretagne, 2 Bde., Pairs 1925.
Dakin, Douglas, Turgot and the Ancien Régime in France, London 1939.
Dermenghem, E., Joseph de Maistre Mystique, Paris 1946.
Dilthey, Wilhelm, Gesammelte Schriften, 9 Bde., Leipzig und Berlin 1921 ff.
Dörries, E., „Gottesgehorsam und Menschengehorsam bei Luther“, in: Arch. f. Ref.-Gesch. 39, 1942.
Engel, Leopold, Geschichte des Illuminaten-Ordens, ein Beitrag zur Geschichte Bayerns, Berlin 1906.
Esquer, G., L'Anticolonialisme au XVIIIe siècle, in: Colonies et empires, II, 8, Paris 1951.
Fay, Bernard, La Franc-Maçonnerie et la Révolution intellectuelle du XVIIIe siècle, Paris 1935.
Ders., Benjamin Franklin, Paris 1929.
Ders., L'esprit révolutionnaire en France et aux Etat-Unis à la fin du XVIIIe siècle, Paris 1925.

Feugère, A., Un précurseur de la Révolution. L'abbé Raynal, Angoulême 1922.
Findel, J. G., Geschichte der Freimaurerei, 3. Aufl., Leipzig 1870.
Le Forestier, Les Illuminés de Bavière et la Franc-Maçonnerie allemande, Paris 1914.
Freyer, Hans, Weltgeschichte Europas, 2. Aufl., Stuttgart 1954.
Garnier, A., Agrippe d'Aubigné et le Parti protestant, 3 Bde., Paris 1928.
Giercke, Otto, Johannes Althusius und die Entwicklung der naturrechtlichen Staatstheorien, 3. Aufl., Breslau 1913.
Glagau, Hans, Reformversuche und Sturz des Absolutismus in Frankreich (1774–1788); München und Berlin 1908.
Göhring, Martin, Geschichte der Großen Revolution, 2 Bde., Tübingen 1950.
Ders., Weg und Sieg der modernen Staatsidee in Frankreich, Tübingen 1946.
Groethuysen, Bernhard, Die Entstehung der bürgerlichen Welt- und Lebensanschauung in Frankreich, 2 Bde., Halle 1930.
Ders., Jean-Jacques Rousseau, 4. Aufl., Paris 1942.
Hanotaux, Gabriel, Histoire du Cardinal de Richelieu, 5 Bde., Paris 1893 ff.
Hartung, Fritz, und *Roland Mousnier*, „Quelques problèmes concernant la monarchie absolue", in: Storia Moderna, Relazioni del X. Congresso Internazionale di Scienze Storiche, Bd. IV., Florenz 1955.
Häusser, Ludwig, Geschichte der Rheinischen Pfalz, 2 Bde., Heidelberg 1856.
Hazard, Paul, La Crise de la Conscience Européenne, deutsch: Die Krise des europäischen Geistes, Hamburg 1939.
Ders., La Pensée Européenne au XVIIIe siècle de Montesquieu à Lessing, deutsch: Die Herrschaft der Vernunft. Das europäische Denken im 18. Jahrhundert, Hamburg 1949.
Hettner, Hermann, Geschichte der deutschen Literatur im achtzehnten Jahrhundert, 4 Bde., 7. Aufl., Braunschweig 1925.
Ders., Geschichte der französischen Literatur im achtzehnten Jahrhundert, Braunschweig 1894.
Hinterhäuser, Hans, Utopie und Wirklichkeit bei Diderot, Heidelberger Forschungen, Heft 5, 1956.
Hönigwald, R., Hobbes und die Staatsphilosophie, München 1924.
Horkheimer, Die Entstehung der bürgerlichen Geschichtsphilosophie, Stuttgart 1930.
Horkheimer und *Th. W. Adorno*, Dialektik der Aufklärung, Amsterdam 1946.
Janet, Paul, Histoire de la Science politique dans ses rapports avec la morale, 2 Bde., 3. Aufl. Paris 1887.

Jodl, Friedrich, Geschichte der Ethik als philosophischer Wissenschaft, 2 Bde., Stuttgart und Berlin 1906.
Kluxen, Kurt, Das Problem der politischen Opposition. Entwicklung und Wesen der englischen Zweiparteienpolitik im 18. Jahrhundert, München und Freiburg 1956.
Knoop, D., and *G. P. Jones,* The Genesis of Freemasonry, Manchester 1947.
Kohut, A., Die Hohenzollern und die Freimaurerei, Berlin 1909.
Koser, Reinhold, „Die Epochen der absoluten Monarchie in der neueren Geschichte", in: HZ 61, 1889.
Kühn, Johannes, Toleranz und Offenbarung, Leipzig 1923.
Labrousse, C. E., La crise de l'économie française à la fin de l'ancien régime et au début de la Révolution, Paris 1944.
Lantoine, Albert, Histoire de la Franc-Maçonnerie Française, Paris 1925.
Lecky, W. E. H., A History of England in the eighteenth century, 3 vols., London 1892.
Lennhoff, Eugen, Politische Geheimbünde, Zürich-Leipzig-Wien 1930.
Lennhoff, E. und *Posner, O.,* Internationales Freimaurerlexikon, Zürich-Leipzig-Wien 1932.
Lipowsky, F., Karl Theodor, Churfürst von Pfalz-Baiern, Sulzbach 1828.
Löwenstein, K., „Zur Soziologie der parlamentarischen Repräsentation in England vor der ersten Reformbill", in: Erinnerungsbuch für Max Weber, II. B., München 1923.
Löwith, Karl, Weltgeschichte und Heilsgeschehen, Stuttgart 1953.
Lubienski, Z., Die Grundlagen des ethisch-politischen Systems von Hobbes, München 1932.
Meinecke, Fr., Die Idee der Staatsräson, 3. Aufl., München und Berlin 1928.
Mornet, Daniel, Les Origines Intellectuelles de la Révolution Française 1715 à 1787, Paris 1933.
Näf, Werner, „Frühformen des ‚modernen Staates' im Spätmittelalter", in: HZ 171, 1951.
Ders., Die Epochen der neueren Geschichte, Staat und Staatsgemeinschaft vom Ausgang des Mittelalters bis zur Gegenwart, 2 Bde., Aarau 1945.
Peters, Richard, Hobbes, Harmondworth 1956.
Peuckert, W. E., Geheimbünde, Heidelberg 1951.
Plechanow, G. W., Beiträge zur Geschichte des Materialismus, Berlin 1946.
Polin, Raymond, Politique et Philosophie chez Thomas Hobbes, Paris 1953.
Priouret, Roger M., La Franc-Maçonnerie sous les lys, Paris 1953.

Ranke, Leopold v., Sämtliche Werke, 3. Ausg., Leipzig 1867 ff.
Rall, Hans, Kurbayern in der letzten Epoche der alten Reichsverfassung, 1745–1801, Schriftenreihe zur bayerischen Landesgeschichte, Bd. 45, München 1952.
Rein, Adolf, „Über die Bedeutung der überseeischen Ausdehnung für das europäische Staatensystem", in: HZ 137, 1927.
Ders., Die europäische Ausbreitung über die Erde, Potsdam 1931.
Riegelmann, H., Die europäischen Dynastien in ihrem Verhältnis zur Freimaurerei, Berlin 1942.
Ritter, Gerhard, „Der Freiherr vom Stein und die politischen Reformprogramme des ancien régime in Frankreich", in: HZ 137, 1927.
Rommen, Heinrich, Die Staatslehre des Franz Suarez SJ., Mönchen-Gladbach 1926.
Rocquain, Félix, L'Esprit révolutionnaire avant la Révolution 1715—1789, Paris 1878.
Rosenkranz, K., Diderots Leben und Werke, 2 Bde., Leipzig 1866.
Rosenstock, Eugen, „Revolution als politischer Begriff der Neuzeit", in: Abh. der schles. Ges. für vaterl. Lit., Geisteswiss. Reihe, H. 5, Festgabe für Paul Heilborn, Breslau 1931.
Roßberg, A., Freimaurerei und Politik im Zeitalter der Französischen Revolution, Berlin 1942.
Runkel, F., Die Geschichte der Freimaurerei in Deutschland, 3 Bde., Berlin 1931.
Sagnac, Philippe, La Formation de la Société Française Moderne, 2 Bde., Paris 1945/46.
Sauter, Die philosophischen Grundlagen des Naturrechts, Wien 1932.
Say, L., Turgot, 2. Aufl., Paris 1891.
Schelsky, H., „Die Totalität des Staates bei Hobbes", in: Arch. f. Rechts- und Sozialphil. XXXI, 1937/38.
Schilling, Kurt, „Naturrecht, Staat und Christentum bei Hobbes", in: Ztschr. f. Phil. Forschung II, 2/3, Reutlingen 1948.
Schmitt, Carl, Politische Theologie, Vier Kapitel zur Lehre von der Souveränität, München und Leipzig 1922.
Ders., Der Nomos der Erde im Völkerrecht des Ius Publicum Europaeum, Köln 1950.
Ders., Die Diktatur, 2. Aufl., München 1928.
Ders., Der Leviathan in der Staatslehre des Thomas Hobbes, Hamburg 1938.
Schneider, J. F., Die Freimaurerei und ihr Einfluß auf die geistige Kultur in Deutschland am Ende des 18. Jahrhunderts, Prag 1909.
Schnur, Roman, „Die französischen Juristen im konfessionellen Bürgerkrieg des 16. Jahrhunderts, ein Beitrag zur Entstehungsgeschichte des modernen Staates", in: Festgabe für Carl Schmitt, Berlin 1959.
Schott, Th., „Das Toleranzedikt Ludwigs XVI.", in: HZ 61, 1889.

Schreihage, H., „Thomas Hobbes' Sozialtheorie", in: Abh. des Instituts für Politik, ausländisches öffentl. Recht und Völkerrecht an der Universität Leipzig, H. 33, 1933.

Sée, Henri, L'évolution de la pensée politique en France au XVIIIe siècle, Paris 1925.

Sieburg, Fr., Robespierre, Frankfurt/M. 1935.

Söderberg, Hans, La Réligion des Cathares, Etude sur le gnosticisme de la basse antiquité et du moyen age, Uppsala 1949.

Sorel, G., Les illusions du Progrès, Paris 1908.

Strauß, Leo, The political Philosophy of Hobbes, its basis and its genesis, Oxford 1936.

Taine, H., Les origines de la France contemporaire, deutsch von Katscher: Die Entstehung des modernen Frankreich, 3 Bde. in 6, Leipzig 1891—1893.

Taubes, J., Abendländische Eschatologie, Bern 1947.

Texte, J., Jean-Jacques Rousseau et les origines du cosmopolitisme littéraire, Paris 1895.

Tocqueville, A. de, Œuvres complètes, Ed. déf. publiée sous la dir. de J. P. Mayer, Paris 1952.

Tönnies, Ferdinand, Thomas Hobbes, Leben und Lehre, 3. Aufl., Stuttgart 1925.

Troeltsch, Ernst, Ges. Schr., 4 Bde., Tübingen 1912 ff.

Valjavec, Fritz, Die Entstehung der politischen Strömungen in Deutschland 1770—1815, München 1951.

Villat, Louis, La Révolution et l'Empire, I, Clio, Paris 1947.

Wahl, Adalbert, Vorgeschichte der Französischen Revolution, 2 Bde., Tübingen 1905—07.

Weiß, Eberhard, Geschichtsschreibung und Staatsauffassung in der Französischen Enzyklopädie, Wiesbaden 1956 (Bd. 14 der Veröffentlichungen d. Instit. für europ. Geschichte, Mainz).

Weiß, M., Histoire des réfugés protestants de France, 2 Bde., Paris 1853.

Wenck, Waldemar, Deutschland vor hundert Jahren, Leipzig 1887.

Wolf, Erik, Grotius, Pufendorf, Thomasius, Tübingen 1927.

Wolfram, L., Die Illuminaten in Bayern und ihre Verfolgung, Erlangen 1899 und 1900 (2 Programmhefte des Gymnasiums zu Erlangen).

Wolfstieg, A., Bibliographie der freimaurerischen Literatur, 3 Bde., Burg b. M. 1913—25.

Wolpe, Hans, Raynal et sa machine de guerre, Paris 1956.

Wright, Qincy, A Study of War, 2 Bde., 4. Aufl., Chicago 1944.

Wundt, Max, Kant als Metaphysiker. Ein Beitrag zur Geschichte der deutschen Philosophie im 18. Jahrhundert, Stuttgart 1924.

PERSONENVERZEICHNIS

Die *kursiv* gedruckten Zahlen beziehen sich auf die Seiten der Anmerkungen

SACHREGISTER

Die *kursiv* gedruckten Zahlen, die sich auf die Seiten der Anmerkungen beziehen, verweisen vorzüglich auf die Wort- und Begriffsgeschichte des Stichworts

stw 17 Rudolf Bilz
Wie frei ist der Mensch?
Paläoanthropologie Bd. 1
470 Seiten
Das besondere Interesse von Bilz gilt den »biologischen Archaismen des Menschen«, den »Wildheitsqualitäten« des homo sapiens, ohne daß doch, wie es in der heutigen Verhaltensforschung häufig geschieht, vorschnell vom Tier auf den Menschen geschlossen würde.

stw 18 Viktor von Weizsäcker
Der Gestaltkreis
Mit einem Vorwort von Rolf Denker
294 Seiten
Von Weizsäcker fordert eine ganzheitlich anthropologisch fundierte Medizin und wurde damit zum Mitbegründer der Psychosomatik. Sein Werk hat über die Medizin hinaus Anthropologie, Sozialwissenschaften und speziellere Handlungstheorien entscheidend beeinflußt.

stw 19 Noam Chomsky
Sprache und Geist
Aus dem Amerikanischen von Siegfried Kanngießer, Gerd Lingrün, Ulrike Schwarz und Anna Kamp
189 Seiten
»Die Theorien Noam Chomskys haben in der Linguistik während der letzten Jahre zu einem ›Paradigmenwechsel‹ (Th. Kuhn) geführt. Forschungsstrategisch sinnvolle Fragestellungen, die Bewertung neuer Methoden und Standards und die Einschätzung linguistisch relevanter Problemlösungen folgen dem theoretischen Rahmen, den Chomsky der Linguistik gegeben hat.« *Anton Leist, Das Argument*

stw 20 Jakob von Uexküll
Theoretische Biologie
Mit einem Vorwort von Rudolf Bilz
408 Seiten
Im Vordergrund der heutigen biologischen Forschungen stehen in erster Linie die Probleme der physiologischen Chemie. Insofern mutet die *Theoretische Biologie* Jakob

von Uexkülls eher wie ein Vorläufer der Wahrnehmungspsychologie oder der Ethologie an.

stw 21 Victor Erlich
Russischer Formalismus
Aus dem Englischen von Marlene Lohner
Mit einem Geleitwort von René Wellek
Etwa 410 Seiten
»Erlichs Buch ist die einzige umfassende Darstellung des russischen Formalismus in einer westlichen Sprache ... (es) ist eine vorzügliche, authentische Studie über eine Gruppe von Schriftstellern und ein zusammenhängendes Gedankengebäude, die jedem Literaturwissenschaftler bekannt sein sollte.« *René Wellek*

stw 22 *Seminar: Politische Ökonomie*
Zur Kritik der herrschenden Nationalökonomie
Herausgegeben von Winfried Vogt
334 Seiten
Dieser Band repräsentiert die Breite der Kritik an der herrschenden bürgerlichen Nationalökonomie. Die vertretenen Positionen reichen von der Keynesschen Theorie über eine pragmatische Richtung bis hin zur marxistischen Kritik. Von hier aus wird man sehen müssen, inwieweit eine übergreifende theoretische Konzeption möglich ist.

stw 23 Theodor W. Adorno
Philosophische Terminologie Bd. 1
Herausgegeben von Rudolf zur Lippe
240 Seiten
In der »Philosophischen Terminologie« schlägt Adorno den Weg ein, zentrale Begriffe der Philosophie historisch und thematisch zu untersuchen. Die Begriffsanalysen führen in das Denken Adornos, gleichzeitig aber auch in die Kritische Theorie ein.

Alphabetisches Verzeichnis der suhrkamp taschenbücher wissenschaft